"十三五"普通高等教育本科规划教材

高等院校物流专业"互联网+"创新规划教材

第三方物流(第2版)

主　编　张旭辉　杨勇攀

副主编　马光霞　何　征　肖　亮

U0361652

北京大学出版社

PEKING UNIVERSITY PRESS

内 容 简 介

第三方物流是高校物流管理、物流工程专业的必修课程。通过对本课程的学习，学生可以掌握第三方物流的基本理论和运作实务，完善对物流管理的认识，从而满足目前国内市场对物流专业人才的培养要求。鉴于此，本书的编写和出版不仅是对原有理论的梳理，还在课程体系上进行了探讨和再设计，以适应现代经济的发展。在内容编排上既注重了理论的完整性和前沿性，又注重了其可操作性和基础性。本书每章均附有案例分析，并在书末附有综合案例。

本书不仅可以作为高等院校的物流管理、物流工程专业学生的教材，还可以满足高等院校物流相关专业教育的需要。

图书在版编目（CIP）数据

第三方物流/张旭辉，杨勇攀主编. —2 版. —北京：北京大学出版社，2017. 10
（高等院校物流专业"互联网+"创新规划教材）
ISBN 978-7-301-28811-5

Ⅰ. ①第⋯　Ⅱ. ①张⋯②杨⋯　Ⅲ. ①物流管理—高等学校—教材　Ⅳ. ①F252

中国版本图书馆 CIP 数据核字（2017）第 240288 号

书　　　名	第三方物流（第 2 版）
	DISANFANG WULIU（DI-ER BAN）
著作责任者	张旭辉　杨勇攀　主编
责 任 编 辑	刘　丽
数 字 编 辑	陈颖颖
标 准 书 号	ISBN 978-7-301-28811-5
出 版 发 行	北京大学出版社
地　　　址	北京市海淀区成府路 205 号　100871
网　　　址	http://www.pup.cn　新浪微博：@北京大学出版社
电 子 信 箱	pup_6@163.com
电　　　话	邮购部 010-62752015　发行部 010-62750672　编辑部 010-62750667
印 刷 者	北京圣夫亚美印刷有限公司
经 销 者	新华书店
	787 毫米×1092 毫米　16 开本　14.75 印张　340 千字
	2010 年 2 月第 1 版
	2017 年 10 月第 2 版　2022 年 7 月第 4 次印刷
定　　　价	38.00 元

第 2 版前言

自 20 世纪 80 年代以来，第三方物流逐步在国内流行起来。第三方物流能够为生产企业提供更高的可靠性、更好的客户服务、更高效的运作效率、更低的运作成本，以及更广的市场覆盖。可以预见，该行业必将成为我国经济发展的重要产业之一，对国内的生产流通领域发挥着不可替代的作用。

虽然人们看见了第三方物流的美好未来，但该行业的发展仍然面临应用不广泛、与产业结合不紧密、行业自身能力不足等问题，这不仅仅是行业本身的问题，还有理念推广和教育缺失的原因。行业的快速发展要求专业、系统的引导和支持。在这样的背景下，对第三方物流理论进行整理、归纳，以及推广是当前产业发展的重要工作之一。因此，编者在总结和整理行业内专家、学者的思想和工作成果的基础上，集结成书，通过本书，将第三方物流的基本原理、运作实务、行业发展，以及实际案例介绍给对该行业感兴趣的读者，引起读者的关注和思考。同时，本书内容完备、体例规范，还可作为普通本科院校和高职高专院校物流专业学生的教材。

第 2 版教材在第 1 版的基础上结合第三方物流发展趋势及课程教学需求特征，进行必要的调整。第 2 版教材共分 7 章，第 1 章介绍第三方物流的基本概念、演变、类型和优缺点；第 2 章介绍第三方物流的理论基础；第 3 章介绍物流方案的设计和优化；第 4 章介绍第三方物流的客户服务管理；第 5 章介绍对第三方物流的基本管理；第 6 章介绍第三方物流企业的发展战略，以及第三方物流与电子商务和金融的相互作用等；第 7 章结合国情详细分析了我国物流产业的发展。最后，通过一个真实的企业物流系统建设案例，为读者提供一个综合分析和应用平台。另外，为适应多媒体教学需要，第 2 版教材通过二维码的方式，针对一些知识点补充了图文、视频等资料，极大地拓展了书籍的内容，增强了可读性和趣味性。

第 2 版教材由攀枝花学院组织修订，具体分工：张旭辉修订第 1 章，肖亮修订第 2 章，杨勇攀修订第 3 章和第 5 章，马光霞修订第 4 章和第 6 章，何征修订第 7 章，附录由张旭辉和杨勇攀整理。全书由张旭辉和杨勇攀统稿。

本书主要面向实践型本科和高职高专的物流管理专业学生，所以在内容编排上尽量做到既注重理论的完整性和前沿性，又注重其可操作性和基础性。每章章末附有习题和案例分析，有助于读者加深对本章知识点的理解。

在本书的修订过程中，编者既借鉴了国内外的一些专家学者的学术观点和最新研究成果，也引用了许多媒体网站的资料，附录仍然采用四川金诚物流实业公司的实际项目，在此向有关人士表示深深的谢意和敬意！

由于编者水平有限，书中不足之处在所难免，敬请各位读者和专家给予批评指正。

【资源索引】

编　者
2017 年 4 月

第 1 版前言

近几年来中国物流业发展迅速，对国家经济的增长作出了贡献。2009 年年初《物流业调整和振兴规划》的出台，更是对物流业所取得成果的一种认可。可以说，中国物流业目前正值发展的最佳时期。但是，正如人们所看到和听到的一样，中国物流业不管是在实践上还是在理论上都处于一个较低的层次，要发展壮大还有很长的路要走。可喜的是，在中国，有许多物流从业人员在积极探索，有许多研究院所和企业机构正不断地将国外先进的理念和技术引进来；同时，中国的一些优秀经验也在被迅速地传播。中国物流业正在蓬勃而健康地发展，物流业的美好未来并不遥远。

第三方物流是物流领域研究的重点，对它的研究是绝对有必要的，对它的宣传是绝对有意义的。目前，第三方物流在中国正经历着快速发展的关键阶段，相关企业数量不断增加，不管在实践操作上还是在理论研究上都迫切需要有专业、系统的引导。将第三方物流纳入高校相关专业课程建设，不仅是专业的需要，而且也是社会的需要。

本书共分 8 章，第 1 章介绍第三方物流的基本概念、演变、作用、类型和优缺点；第 2 章介绍第三方物流的理论基础；第 3 章介绍物流方案的设计和优化的有关内容；第 4 章介绍第三方物流的客户服务管理，从客户服务的含义、目的、原则，以及评价等方面进行阐述；第 5 章介绍第三方物流管理，包括运输管理、仓储管理、配送管理、项目管理、成本管理与绩效评价、风险管理等；第 6 章介绍第三方物流的信息系统、与电子商务及金融的关联等；第 7 章介绍第三方物流企业的战略管理；第 8 章结合我国国情，详细分析了我国第三方物流产业的发展情况。本书各章末尾通过一个真实的企业物流系统建设的案例，为前面所介绍的知识提供一个综合分析和应用的平台。

本书的编写分工是：攀枝花学院张旭辉编写第 1 章，攀枝花学院付建平编写第 2 章，青岛农业大学赖媛媛编写第 3 章，攀枝花学院马光霞编写第 4 章，攀枝花学院杨勇攀编写第 5 章和第 7 章，河南科技大学吕健编写第 6 章，攀枝花学院肖亮编写第 8 章。附录由张旭辉和杨勇攀整理，全书由张旭辉统稿。

本书建议授课学时为 40 学时，其中"附录　综合案例分析"建议安排 2 学时。各章节的参考授课学时见下表。

章　号	授课学时	章　号	授课学时
第 1 章	4	第 5 章	8
第 2 章	8	第 6 章	2
第 3 章	6	第 7 章	4
第 4 章	4	第 8 章	2
		附录	2

本书在编写过程中，借鉴了国内外一些专家学者的学术观点和最新研究成果，同时参阅了许多媒体网站和资料，其中综合案例的整理得到了四川金诚物流实业公司的大力支持，在此向他们表示深深的谢意和敬意！

由于编者水平有限，疏漏之处在所难免，敬请各位读者和专家给予批评指正。

目　录

第1章 第三方物流概述

【本章教学要点】

知识要点	掌握程度	相关知识
第三方物流的概念	熟悉	美国、日本等国的定义，狭义与广义的定义
第三方物流的特征	理解	是综合化、系统化的，独立于供需双方的战略同盟
第三方物流的作用	理解	在企业层面和社会层面的体现
第三方物流的类型	熟悉	分别以运作模式和服务功能来分类
第三方物流的优缺点	了解	优点是战略层面和经营层面的效益、效率提高；缺点是内外部控制难度加大和风险增加

【推荐视频】

【关键词】

第三方物流，物流一体化，物流运作模式，物流企业分类，第三方物流的优缺点

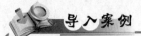

UPS 是全球最大的速递机构，是全球最大的包裹递送公司，同时也是一家世界上主要的专业运输和物流服务提供商。每个工作日，该公司会递送 1 550 万件包裹与文件，客户数目高达 790 万。该公司的主要业务区域遍布美国国内及全球 200 多个国家和地区。该公司已经建立规模庞大、可信度高的全球运输基础设施，开发出全面、富有竞争力并且有担保的服务组合，并不断利用先进技术支持这些服务。该公司提供的物流服务，其中包括一体化的供应链管理。2001 年 1 月 10 日，UPS 以发行价值 4.33 亿美元新股方式收购 Fritz 集团公司旗下的加利福尼亚物流公司，并将该公司并入 UPS 不断拓展的物流业务之中，使其成为更大规模的运输集团。2004 年收购万络环球货运公司(Menlo Worldwide)，提升了 UPS 空运重货的能力。与此同时，2005 年收购 Overnite，扩大了公司在北美的地面货运服务。最近在英国和波兰等地的其他收购佐证了 UPS 在欧洲的成长充满了新机遇。2008 年 UPS 包裹业务的收入为 515 亿美元，递送 39 亿件包裹与文件。目前，该公司拥有 UPS 商店 4 695 个、UPS 营业店 104 个(全球)、UPS 服务中心 1 000 个、授权服务点 16 000 个、UPS 投递箱 40 000 个。其派送团队拥有 99 869 辆运输车、

【拓展视频】

轻型货车、拖车、摩托车，包括 1818 辆替代燃料车；并且还是全球第九大航空公司(228 架在营)。每日，美国国内航段 959 段，国际航段 763 段。UPS 的供应链和货运业务在 2008 年为其创造了 89 亿美元净利润。UPS 在 120 个国家和地区开展物流与配给、运输(包括空运、海运、路运、铁路运输)、货运代理、国际贸易管理和清关代理等业务。

(资料来源：http://www.ups.com，作者改编.)

思考：
UPS 是一家什么样的公司？其所处的是一个什么样的行业？

随着全球化竞争的加剧、信息技术的飞速发展，物流科学成为最有影响力的新学科之一。随着对物流的认识在理论上不断加深，企业物流管理在实践上也开始从低级阶段向高级阶段发展。其中比较明显的变化是物流功能的整合、采用第三方物流、建立物流信息系统、物流组织能力的提升等。采用第三方物流服务，或把物流外包给第三方物流企业成为企业物流实践的一个重要方面。

1.1　第三方物流的基本概念

"第三方物流"(Third Party Logistics)一词是 20 世纪 80 年代中期由欧美国家提出并开始盛行的。在 1988 年美国物流管理协会的一项顾客服务调查中，首次提出"第三方服务提供者"的说法。在 1989 年发表的后续研究成果中，对客户服务活动进行了新的探讨，这一说法得到了重视和普遍应用。但是直至现在，国际上关于"第三方物流"和"第三方服务提供者"仍没有明确的定义。

【拓展文本】

1.1.1　第三方物流的概念

1. 对第三方物流的不同观点

"第三方"一词源自管理学中的"外包"(Outsourcing)理念。外包是指企业动态地配置自身与其他企业的功能和业务，并利用企业外部的资源为企业内部的生产和经营服务。将外包引入物流管理领域，就产生了第三方物流的概念。第三方物流的主要含义是指物流服务提供者从事着发货人(甲方)和收货人(乙方)之间的第三方角色。由于企业越来越重视自己的核心资源和业务，而将其他资源和业务尽量外包，以避免核心竞争力不突出。外包便成为目前工商企业的一个工作重点。第三方物流因其在专业技术和综合管理方面的显著优势也得到了迅速发展。

美国物流管理协会于2002年10月1日公布了《物流术语词条2002升级版》，对第三方物流的解释是：将企业的全部或部分物流运作业务外包给专业公司管理经营，而这些能为顾客提供多元化物流服务的专业公司称为第三方物流提供商。他们的存在加速了原材料和零部件从供应商向制造商的顺畅流动，更为产品从制造商向零售商的转移搭建了良好的平台。第三方物流提供商提供的集成服务涵盖了运输、仓储、装卸、库存管理、包装，以及货运代理在内的诸多业务。这一定义指出了一个公司要承担起第三方物流供应方的角色必须管理、控制和提供物流作业。

在日本的物流书籍中，第三方物流是指为客户提供包括物流系统设计规划、解决方案，以及具体物流业务等全部物流服务的专业物流企业所运作的物流业务。

在国家标准《物流术语》(GB/T 18354—2006)中，第三方物流定义为：接受客户委托为其提供专项或全面的物流系统设计以及系统运营的物流服务模式。第三方物流提供商在具体的供应链中并不是一个独立的参与者，而是代表发货人和收货人，通过提供一整套物流活动来服务于供应链。第三方物流企业本身不拥有货物，而是为其外部客户的物流作业提供管理、控制和专业化服务。

广义的第三方物流是相对于自营物流而言的。凡是由商品买卖双方之外的第三方提供物流服务的形式就是第三方物流[①]。按照这种解释，买方承担的物流或卖方承担的物流都不是第三方物流，而除此之外的任何一方承担的物流都是第三方物流。

狭义的第三方物流是指能够提供现代化、系统物流服务的第三方的物流活动。其具体描述如下。

(1) 有提供现代化、系统物流服务的企业素质。

(2) 可以向货主提供包括供应链物流在内的全程物流服务和特定的、定制化服务的物流活动。

(3) 是一种建立在长期契约关系之上的综合物流活动。

(4) 是一种提供增值物流服务的现代化物流活动。

2. 第三方物流的提供商

第三方物流的提供商起源于不同的行业，因此其经营业务也不尽相同。以美国为例，

---

① 陈雅萍，朱国俊，刘娜. 第三方物流[M]. 北京：清华大学出版社，2008.

一般情况下，从事此项经营的公司，其传统背景是公共仓储业、公共交通运输业、经纪业、货运代理业和银行业(由于对加快资金回笼的需要)等。目前，合同制物流服务最大的提供商来自仓储业，这些公司大都提供一体化的物流服务，包括各种方式的运输、仓储、EDI 信息处理和其他一些增值服务，如 Exel 物流公司、GATX 物流公司、DSC 等，它们在美国占有相当大的市场份额。总部设在美国的 Exel 物流公司，业务范围遍及美国、加拿大、墨西哥和欧洲大陆。1996 年，Exel 率先在中国物流行业尝试合资的经营模式：与中国物流龙头企业 Sinotrans(中国外运)设立了合资公司——金鹰国际货运代理有限公司。随着经济和产业的快速发展，已经有越来越多的公司加入第三方物流服务领域。

以运输为主的第三方物流服务商比较普遍，它们在与客户开发合同关系和建立战略联盟方面比较积极，如 Menlo 物流公司、联邦快递公司(FedEx)、TNT 物流公司等。运输业的巨大变化是物流业发展变革的重要部分。

也有一些制造商为了能利用自身的剩余仓储空间与资源而发展成为第三方物流服务提供商。它们没有显著的市场成绩，一般只是为有限的客户提供服务。

还有一些公司因为缺乏资金或无法占领市场而夭折。大多情况下，试图进入这一领域的服务商低估了物流工作的复杂性，以为拥有经营的基础设施就不成问题。事实上，物流业务日趋复杂，因此必须由具有竞争力的专业第三方服务商来解决这些问题。

3. 第三方物流的客户

第三方物流服务的最大客户主要是超市商品的生产者，如日常洗涤用品、纸制品、化妆品和食品等产品的制造商。另外，药品生产企业也是第三方物流服务的主要客户。

1989 年，美国进行了一项针对第三方物流服务客户的调查，研究结果表明，大多数客户有一个重要倾向，就是它们将物流管理视为一个增值过程，它们非常注重实现和保持顾客的满意度，经营灵活有弹性，甚至会接受一些顾客的特殊要求。

这项研究进一步指出，尽管这些企业生产不同的产品，但在某些方面它们也存在一些共同点。首先，它们希望通过物流获得并保持竞争优势；其次，它们寻求增加其产品或服务的利润，并通过建立低成本的物流体系来达到这一目标；最后，它们调整资产，与物流服务提供商结成战略联盟。有效的联盟使这些企业成为其顾客的最佳供应商。

研究表明，那些通过提高顾客满意度来扩展其市场份额的企业，已经积极转向与第三方服务商合作，以此来保证其竞争实力。许多企业已经开始选择由一家或者几家专业的物流服务商来为自己完成与物流相关的业务。这使得它们能够将精力集中在核心业务上，从而简化管理，实现规模效益。与第三方物流服务商的联盟实际上是一种能使整个系统产生更高效率的双赢联盟。

1.1.2　第三方物流的特征

1. 第三方物流是独立于供方与需方的物流运作模式

【拓展视频】

根据运作主体的不同，物流的运作模式可划分为第一方物流、第二方物流，以及第三方物流。第三方物流实际上是相对于第一方物流和第二方物流而言的。

(1) 第一方物流是由卖方、生产者或供应方组织的物流。这些组织的核心业务是生产和供应商品，为了自身生产和销售业务需要而进行自身物流网络及设施设备的投资、经营与管理。

(2) 第二方物流是由买方、销售者组织的物流。这些组织的核心业务是采购并销售商品，为了销售业务需要投资建设物流网络、物流设施和设备，并进行具体的物流业务运作组织和管理。

(3) 第三方物流则是专业的物流组织进行的物流。其中的"第三方"是指为交易双方提供部分或全部物流服务的外部供应商，即物流企业，是独立于第一方、第二方之外的组织，具有比这二者更明显的资源优势，是承担物流业务、组织物流运作的主体。

2. 第三方物流是一种社会化、专业化的物流

学术界往往将物流划分为社会物流和企业物流。发生在企业外部的物流活动总称为社会物流，它是超越一家一户的、以一个社会为范畴、以面向社会为目的的物流。这种社会性很强的物流往往由专业的物流组织来承担。企业物流则是发生在企业内部的物流活动的总称，是具体的、微观的物流活动的典型领域，又可细分为企业生产物流、企业供应物流、企业销售物流、企业回收物流，以及企业废弃物物流。第三方物流是生产和销售企业之外的专业化物流组织提供的物流。第三方物流服务不是某一企业内部专享的服务，第三方物流供应商面向众多社会企业为其提供专业服务，因此具有社会化的性质，可以说是物流专业化的一种形式。

3. 第三方物流是综合系列化的服务

国外一般将第三方物流看做类似于外包或契约物流的业务形式。对第三方物流有多种表述，如"外协所有或部分公司的物流功能，相对于基本服务，契约物流服务以提供复杂、多功能物流服务长期互益的关系为特征"；"是在物流渠道中由中间商提供的服务，是中间商以合同的形式在一定期限内提供企业所需的全部或部分物流服务"等。不管如何表述，需明确传统的物流作业对外委托的形态与第三方物流的区别。企业传统的物流外包主要是将物流作业活动如货物运输、存储等交由外部的物流公司去做，相应地产生了仓储公司、运输公司等专门从事某一物流功能的企业。它们利用自有的物流设施被动地接受企业的临时委托，以费用加利润的方式定价，收取服务费。而像库存管理、物流系统设计之类的物流管理活动仍保留在本企业。第三方物流则根据合同条款规定的要求，而不是临时需要，为企业提供多功能、甚至全方位的物流服务。一般来说，第三方物流企业能提供物流方案设计、仓库管理、运输管理、订单处理、产品回收、搬运装卸、物流信息系统、产品安装装配、运送、报关、运输谈判等近 30 种物流服务。依照国际惯例，服务提供者在合同期内按提供的物流成本加上需求方毛利润的 20%收费。可见，第三方物流是以合同为导向的系列化服务。

4. 第三方物流是客户的战略同盟者，而非一般的买卖对象

第三方物流企业不是货代公司，也不是单纯的速递公司，在物流领域扮演的是客户的战略同盟者的角色。在服务内容上，它为客户提供的不仅仅是一次性的运输或配送服务，而是一种具有长期契约性质的综合物流服务。与传统的运输服务相比，第三方物流远远超越了与客户一般意义上的买卖关系，而是紧密地结合成一体，形成了一种战略合作伙伴关系。

利益一体化是第三方物流企业的利润基础。第三方物流企业与客户的利益是一致的，最终达到"双赢"，而不是一方多赚钱、另一方就少赚钱的"零和博弈"。

第三方物流企业是客户的战略投资人，也是风险承担者。第三方物流企业追求的不是短期的经济效益，更确切地说它是以一种投资人的身份为客户服务的，这是它身为战略同盟者的一个典型特点。所以，第三方物流服务本身就是一种长期投资。

【拓展文本】

1.1.3　第三方物流与物流一体化[①]

所谓物流一体化，就是以物流系统为核心，由供应商、生产商、分销商组成的整体化和系统化的物流供应链。它出现在物流业发展的成熟阶段。随着物流业的高度发达，物流系统日趋完善，物流一体化已成为社会物流服务的主流方向。

物流一体化的发展可分为 3 个层次：物流自身一体化、微观物流一体化和宏观物流一体化。物流自身一体化是指物流系统逐渐确立，运输、仓库和其他物流要素趋向完备，子系统协调动作，系统化发展；微观物流一体化是指以物流战略为纽带的物流联盟；宏观物流一体化是指物流业发展到这样的水平：物流业产值占到国民生产总值的一定比例，处于社会经济生活的主导地位；它使跨国公司能从中获得专业化服务，从而提高国际分工程度，并获得规模经济效益。

物流一体化是物流产业化的发展趋势，它必须以第三方物流充分发展和完善为基础。物流一体化的实质是物流管理问题，即专业化物流管理人员和技术人员充分利用专业化的物流设施、设备，发挥专业化的物流管理经验，以取得整体最佳的效果。同时，物流一体化的趋势，为第三方物流的发展提供了良好的发展环境和巨大的市场需求。

从物流业的发展来看，第三方物流是在物流一体化的第一个层次出现的萌芽。但是，这时只有数量有限的功能性物流企业租用物流代理的物业。第三方物流在物流一体化的第二个层次得到迅速发展，专业化的功能性物流企业和综合性物流企业以及相应的物流代理公司出现，发展很快。当这些企业发展到一定水平，物流一体化就进入了第三个层次。

西方发达国家在发展第三方物流、实现物流一体化方面积累了许多经验。德国、美国、日本等国家认为，实现物流一体化，发展第三方物流，关键在于具备一支优秀的物流管理队伍。物流管理者应具备较丰富的经济学和管理学等方面的专业知识与技能，精通物流供应链中的每一门学科，具备整体规划和管理现代企业的能力。

1.2　第三方物流的演变

即使在西方发达国家，第三方物流理论的发展也不过只有 30 多年的时间。"物流"最早开始于第二次世界大战的运输后勤体系，战后的经济萧条，促进了新物流观念的产生。1950 年以来，出现了 Physical Distribution(分销物流)和 Logistics(应用于军事领域的后勤学)

[①] 刘胜春，李严锋. 第三方物流[M]. 大连：东北财经大学出版社，2006.

两个概念，美国管理界、企业界开始重视商业物流。1973 年的石油危机使成本问题成为全球企业经营的重要课题，之前形成的物流原则和观念，此时得以发挥实质性功效。在美国，仅汽车货运及相关行业的产值就达到国民经济总产值的 7%。物流逐渐发展成为全球性话题。在该阶段形成了比较统一的物流概念，形成和发展了物流管理学、物流产业和物流领域。1975 年前后，美国出现了第三方物流公司，专门为企业提供内部物流功能。该阶段的物流已经不仅仅限于分销领域，还涉及企业物资供应、生产、分销以及废弃物再生等领域。现代的物流(Logistics)概念已不是传统的后勤学，而是基于企业供、产、销等全范围、全方位的物流问题。作为物流业的新兴领域，第三方物流企业逐渐发展成为现代物流业的主体，在全球物流市场中已占据很大份额，成为现代物流业发展水平的标志和代表。

第三方物流的演进并没有很清晰的界限克里斯索拉·帕帕佐普洛卢(Chrisoula Papadopoulow)和保罗·道格拉斯(Paul Douglas)按照第三方物流提供的服务类型、实施控制水平以及在企业战略中所扮演的角色，将第三方物流的演进分为导入期、知晓期、需求期、整合期和差别化期 5 个阶段(见表 1-1)[1]。

表 1-1　第三方物流的演进

时　期	阶　段	特　征
20 世纪初—50 年代晚期	导入期	单一服务
20 世纪 50 年代晚期—60 年代中期	知晓期	独立服务
20 世纪 60 年代中期—70 年代晚期	需求期	集成服务
20 世纪 70 年代晚期—80 年代晚期	整合期	综合服务
20 世纪 80 年代晚期—90 年代晚期	差别化期	组合服务

在导入期，第三方物流观念处于萌芽状态，仅当第三方物流公司具有显著成本优势或运输紧张时，企业才会予以考虑。在知晓期，第三方物流观念得以流行，企业开始考虑采用第三方物流公司作为存货控制和成本削减的替代选择，以强化企业竞争力，增加利润。然而，第三方物流仍引起企业界对缺乏物流控制权的担忧。在需求期，重要市场和法律的变更增大了配销的复杂程度，导致有配销专长的第三方物流公司协助成为企业的必需，第三方物流的观念开始得到企业界的认可和采纳。在整合期，第三方物流的观念吸引了越来越多的企业，国际化以及分销渠道复杂性增加等因素迫使企业转向第三方物流。在差别化期，第三方物流观念被认为是企业核心竞争力的倍增器，国际化趋势以及日益重要的伙伴和联盟关系，使企业将第三方物流作为提升竞争力的重要手段，以支持企业使命。

1.3　第三方物流的作用

【拓展视频】

第三方物流是市场经济发展到一定阶段的必然产物。其与社会经济的互动表现在：一方面，社会分工必然导致更专业化的第三方物流企业提供专业化的物流服务；另一方面，

---

[1] 刘明，邵军义. 第三方物流[M]. 北京：中国铁道出版社，经济科学出版社，2007.

由于专业化的第三方物流服务使社会交易费用降低，进而使这种社会分工更趋显著。作为一种先进的服务形态，第三方物流服务的服务价值在企业层面和社会层面都有所体现。

1.3.1　第三方物流在企业层面的作用

【拓展文本】

随着经济全球化的深入发展，市场竞争越来越激烈，企业参与竞争的方式已经有了很大的转变。在 20 世纪，企业的竞争以产品竞争为主，体现为产品功能、价格、质量以及服务方面的竞争，但随着全球经济一体化进程的加深以及企业经营规模和范围的扩大，单独的企业要面临众多的竞争者(这些竞争力量来自于直接竞争对手、间接竞争对手、上下游)，而且，这些竞争力量本身还在不断变化，压力之大，可想而知。于是，企业必须不断探索并获得新的竞争优势，如不断改进生产技术、提高生产效率、合理利用人力资源等，从而发挥企业的最大功能来满足人们的需求，同时为企业创造更大的利润。但是，企业却很有可能在非核心领域坠入管理陷阱，如在物流设施上大量投入，占用大量的企业资源，以及企业在物流方面不成熟导致库存过多或过少和企业产品不能及时到达顾客，从而影响企业总成本的过多投入和企业利润的获得。因此，大多数企业选择将自己的物流业务外包给专业的第三方物流公司。

企业把物流业务运作外包给第三方物流公司主要有两大驱动力：第一，要把资源集中在企业的核心竞争能力上，以便获取最大的投资回报。那些不属于核心竞争能力的功能应被弱化或者外包。而物流通常不被大多数的制造企业和分销企业视为它们的核心竞争能力。第二，事实证明，企业单靠自己的力量降低物流费用存在很大的困难。尽管 20 世纪 70—90 年代，企业在提高物流效率方面已经取得了巨大的进展，但要取得更大的进展将付出更多努力，要想实现新的改善，企业不得不寻求其他途径，包括物流外包。

第三方物流参与一个企业的供应链的程度，取决于其发挥作用的层次。在实施供应链最基本功能的层次上，第三方物流公司可以通过确定和安排货物的最佳仓储、配送、运输等方式来增加价值；在最复杂的层次上，第三方物流公司可以与整个制造企业的供应链完全集成在一起。在这种情况下，第三方物流公司为制造企业设计、协调和实施供应链策略，通过提供增值信息服务来帮助客户更好地管理其核心能力，并能通过利用第三方物流来降低物流费用。企业将自己的物流业务外包给运行良好的第三方物流公司，可以获得以下优势。

1.　关注核心业务，提高企业竞争力

首先，第三方物流公司的介入使委托企业可以专注于自己的核心业务而不参与自己不擅长的其他活动，包括物流活动，这种方式可以让委托企业扬长避短，最大化自己的目标，获取更大的竞争优势。同时，第三方物流服务系统的介入，可能带来新的思想和技术，可以使企业有效利用内部不能使用的资源。高效利用第三方物流公司提供的服务，让他人为自己做嫁衣，可以事半功倍，取得更好的效益。

其次，第三方物流公司介入委托企业的业务运营，一方面可以利用自己在物流运作上的优势，帮助委托企业整合资源，优化配置，提高运作效率；另一方面也可在与多个委托企业的多方面合作和业务扩展中获取自身的竞争优势，为委托企业提供更高水平的服务。

2. 拥有专业化的服务

相对于核心竞争力的提升，委托企业寻求第三方物流公司的合作还可以让自己获得多个层面的专业化服务。这些服务包括以下几个方面。

(1) 更大的市场网络。通过专业化的发展，第三方物流公司已经开发了信息网络并且积累了针对不同物流市场的专业知识(包括运输、仓储和其他增值服务)和许多关键信息(如可用卡车运量、国际清关文件、空运报价和其他信息)。对于第三方物流公司来说，获得这些信息更为经济，因为它们的投资可以分摊到很多的客户头上。对于非物流专业公司来讲，获得这些专长的费用就会非常昂贵和不合算。

(2) 规模经济效益。由于拥有强大的购买力和货物配载能力，一家第三方物流公司可以从运输公司或者其他物流服务商那里得到比它的客户更为低廉的运输报价，可以从运输商那里大批量购买运输能力，然后集中配载很多客户的货物，大幅度地降低单位运输成本。

(3) 灵活的物流安排。把物流业务外包给第三方物流公司，可以使得公司的固定成本转化为可变成本。公司通常向第三方支付服务费用，而不需要自己内部维持物流基础设施来满足这些需求。尤其对于那些业务量呈现季节性变化的公司来讲，外包物流对公司赢利的影响就更为明显。例如，一家季节性很强的大型零售企业，若要年复一年地在旺季聘用更多的物流和运输管理人员，到淡季再解雇他们是很困难和低效的。若与第三方物流公司结成伙伴关系，这家零售企业就不必担心业务的季节性变化。

(4) 先进的外部信息技术。许多第三方物流公司或与独立的软件供应商联合开发，或独立开发了内部的信息系统，这使它们能够最大限度地利用运输和分销网络，有效地进行跨运输方式的货物追踪，进行电子交易，生成提高供应链管理效率所必需的报表和进行其他相关的增值服务。因为许多第三方物流公司已在信息技术方面进行了大量的投入，可以做到帮助其客户理清哪种技术最有用处，如何实施，如何跟得上日新月异的物流管理技术发展。与合适的第三方物流公司合作，可以使得企业以最低的投入充分享用更好的信息技术。

(5) 高效率的资本运作。通过物流外包，制造企业可以降低拥有的运输设备、仓库和其他物流过程中所必需的投资，从而改善企业的赢利状况，把更多的资金投入在企业的核心业务上，有助于进入新的市场。许多第三方物流公司在国内外都有良好的运输和分销网络，希望拓展国际市场或其他地区市场以寻求发展的企业，可以借助这些网络进入新的市场。

(6) 降低经营风险。利用第三方物流资源，企业在利用物流企业资源、降低运作成本、提高运作效率的同时实际上也在把参与物流运行中的政策风险、经济风险、技术风险、市场风险和财务风险分解。企业能节约有限的资源，更具灵活性和针对性地对市场变化迅速作出反应。

1.3.2　第三方物流对促进社会经济发展的作用

第三方物流对社会经济发展的促进作用表现在以下几个方面。

【拓展文本】

1. 有利于社会物流设施的充分利用，进行合理的资源优化配置，减少不必要的投资

我国的社会物流设施已经具备了一定规模，但与满足物流配送的实际需要相比，仍有

较大的距离。实行第三方物流配送，有利于物流配送社会化，充分利用已有的物流设施。发达国家企业间虽然产品竞争很激烈，但物流方面却争取更大范围的合作，通过社会化物流配送，充分利用社会物流设施，以降低各自的物流成本。这同我国企业"家家建仓库、户户办运输"，"大而全、小而全"的状况形成鲜明的对比。实行社会化物流中心配送后，流通与生产企业就没有必要投巨资建设仓库、购置物流设备，以及配备大批人员从事物流工作。这样不仅可以有效地提高土地资源和设备利用率，而且能降低企业生产、流通成本，对整个社会资源都是极大的节约。

2. 专业化物流配送，利用快速反应系统，及时为用户服务，使产销紧密结合

第三方物流公司是专业化物流机构，设施比较先进，专业人才比较多，凭借这些优势，有能力建立快速的反应系统，承诺在24小时或48小时内就能将货物送到用户手中。同时，有条件建立自动化物流配送系统，方便用户订货、查询、结算、退货等，大大提高服务质量。在市场经济条件下，由于市场需求具有"多品种、小批量、更新快"的特点，原有的大生产模式必须富有一定的弹性，形成弹性生产系统或准时生产系统，做到按市场需求安排生产，使产品迅速销往市场。这种弹性生产系统，必须建立在社会化物流配送中心及时提供市场信息的基础上。物流配送中心联系众多的供应商、制造商、销售商，通过搜集整理大量的市场信息，及时传递，能使生产厂家生产的产品与市场消费需求紧密结合。

3. 有利于企业和行业实现规模化经营，提高规模效益[①]

第三方物流公司的配送对象多、流通渠道广，可以把千家万户的流通量集零为整，按大生产流水作业线的生产方式形成规模流通，获得规模效益。其具体表现在以下几个方面。

(1) 规模采购效益。一是可享受优惠价格，增强企业在市场上的竞争能力，使消费者满意；二是降低管理费用；三是压缩库存占用资金，物流配送中心实行统一采购、集中库存、集中供货后，就没有必要户户设大仓库，可以大大减少库存，进而在条件具备的情况下实现"零库存"；四是有利于保证商品质量，杜绝假冒伪劣商品。

(2) 实行规模化加工，可以提高材料利用率。有些生产企业自行加工时，材料利用率低，造成浪费。物流配送中心引进先进加工设备统一加工、实行套裁，边角余料都能利用起来，可以降低材料成本，同时可提高加工设备利用率。

(3) 实行社会化混载运输，提高效益，降低费用。社会化混载运输，就是一个运输容器内集多家商品，实行轻重配装，在同一个流向为社会众多客户配送商品，从而提高车船标重和容积利用率。第三方物流配送以统一采购、集中供货进行混载运输，在同样的营运里程中可以做到运次大量减少，运量成倍增加，运杂费相应减少；同时也可避免交叉运输、重复运输，减少道路拥挤、城市噪声和空气污染等。

(4) 专业化社会分工，有利于降低流通成本。随着经济的发展，专业化分工越来越细，物流形成独立产业是客观的必然。第三方物流公司通过合同形式收购工业产品，向流通、生产企业供货，可以解除流通与生产企业的后顾之忧，它们可专心搞好优质产品的生产与

---

① 周建亚. 物流基础[M]. 北京：中国物资出版社，2007.

销售。随着专业化社会分工的出现，第三方物流配送有利于降低产品生产成本和流通成本，甚至可以创造价值。社会化物流配送中心所创造的价值和节约的费用，主要体现在用户上。诸如压缩商品库存总量，节约库存资金占用；缩小信贷规模，节约银行利息；加快商品运输速度，提高车船装载量，节约运杂费；集中采购，享受批量价格，降低进货成本；稳定供货关系，减少采购环节，节约管理费用；规模流通加工，降低材料的损失损耗；不用重复投资建设仓库和购置设备，节约企业投资等。效益均体现在用户身上，这种节约称为"第三利润源"。

(5) 有利于以计算机技术为基础的物流现代化，发展电子商务。单个企业自办物流时，物流量小，难以实行现代化。社会化物流配送中心物流量大，天生具有规模优势，具备物流现代化的条件。如配合当前流行的网上销售，物流配送中心可以根据网上成交的订单，充分利用规模优势和网络优势以低成本、高质量及时配送。其他配送方式很难达到如此效率和效益。因此，电子商务唯有借助于社会化物流配送中心，才能实现规模化发展。

4. 加快物流产业的形成和再造

从发展的观点来看，第三方物流应该是科学地设计组织体系，按市场机制进行运作，除了要避免市场供求及价格波动的风险外，还必须建立集成化的物流管理信息系统，使物流价值链上的各成员做到信息共享，物流实时监控，以压缩物流流程时间，提高需求、供货预测精度。这样的革新和变化，推动了物流业的发展，使诸多的物流企业汇聚起来，形成了一种新的产业，成为社会再生产过程的支持平台。

在上述大环境中，物流企业正在面临市场竞争激烈和业务扩大迅速的态势，通过第三方物流服务这种形式，在短期内可完成业务流程再造，迅速取得预期的目标。

1.4 第三方物流的类型

在对第三方物流进行分类时，有的学者从企业的运作模式来划分，有的学者则从企业的组织结构来划分。这两类划分方式都有助于全面了解第三方物流服务。

1.4.1 根据第三方物流的运作模式分类

从资源整合的方式看，第三方物流企业主要有两种：一种是不拥有固定资产依靠第三方物流企业协调外部资源进行运作的"非资产型"；另一种是投资购买各种设备并建立自己物流网点的"资产型"。究竟采用哪种类型主要取决于第三方物流企业的成长背景、投入能力、战略规划，以及宏观环境。

非资产型物流企业仅拥有少数必要的设施设备，基本上不进行大规模的固定资产投资，它们主要通过整合社会资源提供物流服务。由于不需要大量的资金投入，运行风险较小。采用这种方式需要具有成熟的底层物流市场，同时企业自身也要有先进的技术手段和一定的运作能力做支撑。

资产型物流企业自行投资建设网点和购买设备，除此之外，还可以通过兼并重组或者建立战略联盟的方式来获得或利用物流资源。这种方式虽然需要较大的投入，但拥有自己的网络与设备有利于更好地控制物流服务过程，使物流服务质量更有保证。同时，雄厚的资产也能展示企业的实力，有利于同客户建立信任关系，对品牌推广和市场拓展具有重要作用。

根据上述分析，可用图 1.1 概括第三方物流企业的几种典型运作模式。该图是从企业资产规模与运营能力两方面来构建的二维图。其中横轴表示企业资产的规模，纵轴表示企业对资源整合的运营能力。以下是对图中各象限内所示模式的介绍。

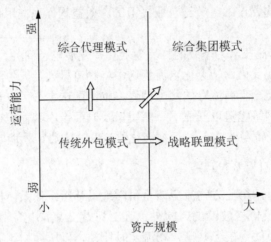

图 1.1　第三方物流运作模式

1. 传统外包型物流运作模式

该模式在图 1.1 中处于第三象限内，从图中可以看出，这种模式对企业的固定资产投入以及企业内部管理水平的要求并不是很高。目前我国大多数物流业务都是这种模式。这种运作模式主要是指第三方物流企业通过契约独立承包一家或多家生产商或经销商的部分或全部物流业务。

其优点是降低了生产或经销企业库存，甚至达到"零库存"，节约物流成本，同时精简了组织机构，利于集中协调各要素发展核心业务，提高企业竞争力。第三方物流企业各自以契约形式与客户形成长期合作关系，保证了稳定的业务量，避免了设备闲置。这种模式以生产商或经销商为中心，第三方物流企业几乎不需专门添置设备和进行业务训练，管理过程简单，第三方物流不介入企业的生产和销售计划。

其缺点是由于这种方式是在传统的运输、仓储业上建立起来的，所以仍以生产商或经销商为中心。第三方物流企业之间缺少协作，没有实现资源更大范围的优化，并且生产企业、销售企业与第三方物流企业之间缺少沟通的信息平台，可能会造成生产的盲目、运力的浪费或不足和库存结构的不合理。

2. 战略联盟型物流运作模式

该模式在图 1.1 中处于第四象限内，从图中可以看出，物流企业在运用这种模式时，对固定资产的投入比重要高于对企业管理水平的要求，其中最主要的投入是信息平台的建设。这种运作模式主要指从事运输、仓储、信息等经济业务的经营者以契约形式结成的战略联盟，他们内部信息共享、相互间协作、信息交流平等化，形成第三方物流网络系统。

这种模式比起第一种模式有两方面改善。首先，系统中加入了信息平台，实现了信息共享和信息交流。各单项实体以信息为指导来制订运营计划。在联盟内部优化资源，同时信息平台可作为交易系统，完成产销双方的订单和对第三方物流服务的预订购买。其次，联盟内部各实体实行协作，某些票据联盟内部通用，可减少中间手续，提高效率使供应链衔接顺畅，实现多式联运，节约成本。其缺点是由于联盟成员是合作伙伴关系，实行独立核算，彼此间服务租用，在彼此利益不一致的情况下，要实现资源更大范围的优化就存在一定的局限。

3. 综合代理物流运作模式

该模式在图 1.1 中处于第二象限内，从图中可以看出，这种模式对企业管理水平要求较高，对资产投入要求较低，运用这种模式的企业实际是有效的物流管理者。这种运作模式具体是指不进行大的固定资产投资，低成本经营。将部分或全部物流作业委托他人处理，注重自己的销售队伍与管理网络。实行特许代理，将协作单位纳入自己的经营轨道。物流企业经营的核心能力就是综合物流代理业务的销售、采购、协调管理和组织的设计与经营，并且注重业务流程的创新和组织机构的创新，使企业经营不断产生新的增长点。采用这种模式的第三方物流企业应该具有很强的实力，海陆空俱全，同时拥有发达的网络体系，从而为客户提供全方位的服务。

4. 综合集团型物流运作模式

该模式在图 1.1 中处于第一象限内，从图中可以看出，这种模式是处于高资产与高管理水平位置，运用这种模式的物流企业无论是在资产的投入上，还是在管理水平上，较其他几种模式都有更高要求。这种模式就是组建集成物流的多种功能于一体的综合物流集团，包括由运输、仓储、包装、装卸、流通加工、信息等各物流功能所组建完成的相应功能的部门，扩展物流服务范围，为企业协调管理和组织设计与经营。对上游生产商可提供产品代理、管理服务和原材料供应。对下游经销商可全权代理为其配货送货，并可同时完成综合物流项目进行整体网络设计。

物流活动是一个社会化的活动，涉及的行业面广，涉及的地域范围更广。所以它必须形成一个网络才可能更好地发挥其效用。综合物流集团必须根据自己的实际情况选择网络组织结构，现在主要有两种网络结构：一种是大物流中心加小配送网点的模式，另一种是连锁经营的模式。前者适合商家、用户比较集中的小地域，选取一合适地点建立综合物流中心，在各用户集中区建立若干配送点或营业部，采取统一集货、逐层配送的方式。后者是在业务涉及的主要城市建立连锁公司，负责对该城市和周围地区的物流业务，地区间各连锁店实行协作。该模式适合地域间或全国性物流，连锁模式还可以兼容前一模式。

在以上这几种物流运作模式中，提供传统外包服务的物流企业在运营能力和资产规模上的发展会使其分别朝着其他 3 种第三方物流模式移动，这也表明了传统的提供单一的物流外包服务其发展潜力有限，物流企业只有发展了更具特色的物流服务才能在激烈的市场竞争中立足。

1.4.2 根据企业的组织结构分类

根据 2014 年 7 月 1 日实施的国家标准《物流企业分类与评估标准》(GB/T 19860—

2013），物流企业根据以物流服务某项功能为主要特征，并向物流服务其他功能延伸的不同状况，划分类型，主要可分为运输型物流企业、仓储型物流企业和综合服务型物流企业。

1. 运输型物流企业

1) 运输型物流企业的基本特点和要求

(1) 以从事货物运输业为主，具备一定规模。

(2) 可为客户提供运输服务及其他增值服务。

(3) 自有一定数量的运输工具和设备。

(4) 具备信息服务功能，应用信息系统可对运输货物进行状态查询、监控。

2) 运输型物流企业的等级要求

运输型物流企业的评估指标如表 1-2 所示。

表 1-2　运输型物流企业的评估指标

评估指标		级别				
		AAAAA 级	AAAA 级	AAA 级	AA 级	A 级
经营状况	1. 年物流营业收入/元*	16.5 亿以上	3 亿以上	6 000 万以上	1 000 万以上	300 万以上
	2. 营业时间*	5 年以上	3 年以上		2 年以上	
资产	3. 资产总额/元*	11 亿以上	2 亿以上	4 000 万以上	800 万以上	300 万以上
	4. 资产负债率*	不高于 70%				
设施设备	5. 自有货运车辆/辆* (或总载重量/吨)*	1500 以上 (7 500 以上)	400 以上 (2 000 以上)	150 以上 (750 以上)	80 以上 (400 以上)	30 以上 (150 以上)
	6. 运营网点/个	50 以上	30 以上	15 以上	10 以上	5 以上
管理及服务	7. 管理制度*	有健全的经营、作业、财务、统计、安全、技术等机构和相应的管理制度				
	8. 质量管理	通过国家或行业相关认证			具有规范的质量管理体系	
	9. 业务辐射面*	跨省区以上			—	
	10. 物流服务方案与实施	提供物流系统规划、资源整合、方案设计、业务流程重组、供应链优化、物流信息化等方面服务			提供整合物流资源、方案设计等方面的咨询服务	
	11. 客户投诉率(或客户满意度)	≤0.05%(≥98%)		≤0.1%(≥95%)	≤0.5%(≥90%)	
人员管理	12. 中高层管理人员*	80%以上具有大专及以上学历，或全国性行业组织物流师认证	60%以上具有大专及以上学历，或全国性行业组织物流师认证		30%以上具有大专及以上学历,或全国性行业组织物流师认证	
	13. 基层物流业务人员	60%以上具有中等及以上学历或物流职业资格	50%以上具有中等及以上学历或物流职业资格		30%以上具有中等及以上学历或物流职业资格	

续表

评估指标		级　别				
		AAAAA 级	AAAA 级	AAA 级	AA 级	A 级
信息化水平	14. 信息系统*	物流经营业务全部信息化管理			物流经营业务部分信息化管理	
	15. 电子单证管理	90%以上	70%以上		50%以上	
	16. 货物物流状态跟踪*	90%以上	70%以上		50%以上	
	17. 客户查询*	建立自动查询和人工查询系统			建立人工查询系统	

注：① 标注*的指标为企业达到评估等级的必备指标项目，其他为参考指标项目。

② 物流营业收入指企业通过物流业务活动所取得的收入总额，包括提供运输、仓储、装卸、搬运、包装、流通加工、配送、信息等基本服务及其他相关增值服务所取得的业务收入。

③ 运营网点是指在企业市场覆盖范围内，可以承接并完成企业基本业务的分支机构和联盟伙伴。

④ 客户投诉率是指在年度周期内客户对不满意业务的投诉总量与企业业务总量的比率。

⑤ 客户满意度是指在年度周期内企业对客户满意情况的调查统计。

⑥ 基层物流业务人员是指从事物流业务执行活动的企业成员。

2. 仓储型物流企业

1) 仓储型物流企业的基本特点和要求

(1) 以从事仓储业务为主，具备一定规模。

(2) 可为客户提供分拨、配送、流通加工等服务，以及其他增值服务。

(3) 自有一定规模的仓储设施、设备，自有或租用必要的货物运输工具。

(4) 具备信息服务功能，应用信息系统可对仓储货物进行状态查询、监控。

2) 仓储型物流企业的等级要求

仓储型物流企业的评估指标如表 1-3 所示。

表 1-3　仓储型物流企业的评估指标

评估指标		级　别				
		AAAAA 级	AAAA 级	AAA 级	AA 级	A 级
经营状况	1. 年物流营业收入/元*	7.2 亿以上	1.2 亿以上	2 500 万以上	500 万以上	200 万以上
	2. 营业时间*	5 年以上	3 年以上		2 年以上	
资产	3. 资产总额/元*	11 亿以上	2 亿以上	4 000 万以上	800 万以上	200 万以上
	4. 资产负债率*	不高于 70%				
设施设备	5. 自有仓储面积/平方米*	20 万以上	8 万以上	3 万以上	1 万以上	4 000 以上
	6. 自有/租用货运车辆/辆(或总载重量/吨) *	500 以上(2 500 以上)	200 以上(1 000 以上)	100 以上(500 以上)	50 以上(250 以上)	30 以上(150 以上)
	7. 配送客户点/个	200 以上	150 以上	100 以上	50 以上	30 以上
管理及服务	8. 管理制度*	有健全的经营、作业、财务、统计、安全、技术等机构和相应的管理制度				
	9. 质量管理	通过国家或行业相关认证			具有规范的质量管理体系	

续表

评估指标		级　　别				
		AAAAA 级	AAAA 级	AAA 级	AA 级	A 级
管理及服务	10．物流服务方案与实施	提供物流系统规划、资源整合、方案设计、业务流程重组、供应链优化、物流信息化等方面服务			提供整合物流资源、方案设计等方面的咨询服务	
	11．客户投诉率(或客户满意度)	≤0.05%(≥98%)		≤0.1%(≥95%)	≤0.5%(≥90%)	
人员管理	12．中高层管理人员*	80%以上具有大专及以上学历或全国性行业组织物流师认证	60%以上具有大专及以上学历或全国性行业组织物流师认证		30%以上具有大专及以上学历或全国性行业组织物流师认证	
	13．基层物流业务人员	60%以上具有中等及以上学历或物流职业资格	50%以上具有中等及以上学历或物流职业资格		30%以上具有中等及以上学历或物流职业资格	
信息化水平	14．信息系统*	物流经营业务全部信息化管理			物流经营业务部分信息化管理	
	15．电子单证管理*	100%以上	70%以上		50%以上	
	16．货物物流状态跟踪	90%以上	70%以上		50%以上	
	17．客户查询*	建立自动查询和人工查询系统			建立人工查询系统	

注：① 标注*的指标为企业达到评估等级的必备指标项目，其他为参考指标项目。
② 物流营业收入指企业通过物流业务活动所取得的收入总额，包括提供运输、仓储、装卸、搬运、包装、流通加工、配送、信息等基本服务及其他相关增值服务所取得的业务收入。
③ 客户投诉率是指在年度周期内客户对不满意业务的投诉总量与企业业务总量的比率。
④ 客户满意度是指在年度周期内企业对客户满意情况的调查统计。
⑤ 配送客户点是指企业当前的、提供一定时期内配送服务的、具有一定业务规模的、客户所属的固定网点。
⑥ 租用货运车辆是指企业通过合同等方式可进行调配、利用的货运车辆。
⑦ 基层物流业务人员是指从事物流业务执行活动的企业成员。

3．综合服务型物流企业

1) 综合服务型物流企业的基本特点和要求

(1) 从事多种物流服务业务，可以为客户提供运输、仓储、货运代理、配送、流通加工、信息服务等多种物流服务，具备一定规模。

(2) 可为客户制定系统化的物流解决方案，可为客户提供综合物流服务及其他增值服务。

(3) 自有或租用必要的运输工具、仓储设施及相关设备。

(4) 企业具有一定市场覆盖面的货物集散、分拨配送网络。

(5) 具备信息服务功能，应用信息系统可对物流服务全过程进行状态查询、监控。

2) 综合服务型物流企业的等级要求

综合服务型物流企业的评估指标如表 1-4 所示。

表 1-4　综合服务型物流企业评估指标

评估指标		级　别				
		AAAAA 级	AAAA 级	AAA 级	AA 级	A 级
经营状况	1. 年物流营业收入/元*	16.5 亿以上	2 亿以上	4 000 万以上	800 万以上	300 万以上
	2. 营业时间*	5 年以上	3 年以上		2 年以上	
资产	3. 资产总额/元*	5.5 亿以上	1 亿以上	2 000 万以上	600 万以上	200 万以上
	4. 资产负债率*	不高于 75%				
设施设备	5. 自有/租用仓储面积/平方米	10 万以上	3 万以上	1 万以上	3000 以上	1 000 以上
	6. 自有/租用货运车辆/辆（或总载重量/吨）*	1500 以上（7 500 以上）	500 以上（2 500 以上）	300 以上（1 500 以上）	200 以上（1 000 以上）	100 以上（500 以上）
	7. 运营网点/个*	50 以上	30 以上	20 以上	10 以上	5 以上
管理及服务	8. 管理制度*	有健全的经营、作业、财务、统计、安全、技术等机构和相应的管理制度				
	9. 质量管理	通过国家或行业相关认证			具有规范的质量管理体系	
	10. 业务辐射面*	跨省区以上			—	
	11. 物流服务方案与实施*	提供物流系统规划、资源整合、方案设计、业务流程重组、供应链优化、物流信息化等方面服务			提供整合物流资源、方案设计等方面的咨询服务	
	12. 客户投诉率（或客户满意度）	≤0.05%(≥99%)	≤0.1%(≥95%)		≤0.5%(≥90%)	
人员要求	13. 中高层管理人员*	80%以上具有大专及以上学历或全国性行业组织物流师认证	70%以上具有大专及以上学历或全国性行业组织物流师认证		50%以上具有大专及以上学历或全国性行业组织物流师认证	
	14. 基层物流业务人员	60%以上具有中等及以上学历或物流职业资格	50%以上具有中等及以上学历或物流职业资格		40%以上具有中等及以上学历或物流职业资格	
信息化水平	15. 信息系统*	物流经营业务全部信息化管理			物流经营业务部分信息化管理	
	16. 电子单证管理*	100%	80%以上		60%以上	
	17. 货物物流状态跟踪*	100%以上	80%以上		60%以上	
	18. 客户查询*	建立自动查询和人工查询系统			建立人工查询系统	

注：① 标注*的指标为企业达到评估等级的必备指标项目，其他为参考指标项目。
② 物流营业收入指企业通过物流业务活动所取得的收入总额，包括提供运输、仓储、装卸、搬运、包装、流通加工、配送、信息等基本服务及其他相关增值服务所取得的业务收入。
③ 运营网点是指在企业市场覆盖范围内，可以承接并完成企业基本业务的分支机构和联盟伙伴。
④ 客户投诉率是指在年度周期内客户对不满意业务的投诉总量与企业业务总量的比率。
⑤ 客户满意度是指在年度周期内企业对客户满意情况的调查统计。
⑥ 租用货运车辆是指企业通过合同等方式可进行调配、利用的货运车辆。
⑦ 租用仓储面积是指企业通过合同等方式可进行调配、利用的仓储总面积。
⑧ 基层物流业务人员是指从事物流业务执行活动的企业成员。

还有按照其他分类标准进行物流企业分类的，如按照企业在商品流通中所处的地位和作用分类，有批发型物流企业和零售型物流企业；按照经营规模分类，有大型物流企业、中型物流企业和小型物流企业；按照提供的物流服务项目分类，有功能型物流企业、综合型物流企业和服务技术型物流企业。这些分类标准由于不是国家标准所认可，在此仅仅简单列出，不做具体介绍。

【拓展文本】

1.5　第三方物流的优缺点

从企业运营的层面看，第三方物流的优缺点是很明显的。

1.5.1　第三方物流的优点

企业选择第三方物流不仅可以获得战略层面的优势，还可以在经营运作层面得到效率和效益的极大提升，获得较高的客户满意度。

1.　获取战略优势

企业的竞争优势都是因为其适当的战略规划所决定的。有限的资源决定了任何一家企业在运作中不仅要充分利用这些资源创造极大的价值，而且要不出现大的失误，尽量规避风险。所以，使用第三方物流为企业提供专业化的辅助服务，不仅可以节约有限资源，而且可以借助于其专业能力规避一些运营风险，同时还能够扩大其经营范围。这体现在以下3 点。

(1) 有利于企业资源集中于核心竞争力。企业的持续竞争优势是由核心竞争力决定的。企业拥有资源的有限性，决定其不可能在所有业务领域都拥有竞争优势，为此，企业必须把有限的资源集中在核心业务上。一般企业在物流技术、信息系统、运输网络等方面都存在局限性，这就决定了企业在物流运作上往往不具有核心能力。而对第三方物流服务商来说，物流运作则是其核心能力。通过将物流业务交由专业化的第三方物流服务商进行运作，企业就可以将有限的资源用于发展其核心业务，同时又可以利用第三方物流的核心能力，强化整个企业的核心能力，从而提高企业的竞争力。

(2) 获取专业服务，降低运营风险。现代商业领域内的设备、设施、信息技术的投入是相当大的，而要将这些投资合理高效地运作起来更需要人力、财力的持续投入，这对于任何一家企业来讲都是一笔不小的开支。再加上市场需求的不确定性和复杂性，投资风险是巨大的。从交易成本和专业分工的角度来看，第三方物流服务商参与企业的日常运营是对企业运营风险的分担，而且凭借其专业化的服务水平，可以极大地降低企业的运营风险。所以，企业在制定战略时将第三方物流服务纳入战略规划是值得考虑的。

(3) 扩大经营范围。现代企业的运作已经不能仅仅局限在本地、本区域或者本国，将目光放在全球范围的经营运作更能够给企业带来更好的收益。为配合企业的全球化战略，必须构筑全球一体化的物流体系，而这套体系的构建如果只是凭借企业自身来完成，不仅成本高昂，失败风险巨大，而且没有必要。凭借资源优势和网络优势，第三方物流服务商可以很好地解决类似的问题，从而满足企业经营全球化的要求。

2. 获取经营运作优势

在企业具体的经营运作层面，采用第三方物流服务所带来的优势也是显而易见的。

(1) 有利于企业有效降低成本。在竞争激烈的市场上，降低成本、提高利润往往是企业追求的首选目标。在企业的总成本中，物流成本通常占有较大的比例，可以说物流成本的节约在很大程度上代表了总费用成本的节约。由于第三方物流拥有现代化的物流技术、信息管理系统和丰富的节点网络以及经验丰富的专业物流人员和技术人员，企业通过将运输、仓储等相关业务环节交由专业的第三方物流服务供应商进行运作，充分利用其专业化的物流设备、设施和先进的信息管理，发挥其专业化物流运作和管理经验，发挥其规模化的经营优势，就可以大量减少在运输、仓储单证处理、人员工资等方面的投资，且只需支付较低的可变成本。

(2) 有利于提高企业的生产效率。效率指的是投入与产出或成本与收益之间的关系。当效率概念应用于个别企业时，所要研究的问题主要是指企业是否利用一定的生产资源生产了最大量的产出，或者反过来，是否在生产一定量产出时实现了"成本最小"，这种效率称为"技术效率"。第三方物流是以服务为导向的专业化物流公司，可以为企业提供高效的物流设计、运作和管理，企业因此能够获得物流运作成本的节约，有利于企业把更多的财力、人力、物力集中到产品的研发和生产过程中，使得资源在不同的环节里得到合理配置，从而优化了生产结构，提高了企业的生产效率。

随着现代物流管理和技术水平的不断提高，第三方物流服务商为了提高自己的竞争力和专业化水平，经常会采用最新的技术和手段以提高运营效率和效益，而委托企业则可以在自己不增加投入的情况下，获得第三方物流服务商提供的最新技术，提高生产效率。

(3) 有利于提高企业的资本周转速度。企业使用第三方物流能最大限度地缩短采购周期，实现零库存资金占用和零距离销售，提高产出效率。因此，物流外包将提高资本周转速度，进而提高资本回报率。

(4) 有利于提高顾客满意度。在日益激烈的市场竞争环境中，消费需求更为苛刻。消费者不仅希望企业以最小的总成本满足其多种多样的产品需求，还要求企业提供更高的服务水平。然而仅靠企业自身的力量，往往难以满足顾客的需求。企业将物流外包，可以利用第三方物流服务商的信息网络和节点网络，加快对顾客订单处理的速度，实现产品的快速交付，从而提高顾客的满意度；可以利用其先进的信息和通信技术，加强对在途货物的监控，能够及时发现、处理在配送过程中出现的事故，尽力保证产品及时安全地送达目的地，兑现对顾客的承诺；由于第三方物流服务商具有网点丰富、反应快速的特点，企业可以向第三方物流服务商提供业务培训，将产品的售后服务交给第三方物流服务商来做，保证企业为顾客提供稳定、可靠的高水平服务。

1.5.2 第三方物流的缺点

使用第三方物流会带来很多好处，但也并非没有不足，第三方物流具有以下缺点。

1. 企业内部力量的抵制

当企业为了配合物流外包而进行业务流程再造时，将对管理资源重新进行整合，如人力资源开发、流程管理、信息管理、财务管理等管理职能将从各部门分离出来，企业原有员工的工作环境会变化较大，如果处理不好，可能会导致企业内部员工的抵制而影响企业正常的生产经营活动。

2. 对物流的控制能力降低

在第三方物流合作关系中，第三方物流服务商介入企业的采购、生产、分销、售后服务的各个环节，成为企业的物流管理者，企业对物流的控制力大大降低，在双方协调出现问题的情况下，可能出现物流失控的现象，即第三方物流服务商不能完全理解并按企业的要求来完成物流业务，从而降低客户服务标准。

这种控制能力的降低还表现在信息沟通上，由于物流由另外一家企业承担，原来由企业内部沟通来解决的问题，变成两个企业之间的沟通，在沟通不充分的情况下，容易产生相互推诿的现象，影响物流的效率。

3. 客户关系管理的风险

在第三方物流合作关系中，最直接接触客户的往往是第三方物流服务商，同时，他们也往往拥有全面的客户信息，甚至是潜在的客户信息，因此，在客户关系管理的风险中，至少存在两类风险。

(1) 削弱了企业同客户的关系。由于生产企业通过第三方物流服务商完成产品的递送甚至是售后服务工作，从而大大减少了同客户直接接触的机会，因而减少了直接倾听客户意见和密切客户关系的机会，这对建立稳定的客户关系无疑是非常不利的。

(2) 客户资料有被泄密的危险。比削弱客户关系更加危险的是客户资料可能被泄露。在激烈的市场竞争中，客户资料对企业而言是最重要的资源之一，如果客户资料被泄露，其后果是难以想象的。尽管在第三方物流服务关系中，相互对对方的信息保密是重要的合作基础，但信息越是在更多的企业间共享，其泄密的可能性越大，第三方物流服务商不仅自己要掌握信息，有时候还不得不同众多的物流企业共享客户信息。

因此，使用第三方物流服务，客户关系管理存在很大的风险。

4. 企业战略机密泄露的危险

物流既是企业战略的重要组成部分，又承担着企业战略执行的重任，因此，第三方物流服务商通常对企业的企业战略有很深的认识，从采购渠道的调整到市场策略，从经营现状到未来预期，从产品转型到客户服务策略，第三方物流服务商都可能得到相关的信息，对于那些信息处理能力比较强的第三方物流服务商，其通过数据挖掘技术得到的信息往往连客户自身都不知道。因此，使用第三方物流服务，大大增加了企业的核心战略被泄露的危险。

5. 物流外包的可靠性风险

企业与第三方物流服务商之间事实上是一种委托—代理关系。当存在信息交流障碍时，每个当事人在行动之前不能观察到其他人的行动，在这种情况下双方会选择不合作，从而最终给委托方带来极大损害，如企业出于自身利益的考虑，可能会保护自己的部分信息，从而造成信息的不对称。另外，第三方物流服务商可能因为自身的利益，在企业对其控制力减弱的情况下，提供较差的服务或抬高服务价格，增加了企业的经营成本和风险。

另外，在第三方物流服务商还未得到充分发展(如物流信息系统落后、现代物流管理经验缺乏等)的情况下，物流外包的可靠性也难以得到很好的保证。

企业选择与第三方物流服务商合作，尽管存在一定的风险，但从总体来说还是利大于弊的。企业在与第三方物流服务商合作时如能有效地"趋利"而"避害"，将极大地提升企业竞争力，使企业在激烈的市场竞争中获得一席之地。

本 章 小 结

第三方物流虽然在国际上还没有统一的定义，但在国家标准《物流术语》(GB/T 18354—2006)中被描述为：接受客户委托为其提供专项或全面的物流系统设计以及系统运营的物流服务模式。另外，还要区分广义的第三方物流定义和狭义的第三方物流定义。

第三方物流是独立于供方与需方的物流运作形式；是一种社会化、专业化的物流；是综合系列化的服务；是客户的战略同盟者。

在导入期，第三方物流公司提供的是单一服务；在知晓期，则演变为提供独立服务；在需求期，第三方物流公司的协助对于企业经营运作已是必需的；在整合期，第三方物流公司已经能够提供综合性的服务；在差别化期，企业将第三方物流作为增加竞争力的必需功能，以支持企业使命。

第三方物流是市场经济发展到一定阶段的必然产物。作为一种先进的服务形态，第三方物流服务的价值在企业层面和社会层面都有所体现。

本书提供了两种方式划分第三方物流企业的类型：一种是以第三方物流企业的资产规模和运营能力来区别其运作模式；另一种则是按照国家标准将第三方物流企业划分为运输型物流企业、仓储型物流企业和综合服务型物流企业。

企业选择物流外包不仅可以获得战略层面的优势，还可以在经营运作层面得到效率和效益的极大提升，获得较高的客户满意度；但是，其缺点则是有可能造成以下后果：企业内部力量的抵制、对物流的控制能力降低、客户关系管理的风险、公司战略机密有泄露的危险以及物流外包的可靠性风险。

习 题

一、名词解释

第三方物流(狭义) 物流一体化

二、选择题

1. 物流一体化的发展层次有( )。
    A. 物流自身一体化   B. 微观物流一体化
    C. 宏观物流一体化   D. 物流行业一体化

2．企业将自己的物流业务外包给运行良好的第三方物流公司，可以直接的优势有(　　)。

　　A．关注核心业务，提高企业竞争力　　B．拥有专业化的服务

　　C．降低经营风险　　　　　　　　　　D．扩大市场占有率

3．从资源整合的方式看，第三方物流企业主要分为(　　)。

　　A．资产型　　　　　　　　　　　　　B．综合代理型

　　C．传统外包型　　　　　　　　　　　D．非资产型

4．根据国家标准《物流企业分类与评估标准》(GB/T 19860—2013)，物流企业分为(　　)。

　　A．运输型物流企业　　　　　　　　　B．仓储型物流企业

　　C．流通加工型物流企业　　　　　　　D．综合服务型物流企业

三、简答题

1．如何理解第三方物流的定义？

2．第三方物流有哪些特征？

3．根据帕帕佐普洛卢和道格拉斯的划分，第三方物流分为哪5个阶段？其基本特征分别是什么？

4．第三方物流对促进社会经济发展的作用是什么？

5．委托企业可以在与第三方物流企业的合作中获得哪些方面的专业化服务？

6．基于企业的运作模式，可以将第三方物流企业划分为哪几类？其特点分别是什么？

7．运输型物流企业的基本特点和要求是什么？

8．仓储型物流企业的基本特点和要求是什么？

9．综合服务型物流企业的基本特点和要求是什么？

10．采用第三方物流的优点有哪些？

11．采用第三方物流的缺点有哪些？

 案例分析　
【拓展视频】

物流巨人之路——记联邦快递的发展

联邦快递集团(FedEx Corp)是一家市值逾221亿美元的控股公司，专门提供全球性运输、电子商贸及供应链管理服务，并透过旗下多家独立营运的附属公司提供综合商业方案。其主要附属公司包括：全球最大的速递运输公司联邦快递FedEx Express(经营速递业务)、北美第二大货件陆运公司FedEx Ground(经营包装与地面送货服务)、数一数二的区域散货运输公司FedEx Freight、北美最大的紧急货件速递公司FedEx Custom Critical(经营高速运输投递服务)以及提供代理清关服务、顾问意见、资讯科技及贸易促进方案的公司FedEx Trade Networks。

1．FedEx在亚洲的发展

20世纪80年代末，制造业基地从发达国家逐渐转移到了发展中国家，而联邦快递作为最早认识到这一趋势的公司，开始着手进行大规模的全球扩展，以应对日益激烈的国际

竞争及挑战，亚太区分公司也就此应运而生。

1989年，联邦快递收购了飞虎航空(Flying Tiger)，获得了飞虎航空在亚洲21个国家及地区的航线权，从而在全球经济增长最迅速的区域取得了立足点。这为联邦快递实现目标具有深远的意义。

1992年，公司的区域性总部从檀香山迁至中国香港。将公司的营运中心迁移至经济活动的中心地区，更显示了公司对该地区的高度重视。

1995年，联邦快递购买了中国和美国之间的航线权，开始由联邦快递飞行员驾驶的专用货机来负责中美间的快递运输服务。1996年3月，联邦快递成为唯一享有直航中国权利的美国快递运输公司。目前联邦快递每周有11个航班往返于中美之间。

1995年9月，联邦快递在菲律宾苏比克湾建立了其第一家亚太运转中心，并通过其亚洲一日达网络提供全方位的亚洲隔日递送服务。根据公司在美国成功运作的"中心辐射"创新运转理念，亚太运转中心现已连接了亚洲地区18个主要经济与金融中心。

联邦快递目前在亚太地区超过30个国家和地区雇用7 300名员工，公司的亚太区总部设在中国香港，同时在中国香港、东京、新加坡均设有区域性总部。

2. FedEx重塑自我

随着网络时代的到来，FedEx主营的文件速递市场面临着极大的威胁。速递文件的电子化转移速度比美国邮政一类邮件的电子化转移速度要大得多。而且，由于新的更复杂的软件使得企业能够更好地管理库存，这将降低对于昂贵的物品速递的需求。同时，美国邮政的优先邮件越来越被市场看好，因为，优先邮件的性价比优于次日递业务。另外，UPS与惠普公司合资建立的文件交换服务公司，到2003年分流了23%的航空速递业务量。FedEx同样面临着极大的挑战，因此FedEx制定以下战略。

(1) 进军物流市场。正如UPS侵入FedEx的文件速递领地一样，FedEx通过各种方式抢夺了一部分普通包裹市场。1998年，FedEx通过收购Roadway包裹公司(RPS)进入普通包裹运递市场，在包裹市场的占有率达到11%。在过去的4年中，FedEx投资了5亿美元，使RPS的处理能力翻了一番。另外，FedEx在信息技术领域也投入了巨额资金。FedEx对其无线通信网络进行了更新，使之能够与UPS匹敌，此外还为大小企业提供因特网商务软件。而且FedEx已经向国际市场进军，尤其是计算机硬件和微型芯片的物流配送。像UPS一样，FedEx已经开始作为第三方物流服务供应商向外展开营销。世界著名的思科公司宣布让FedEx管理其整个物流网络，其目的是完全取消思科在亚洲的仓库，代之以这两家公司共同创立的"飞行仓库"，最终，由FedEx直接投递零部件给用户做最终的组装。

(2) 住户市场策略。FedEx的住户投递市场直接与美国邮政展开竞争，但FedEx采取的战略与UPS有很大的不同。UPS是将企业到企业与企业到家庭的业务集成一体，而FedEx则准备组建专门的住宅投递服务公司，并准备聘用低成本的非工会劳动力。FedEx的住宅市场发展战略是在2000年3月宣布的。FedEx总公司下设多个业务部门，主要从事次日递航空速递核心业务的联邦快递和企业到企业的普通包裹业务的联邦快递地面服务，地面服务下设快递家庭投递服务部门。这3个业务部门共享公司的技术和某些行政管理职能，如营销和收付款职能，但是各自拥有独立的设施、车辆和经营活动。家庭投递部门雇佣的工人被称为"业主经营者"，自备厢式货车，公司根据这些工人的投递量给予报酬，可以将投递成本保持在较低的水平，这不仅比UPS的成本低，甚至可能比美国邮政的成本还低。

FedEx 的家庭投递服务在全国 40 个大城市设立了 67 个家庭投递站，号称覆盖了全国 50% 的家庭，FedEx 计划还要建立另外 240 个投递站，争取在 3 年的时间内覆盖 98% 的人口。FedEx 的发展处处体现出其创新的意识，比如说，FedEx 准备星期二到星期六投递，而且是选择收件人最有可能在家的傍晚时间投递，同时还提供指定日期投递，但收取额外费用。另外，包裹揽收时间推迟到了晚上 9 点，更加新奇的是，FedEx 家庭服务的正式标志是一只可爱的小狗。

3. FedEx 的现状

尽管这一事业起初并不被人们看好，但是如今，FedEx 已经建立了全球的快速交付网络，业务遍及全球 214 个国家，在全球聘用超过 21.5 万名员工和独立承包商，每天平均处理 500 万件货件。2002 年，FedEx 以上年营业额 196 亿美元的成绩，在全球 500 强中排名第 246 位。从地区来看，业务的地区性集中化程度高(本土化程度高)，美国业务占总收入的 76%，国际业务占 24%。从运输方式来看，空运业务占总收入的 83%，公路运输业务占 11%，其他业务占 6%。

FedEx 在经营管理上已实现了以下目标。

(1) 客户可通过网络直接进行邮寄手续的办理，FedEx 的员工在最短的时间内上门取货，让客户足不出户也能寄送包裹。

(2) 货物准确送达到客户手中的时间精确至分钟。

(3) 从北京办理货物运送手续起至送达到美国客户手中，时间仅为两天。

(4) 实现信息共享，为合作伙伴提供的系统环境和服务器，可让每一个合作伙伴享受到随时跟踪货物运行状态、地点等情况，实现异地数据采集、经营报表的打印。

(5) 完成了由单纯的快件运输公司向提供物流策略、系统开发、电子数据交换及解决方案的跨地区跨行业的大型集团企业的转型。

(资料来源：http://www.chinawuliu.com.cn/cflp/newss/content1/200908/764_30165.html.)

思考：

1. FedEx 是一家什么公司？其具体业务是什么？

2. FedEx 是如何在亚洲区域运作的？

3. FedEx 的战略定位是什么？FedEx 是如何实现它的？

第2章 第三方物流的理论基础

【本章教学要点】

知识要点	掌握程度	相关知识
交易费用理论	理解	交易费用理论的产生及与第三方物流的关系
委托代理理论	理解	委托代理理论与第三方物流的关系
社会分工与专业化	理解	社会分工与专业化与第三方物流的关系
竞争战略理论	理解	第三方物流企业的竞争战略考虑
核心能力理论	理解	核心能力理论与第三方物流的关系
业务外包与物流外包集成模型	理解	业务外包理论解释与物流外包集成模型理论的应用

【关键词】

交易费用，委托代理，社会分工与专业化，竞争战略，核心能力，业务外包，物流外包集成模型

导入案例

2001 年年初，雅芳公司决心重组在中国的供应链体系。经过将近一年的考察、研究，雅芳公司最终拿出了一套称为"直达配送"的物流解决方案。雅芳在北京、上海、广州、重庆、沈阳、郑州、西安、武汉等城市共设立了 8 个物流中心，取消了原来在各分公司设立的几十个大大小小的仓库。雅芳生产的货物直接运输到 8 个物流中心，各地经销商、专卖店通过网络直接向雅芳总部订购货物，然后由总部将这些订货信息发到所分管的物流中心，物流中心据此将经销商所订货物分拣出来整理好，在规定的时间内送到经销商手中。

其中涉及的运输、仓库管理、配送服务，雅芳全部交给专业的第三方物流企业去打理。2002 年 3 月，雅芳首先与大通国际运输在广州试点，随后又逐步覆盖广东其他城市，再到福建、广西、海南。从 2002 年 5 月，中邮物流开始为雅芳提供以北京为中心的华北地区直达配送业务，并逐步渗透到东北、西南等地。中邮物流重组了雅芳产品销售物流体系，并与雅芳实现了信息系统对接，还开通了网上代收货款服务。到目前为止，共速达与心盟物流也都成为雅芳的第三方物流服务商。目前，雅芳产品配送业务已辐射至四川省和贵州省，重庆邮政作为西南地区雅芳产品配送分拨中心的服务范围已覆盖四川、贵州、重庆。近期，雅芳产品配送将辐射至云南，从而实现重庆邮政一体化物流向西南地区的顺利延伸。

可以说，大通国际运输和中邮物流已为雅芳公司提供了包括干线运输、仓储、配送、退货处理、信息服务、代收货款等多项服务，雅芳的供应链开始变得紧凑起来。重新调整物流系统给雅芳公司带来的最明显的变化是：过去 70 多家分公司仓库减少为 8 个区域分拨中心，物流操作人员由过去的 600 人减少到 182 人，降低了物流成本和物流资产占用。

在配送时间上，实行直达配送前，如果厦门的一家经销商要货，必须先通过雅芳厦门分公司订货，由分公司统计好各经销商的订单后给总部下订单，再由广州工厂将货物运到厦门分公司，分公司通知经销商自提。这样的过程通常需要 5～10 天。实行直达配送以后，从经销商上网订货到送达只需要 2～3 天，降低了缺货损失。

事实上，在将物流外包给物流公司以后，雅芳开始专注于企业产品的生产和销售方面的业务，各分公司也从过去的烦琐事务当中摆脱出来，专注于市场开拓，一年间产品销售量平均提高了 45%，北京地区达到 70%，市场份额不断扩大。通过雅芳物流转换的成功，可以看出物流对于企业，尤其是对于跨国企业的重要性。

(资料来源：http://club.china.alibaba.com/forum/thread/view/6_6140134_.html.)

思考：

雅芳公司重组其在中国的供应链体系的理论基础是什么？

第三方物流又称为契约物流、物流效用或综合服务物流等，准确地说，第三方物流是在物流供应一体化过程中由物流劳务的供方、需方之外的第三方提供服务，中间商以合同的形式在一定的期限内，提供企业所需的全部或部分物流服务。从某种意义上讲，这是物流专业化的一种重要形式，是物流业发展到一定阶段的必然结果。第三方物流之所以得以迅速发展，除了适应社会经济发展需要以外，也有其自身的理论基础。

2.1 交易费用理论

2.1.1 交易费用理论概述

　　交易费用的概念最早由英国著名经济学家罗纳德·H. 科斯(Ronald H. Coase)在1937年发表的《厂商的性质》一文中提出[①]。他指出，交易费用就是利用价格机制的费用，或者说是利用市场的交换手段进行交易的费用。它包括搜寻信息的费用、谈判与签订合约的费用，以及监督合约执行的费用。在协作生产中，人们交易活动要有一定的成本，有时交易成本会很高。在此基础上，科斯又提出企业取代一定的市场行为，可以降低交易费用，即将市场交易费用转化为企业内部组织费用。科斯还认为，交易费用的决定因素分为人的因素和交易特性因素：人的因素包括有限理性和机会主义；交易特性因素包括资产的专用性、物流服务的复杂性、交易的不确定性和交易频率/交易量。

　　目前在经济学界较多的人接受经济学家罗伯特·R. O. 马修斯(Robert L. O. Matthews)为交易费用所下的定义[②]。马修斯认为，交易费用包括事前发生的为达成一项合同而发生的成本和事后发生的监督、贯彻该合同而发生的费用。具体来说，在现实生活中，交易费用包括以下各项行为所引起的费用支出。

　　(1) 信息费用，即交易双方寻找对方所发生的费用，包括搜寻有关价格分布、产品质量和劳动投入的信息，寻找潜在的买者或卖者，了解他们的行为所处的环境。具体而言，信息费用包括技术贸易合同或参加技术交易会、展览会的信息服务费、组织交易费、场地租用费、论证费、咨询费和管理费。

　　(2) 谈判费用，即起草、讨论、确定交易合同，从而达成交易所发生的费用。具体来说，谈判费用是指谈判人员和管理人员参加洽谈会和在交易过程中的食宿及交通费，即差旅费和管理费。

　　(3) 合同费用，即围绕合同而花费的有关手续费用，如法律咨询、公证、审查和注册发生的费用，以及交易税金(在我国现阶段对高新技术产品的优惠政策下，绝对数额较小)。

　　(4) 实施费用，即执行合同所发生的费用。交易中不仅会有"硬件"的交接，有时还包含"软件"的交接；交易不都是一次性的行为，有时是一个长期的、复杂而具体的过程。所以，就产生了以下费用：卖方为买方提供的专家指导费、技术培训费、设备仪器安装调试费及市场开拓费等。

　　(5) 监督费用，即监督合同的签订者，了解他们是否遵守合同上的各项条款。

　　(6) 仲裁费用，即双方的交易一旦出现问题，就会导致纠纷以及解决纠纷造成的费用。当合同签订者不承担他们所承诺的义务时，需要强制执行合同；一旦这种违约行为对另一方造成损害，则受害方将提出起诉，要求赔偿。

---

　　① RH Coase. *The Nature of the Firm*[J]. *Economica*，1937, 11(4): 386-405.

　　② RCO Matthews. *The Economics of Institution and the Sources of Growth*[J]. *Economic Journal*, 1986, 96(384): 903-918.

2.1.2 交易费用理论与第三方物流

对物流需求企业来说，第三方物流不仅可以降低生产成本，一般来说(除非资产的专用性非常高和市场的不确定性非常大)，也可以降低交易费用。这是因为，当资产的专用性水平比较低时，企业很容易在市场上找到物流服务供应商，这样，由第三方物流企业的机会主义所带来的要挟就不存在，市场交易的效率就会高于纵向一体化的代理效率。导致内部一体化代理效率低下的原因在于采用内部的垄断经营：一方面，对内部顾客来说缺少对比性绩效标杆，服务价格又带有某种程度的垄断性，因此，自营物流很容易掩盖内部运作的低效性；另一方面，由于业务量主要依赖企业内部，物流部门很容易产生惰性，久而久之，物流质量、物流水平和物流效率都会受到不利影响。特别是，内部运作又将使企业组织规模扩大，为了强化管理职能，势必会增设管理机构，由此不仅会产生较高的管理费用，尤其是随着管理层级的增加，极易滋生官僚主义作风，使管理效率下降并增加官僚成本。另外，对于长时间物流外包合作关系，双方会时常保持沟通，因此，可使搜寻交易对象的信息费用大为降低，另外，基于物流伙伴提供的个性化服务建立起的合作关系，也可减少各种履约风险。即使在服务过程中产生某种冲突，也会为了维持长期的合约关系，通过协商加以解决，从而避免无休止的讨价还价，甚至提出法律诉讼而导致的费用。再者，同第三方物流的合作性关系的建立，将会促使第三方物流企业的"组织学习"，从而有助于提高第三方物流企业对不确定性环境的认知能力，减少因"有限理性"产生的交易费用；同时，合作性关系的建立在很大程度上又可以抑制第三方物流企业的机会主义行为。因为一次性的背叛和欺诈在长期合作中会导致"针锋相对"的报复和惩罚。第三方物流企业可能就会失去物流业务，因此，会使因机会主义而产生的交易费用降到最低程度。

然而，必须注意的是，随着资产专用性的提高、服务复杂性的提高，市场交换的交易费用也会随之升高。但只有当资产的专用性、服务的复杂性或市场的不确定达到相当高的程度时，选择第三方物流的交易费用才会高于内部组织的交易费用(组织成本)。如果通过市场交易，主要依靠的是价格机制。事实上，市场运行总面临着高昂的交易费用，包括获取有关交易信息、讨价还价、签约和实施交易协调等方面的费用。另外，在市场不确定的情况下，一旦物流供应商违约，就会给企业带来很大影响。因此，只有供应风险低，非专用性的公共物流服务才适用市场规制。

总之，第三方物流不仅可以大大降低采购成本，还可以更好地控制和降低各种交易费用。从交易全过程来看，采用第三方物流，能避免交易中的盲目性，减少搜寻信息的成本；物流外包能减少讨价还价的成本；能有效地节约交易中的监督执行成本，并减少因机会主义行为而发生的成本；有利于提高双方对不确定性环境的应变能力，降低由此带来的交易风险。同时物流外包企业与外部企业之间的合作竞争关系，又有利于激发第三方企业更好地提高物流效率和市场效率，否则，企业有可能在将来更换服务伙伴，甚至实施物流自营。

2.1.3 企业物流规制方式的战略选择

由于人的行为因素——有限理性和机会主义与交易特性因素密切相关，再者，由于交易频率/交易量对企业来说一般是既定的，而且在某种程度上，企业也可以对市场的竞争性予以控制，如在全球寻找伙伴、征询合理的投标价格、提高从外部外包转由内包的能力等。

因此，本书仅从交易特性的服务复杂性与资产专用性两个方面探讨企业规制结构的战略选择问题，如图 2.1 所示。

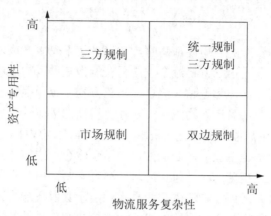

图 2.1 物流服务复杂性及资产专用性程度对企业规制的影响

1. 采用"市场规制"并选择多个物流供应商

物流服务的复杂性低和资产的专用性低是在物流运作中最为普遍的。它包括外部物流企业向许多企业提供标准的运输或仓储服务。从市场上采购物流服务，企业可以较低服务(生产)成本获得所需服务，而且谈判和机会成本往往很低。服务的复杂性低意味着企业能够很容易获得足够的知识和信息以准确地制定合同。资产的专用性低，则那些效率低和有机会主义倾向的第三方物流企业就很容易被市场淘汰。在这种情况下，企业应采用多个物流供应商，以提高外部企业的竞争性，并从中获得更好、更稳定的低价服务。

2. 采用资产租赁与物流外包相结合的"三方规制"形式

对于服务的复杂性低但资产的专用性高的物流运作，如所需服务需采用冷藏车或其他专门车辆等，企业应采用资产租赁与物流外包相结合的"三方规制"形式。由于资产的专用性高，如果企业自己投资，由于规模效率等原因，效率成本会很高。如果是第三方物流企业投资，由于担心投资发生沉没，又可能会提高投标价格。在这种情况下，企业自己投资专用性资产，但不从事物流自营，而将专用性资产租赁给外部企业，并由其来运作物流将是最好选择，以提高资产效率，进而降低成本。然而资产租赁也能产生机会主义行为，包括承租人过分使用或不当使用资产等。因此，此种形式的外包，不仅涉及与物流服务自身有关的正式合同，还要涉及资产的租赁合同。为此，需要企业制定详尽的合同规范，包括资产的合理使用和维修条款等。

3. 采用"双边规制"并强化服务的一致性

服务的复杂性高及资产的专用性低，恰好符合企业以"双边规制"的形式将各种服务外包给潜在的专业化第三方物流企业。服务的复杂性高，对企业来说服务的一致性就更为重要。尽管谈判成本会较高，但采用外部的专业化服务的生产成本肯定会低于内部。再者，由于资产的专用性低又意味着竞争性高，所以对企业来说转换成本就较低。一旦第三方物流企业出现了机会主义行为，企业很容易通过更换合作伙伴予以反击。在这种情况下，不仅要广泛采用物流外包，而且要强化与伙伴之间的合作关系，以提高服务的一致性。此外，在非正式合同的制定时，与物流伙伴就服务质量或相关服务性能条款协商也是至关重要的。因为，以此制定的服务指标会更切实可行，更有助于保证服务的一致性。

4. 采用"统一规制"或"三方规制"

当服务的复杂性和资产的专用性都高时，物流外包不仅生产成本和谈判成本高，尤其会增加机会主义成本。因为第三方物流企业是否有能力提供所需服务，其服务质量和服务水平是否能够得到保证，往往都是私人信息，第三方物流企业很容易出现机会主义行为。如果采用物流外包，企业对第三方物流企业就存在很高的依赖性，并且转换成本也会非常昂贵，所以此时为了降低风险，企业可以采用"统一规制"，由内部运作物流。但不可否认，对多数企业来说，物流不是企业的核心能力，为了强化企业的核心能力，企业仍然可以考虑以"三方规制"的形式实施物流外包。此时，在合同制定中，引入激励机制有助于更好地消除企业的隐患，有助于促使物流供应商真实地展示其服务能力，并不断提供更好的服务。具体的合同中不仅包括基本的采购价格，还包括与绩效挂钩的经济惩罚和奖励条款。这样，对于能力低的第三方物流供应商来说，如果冒充能力高，骗取了合同，达不到合同规定的基本绩效，则要遭受一定的惩罚。对于实际能力高的供应商则不然，不仅会因为运作效率高、成本低，可从初始的支付中获得更多利润，而且随着绩效水平的提高还可以获得额外奖励。这样，就可以杜绝能力低的供应商夸大其词来骗取合同的现象发生，还可以调动实际能力高的供应商的积极性和主动性。

总之，依据交易费用理论，企业放弃物流自营而采用物流外包有助于降低生产成本，而且也有助于降低交易费用。然而，对于不同的物流服务需求，因其具有不同的交易特性，企业应采用不同的规制方式，以便更好地利用外部资源，既强化自身的核心能力，又降低物流成本，进而提高竞争力。

【推荐文章】

2.2 委托代理理论

2.2.1 委托代理理论概述

委托代理理论兴起于20世纪60年代末70年代初，其后得到了深入发展。该理论研究的是委托人与代理人之间的行为关系，以及委托人如何通过代理关系设计来保证代理人实现其目标的问题。

阿曼 A. 阿尔奇安(Amen A. Alchian)和哈罗德·德姆塞茨(Harold Demesetz)[1]指出，现代经济组织是由复杂的团队组成的，因为产出是由几个投入所有者完成的，如股东、管理者和雇员。团队要富有成效，就需要把某些任务授权给专业化单位来承担。专业化生产不可避免地存在知识和信息的分散问题，参与者之间的目标冲突问题。为了规避因信息的不对称以及利益冲突所带来的效率降低的风险，设计适当的委托—代理程序和协调与激励机制就显得非常重要。

---

① AA Alchian, H Demesets. *Production, Information Costs and Economic Organization*[J]. *Ameircan Economic Review*, 1972. 62(5)：777-795.

所谓委托代理关系，是一种契约关系。迈克尔·C. 詹森(Michael C. Jensen)和威廉·H. 麦克林(William H. Meckling)[1]将委托代理关系定义为"契约下，一个人或一些人(委托人)授权另一个人(代理人)为实现委托人的效用目标最大化而从事的某种活动"。授予代理人某些决策权力、利用报酬机制吸引代理人并对代理人进行约束监督等都包含在委托代理关系之内。委托代理关系广泛存在于企业组织中，不仅存在于内部的每一个管理层级上，也存在于跨组织之间。

委托代理理论包括一系列关于人类行为、组织和信息的性质方面的假设：①委托人与代理人具有理性行为能力，即它假设受有限理性和风险回避的影响，人的行为都是自利的(self-interest)。换句话说，委托人、代理人都有通过签订契约获得分工效果的动机，并有权衡得失、签订代理契约的能力。②委托人与代理人的效用函数的不一致性，即委托人的目标与代理人的目标之间有一定程度的矛盾。③在委托人和代理人之间存在信息的非对称性，所以很容易引发代理人的机会主义行为。它还假设信息是可以购买的商品，因此委托人可以通过购买来获取代理人行为的更好信息。在这些假定下，委托代理理论的目标则是研究选择最有效的契约来治理委托人与代理人之间的委托代理关系。

凯瑟琳·艾森哈特(Kathleen M. Eisenhardt)[2]认为，确定最有效的契约(面向行为与面向结果)以干预委托人和代理人之间的关系是委托代理理论的焦点。换句话说，委托人与代理人之间的契约是委托代理理论的中心问题。

然而要获得委托代理的均衡合同，必须满足两个条件，即个人理性约束和激励相容约束。个人理性约束是指有理性的代理人参与接受委托人设计的机制时，代理人在该机制下得到的期望效益不会低于他不接受这个机制时得到的最大期望效用。代理人"不接受合同时能得到的最大期望效用"由他面临的其他市场机会决定，可以称为保留效用。激励相容约束是指代理人有积极性来选择委托人希望他选择的行动，即他这样做所得到的期望效用不小于他那样做所得到的期望效用。

只有在满足个人理性约束和激励相容约束的条件下，委托人也能获得期望收益的最大化，才称其为均衡合同。然而由于信息的不对称性，委托人对代理人的能力、努力水平以及决策问题的情况了解不深，使得激励约束代理人的合同安排难以成为最优激励的最佳方案。为了更好地设计出促进双方目标相一致的契约，除了满足上述两个条件外，委托代理理论还引入了激励机制。它特别关注于解释在不确定的环境下委托人规避风险的行为，它强调信息在委托人对代理人行为控制中的重要性。尼尔玛拉·库马尔(Nivmala Kumar)[3]认为，有效的信息交流所形成的信任的力量是外包等合作成功的决定因素。这样，委托人在契约的设计中，通常还引入各种显性激励与隐性激励机制以尽可能消除信息的不对称性，促进双方目标相一致。显性激励是指在委托人无法观测到代理人的行动时，委托人为诱使代理人选择委托人所希望的行动，而根据观测到的行动结果来奖励代理人，如报酬机制。

① MC Jensen, WH Meckling. *Theory of the Firm: Managerial Behavior, Agency Costs and Ownership Strictuer*[J]. *Jounral of Financial Economics*, 1976, 3(4): 305-360.

② KM Eisenhardt. *Agency and Institutional Theory Explanations: the Case of Retail Sales Compensation*[J]. *Academy of Management*, 1988, 31(3): 488-511.

③ N Kuman. *The Power of Trust in Manufactuer-retailer Relationship*[J]. *Harvavd Business Review*, 1996, 74(6): 15-19.

隐性激励是指在多次的委托代理关系下，委托人可以相对准确地从观测到的变量中推断代理人的努力水平，并通过用长期合同向代理人提供激励的办法免除代理人的风险。声誉机制属于隐性激励。

在具体的代理关系选择中，艾森哈特认为，是选择行为契约(如层级干预、内包)还是结果契约(如市场干预、外包)取决于代理费用。按照詹森和麦克林的说法，代理费用由 3 部分组成，即委托人的监控费用、代理人的担保费用以及委托人的剩余损失。监控费用是指委托人在评估代理人绩效时所产生的费用；担保费用是指代理人向委托人保证履行其义务而产生的费用；剩余损失是指委托人因代理人代行决策而产生的一种价值损失，即委托人与代理人在具有相同信息和才能的情况下，自行效用最大化决策与代理人之间存在的差异。

代理费用为企业的组织形式提供了选择基础。艾森哈特[1]在其随后的研究中，指出代理费用主要取决于 5 个要素。就外包合同来说，它们是：由于干预策略而带来的结果的不确定性；经济气候、技术变革、竞争对手的行动等；外包需求者(或提供者)对风险的规避性；对外包提供者事先界定其行为的程度；结果的测度或结果容易测度的程度，以及代理关系的期限。很显然，外包关系越是不确定的、需要规避的风险越高、事先界定代理人行为的程度越低、结果的可测度性越差和外包关系越长，代理费用(监控费用、担保费用和剩余损失)就越高。丹尼尔·S. 马森(Daniel S. Mason)和特雷弗·斯拉克(Tevvor Slack[2])的研究表明，行业的利益相关者通过建立监控机制可以减少代理人的机会主义行为。如建立代理人的确认程序，可以降低信息的不对称性，这样就可以减少剩余损失。马森和斯拉克[3]指出加强监控可以使委托人和其他利益相关者详细地审查潜在的代理人，发觉代理人的机会主义行为并惩罚欺诈性的代理人。

另外，增加代理人的竞争性，又可以减少监控费用。选择有信誉的代理人将有助于降低担保费用。再者，建立激励机制也可以大大地减少代理人的机会主义行为，从而可以降低代理费用。

2.2.2　委托代理理论与第三方物流

从委托代理角度看，物流需求企业将其物流功能的部分或全部外包给第三方物流供应商，与物流供应商之间形成一种联盟关系，这种联盟是一定合同导向的供需战略联盟，在联盟期内，双方是风险共担、收益共享的利益共同体，同时它们也是不同的利益主体。而物流需求企业为集中核心业务，将物流业务交给专业第三方物流企业来组织，以求提高服务水平，减少投资，降低投资风险，形成了典型的委托—代理关系。在物流外包的第三方物流合作关系中，物流需求企业是委托人，占主动地位，制定合同；而第三方物流供应商具有信息优势，是代理人。

① KM Eisenhardt. *Agency Theory: An Assessment and A Review*[J]. *Academy of Management*, 1989, 14(1): 57-74.

② DS Mason, T Slack. *Evaluating Monitoring Mechanisms as A Solutionto Opportunism by Professional Hockey Agents*[J]. *Journal of Sport Management*, 2001, 15(2): 107-134.

③ DS Mason, T Slack. *Understanding Principal-agent Relationships: Evidence from Professional Hockey* [J]. *Journal of Sport Management*, 2003, 17(1): 37-61.

　　从物流需求企业的角度看，它追求自身效用的最大化(物流总成本最低、货物交付的及时性以及服务质量)，同时知道第三方物流企业也追求自身效用的最大化(利润最大化)。很显然两者的效用最大化目标存在不一致性。因此，物流需求企业必须设计出第三方物流企业能够接受的契约。该契约能够使第三方物流企业在追求自身效用最大化的同时，实现物流需求企业的效用最大化。

　　一般来说，物流需求企业在设计契约时，存在一定难度：①在签约前与第三方物流企业之间的信息是不对称的，无法了解第三方物流企业的真实能力；②契约难以完备，因为契约中不可能确切地规定代理人的工作努力程度，即使作了规定，也难以考查；③委托人不可能完全依据企业的利润向代理人支付报酬，因为外部环境的不确定性使委托人无法辨别利润的高低是否是由第三方物流企业的工作努力程度所致的。对于第三方物流企业而言，因为拥有自己的信息优势，很容易损害到物流需求企业的利益。例如，第三方物流需求企业把货物的迟交可能更多地归结于外部因素。

　　对于物流外包关系来说，通过逆向选择合同的设计可以把不符合要求或能力低的物流供应商排除在代理人之外(物流需求企业先设计出除了基本的支付还包括各种奖惩的合同，交由第三方物流企业选择，根据选择结果，基本上就可以判断出第三方物流企业的类型，诸如能力、服务质量等)。而且物流外包关系的建立不仅能满足个人理性约束与激励相容约束，长期合作关系的建立有助于促进物流需求企业与第三方物流公司目标的一致性。物流外包关系，意味着工业企业等物流需求企业授权第三方物流企业代表他们的利益从事物流服务的运作。

　　从第三方物流企业的角度看，接受物流需求企业的委托，成为物流需求企业的稳定伙伴，意味着第三方物流企业有了稳定的业务，在日益激烈的市场竞争中，稳定的业务是企业生存和发展的重要因素。也就是说，物流外包关系满足个人理性约束。同时，作为第三方物流企业为了获得持续的物流服务业务，有积极性提高物流服务质量和降低物流成本，不仅提高自己的获利能力，同时还可以满足物流需求企业的要求，并使工业企业从第三方物流企业的服务中获得第三利润源泉。所以，物流外包关系满足激励相容约束。

　　此外，物流外包关系的建立还会起到其他激励作用。物流外包的合同期限一般为1～3年，与基于单个交易的物流供需关系相比，显然，物流需求企业给予了第三方物流企业以显性激励。较长期的合作关系能促使第三方物流企业放弃短期行为，着眼于长期利益。同时第三方物流企业为了持续地赢得物流服务业务，会不断地向需求企业提供服务能力和服务水平等相应信息，并不断提高服务水平和服务绩效。与此同时，第三方物流企业也会加强组织学习以不断提高为工业企业提供创新服务或增值服务的能力，以赢得物流需求企业的声誉激励(隐性激励)，即合同到期后，双方还继续签署新的合同，保持和发展合作关系。

　　这样，就可以减少因与第三方物流企业的信息的不对称性而引发的第三方物流企业的机会主义行为，最大限度地降低第三方物流公司的自利风险，促进第三方物流服务企业在最大限度地赚取利润的同时，提高顾客服务水平，进而使双方的目标趋向一致性。这样，工业企业等物流需求企业可以更好地专注于核心能力，并可以整个供应链的竞争力更好地赢得竞争优势。

　　从代理费用的角度看，物流需求企业通过与第三方物流企业建立长期的合作关系，也有助于代理费用的降低。因为，外包合同是在互惠互利、相互信任的基础而达成的，这样，供需的不确定性会得到很好的抑制，各种风险会得到很好的规避，第三方物流企业会为尽力提供更好的服务水平和质量而付诸行动。这样，代理的担保费用就会降低。至于绩效的监控问题，第三方物流企业为了获得需求企业的认可，会主动提供测度标准或提供相关的绩效情况或相关信息，这样，监控费用也会降低。至于剩余损失问题，基于相互信任以及第三方物流企业的专业化优势，即使有，也会降到最低程度。

特别是在现实中，物流需求企业在实施物流外包时，除了以上所提到的激励措施外，往往还会强化其他激励措施，以实现最优激励和获得费用效率。例如在确定外包价格时，明确地给予第三方物流企业获利余地，体现对其的激励。如果有可能，尽可能减少第三方物流企业的数目，并与主要的第三方物流企业保持长期稳定的合作关系等。委托人还会开创激励支付机制，以强化伙伴关系并谋求双赢。在这样的激励机制中，委托人设法将供应商的利益与自己的利益结合在一起。也就是说，当供应商给委托人带来了更多价值时，委托人就给予供应商更多的收入。在这一机制下，双方的价值和收入都可以得到提高。尤其是当将来的预期难以确定，环境的动态多变以致难以估计时，激励的作用更为突出。激励支付机制不仅有助于减少第三方物流企业的机会主义行为，更为重要地是双方更易于在绩效水平上达成一致，并在合作中取得双赢。

西方一些企业的经验是，激励机制的设计只要能保证供应商将绩效与委托人所需的服务水平联系在一起，就会获得最大利润。尤其是，激励程度要足够高，要体现激励的优化效果，使供应商不仅会免于提供低绩效服务，而且为了不失去巨大的收益，其所提供的服务甚至会略微超过必需的服务水平(不带来成本的增加)。

2.3　社会分工与专业化

2.3.1　社会分工与专业化理论概述

社会分工是指人类根据自身生存和发展的需要，在社会生产水平不断发展的条件下，不断扩展其特有的劳动行为的外在形式，并对劳动行为按种和类的不同细分的过程。关于分工，马克思曾给予了高度重视，指出"农业和畜牧业是原始农业发展分工的产物，而工业和农业又是农业进一步分工的产物……每一社会大分工都极大地促进了人类文明的进步，都是人类经济社会发展的一次历史性飞跃"[①]。

300多年前，英国古典经济学家威廉·配第(William Petty)就指出了专业化对生产力进步的重大意义。他说荷兰人之所以有较高的商业效率，就是因为他们用专用商船运输专门的货物。亚当·斯密(Adom Smith)在《国民财富的性质和原因的研究》《国富论》中对分工的经济学意义作了系统的研究[②]。他将工业与农业中生产率的差别归结于在工业中分工的好处大于交易费用，而农业中分工的协调费用高于分工的好处。因此，农业在国民收入中的比重下降不是由于人们偏好的变化，或不是由于生产条件等外在的变化，而是由于工业中的

---

① 马克思. 资本论(第一卷上册)[M]. 北京：人民出版社，1975.
② [英]亚当·斯密. 国民财富的性质和原因的研究(上卷)[M]. 郭大力，王亚南，译. 北京：商务印书馆，1997.

分工比农业发达，所以农业必须从工业引进机器来间接引进分工，以改进效率。查尔斯·巴贝奇(Charles. Babbage)指出，分工可以减少重复学习来提高整个社会的学习能力。阿马萨·沃克(Amasa Walker)则着重研究了分工对新工具及其新发明的促进作用，认为分工产生的协调费用是限制分工发展的关键因素。

阿林·杨格(Allyn Young)[①]发表的一篇论文中所提出的一些命题，系统地论述了分工理论，后来被人们称为"杨格定理"。它主要由 3 部分组成：①递增报酬的实现依赖于劳动分工的演进；②不但市场的大小决定分工程度，而且市场的大小由分工程度决定；③需求和供给是分工的两个侧面。杨格指出，规模经济并不是效益递增的原因，效益递增主要来自专业化和分工，并认为关于规模经济的传统观念过去误导了经济学。他指出，市场大小不但由人口规模决定，而且由有效的购买力决定，而购买力由生产率决定，生产率又依赖于分工水平。这一方面说明了一个动态机制产生了某种良性循环，使分工和市场大小不断相互攀升；另一方面，意味着分工的网络效应又会使市场大小与分工程度之间发生一定的冲突，客观上要求两者协调适应。分工是整个经济的组织问题，它决定着需求和供给，分工的深浅决定着市场网络的大小(即市场规模)。当交易效率低下时，人们选择自给自足，这时没有市场；当交易效率上升时，分工的好处会逐渐超过分工引起的交易费用，社会分工水平就会上升，需求与供给的水平也会同时上升。

20 世纪 80 年代，杨格的后继者澳大利亚社会科学院华人院士杨小凯采用新兴古典经济学框架分析了分工和专业化问题，构建了一个分工与专业化模型，该模型本身既能说明自给自足、企业、市场之间的关系，也能说明企业内部的产权分配结构。在分工模型中，当中间产品市场的交易费用小于要素市场时，即会选择市场独立生产模式。在这里应该考虑两个问题：①要素市场并非一成不变的。随着科技的发展，会从原先的要素市场中分离出中间产品市场。②中间产品市场的出现不是一挥而就的。由于潜在的风险、契约的不完备以及机会主义使得中间产品市场不成熟，会出现在市场独立模型初期时，尚未完全分离出中间产品市场的要素市场与不成熟的中间产品市场并立的情况。要素市场提供高的产品价格，中间产品市场只能在缓慢的发展中逐渐完善，并代替要素市场部分功能。在某个行业刚刚起步的阶段，这种情况是很明显的[②]。

2.3.2　社会分工与专业化理论和第三方物流

商业从手工业中分离出来，专门从事商品交换，是第三次社会大分工完成的标志。在一般商品交换条件下，商流、物流、信息流是"三流合一"的。随着新经济的形成和发展，人们交换方式的变革必然会产生"三流分离"现象，即商流、物流、信息流成为各自独立的经济运行过程。现代物流通过与采购行为和销售行为相分离而实现了分工和专业化，将物流功能从生产者和经营者那里剥离出来凝聚在一起，借助现代科技进行系统而有效的整合，进而形成一个新兴的产业经济——物流经济。其主要表现为现代物流的专业化、社会化、产业化，即第三方物流。第三方物流的形成标志着人类社会实现了新经济条件下的又一次社会分工。

---

① [美]阿林·杨格. 递增报酬与经济进步[J]. 贾根良，译. 经济社会体制比较，1996, (2): 52-57.
② 杨小凯. 经济学原理[M]. 北京：中国社会科学出版社，1998.

从经济学角度分析，分工的发生不仅取决于分工后的生产成本，还取决于分工后的交易成本。图 2.1 说明了交易成本对分工的影响。在图 2.1 中，C 为成本，N 为交易次数（分工程度），dPC/dN 为边际生产成本，dTC'/dN 为边际交易成本。边际生产成本会随分工程度加深而降低，原因是分工促进了专业化，专业化降低了边际生产成本，与此同时，边际交易成本则会随着交易效率（不是交易次数）的增加而下降。分工的水平取决于边际生产成本与边际交易成本曲线的交点，如果交易效率上升，边际交易成本就会下降。在新经济条件下，企业通过签订合约，采取外包方式把物流委托给第三方物流管理后，提高了交易效率，从而降低了边际交易成本。图 2.2 就反映为边际交易曲线 AA' 移到 BB' 的位置，边际交易曲线与边际成本曲线的交点从 n 移到 n'。因此，证明了第三方物流的出现是新经济下的又一次社会分工。

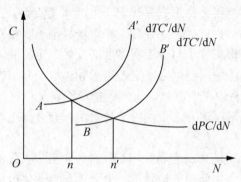

图 2.2　交易成本与分工的关系

经济学家科斯也认为，能否提高资源配置效率，产生良好的市场运作效益，关键就在于能否控制生产成本和交易费用。而降低交易费用、节约生产费用的唯一有效途径就是通过社会分工，促进生产服务经济化、产业化，以高质量、高效率的专业化服务生产和服务活动取代效率低下的服务生产活动。第三方物流是世界经济专业化分工的主要组织形式，将来社会分工造成的报酬递增效应，必定要靠第三方物流来实现。

第三方物流作为新的产业组织形态，其科学性就在于充分体现了社会合理分工的原则，它以第三方的专业化优势向物流需求企业提供个性化的物流服务，提高了整体交易效率（通过生产费用下降大于交易费用上升实现）。

按诺思制度起源理论，人类社会经历了从简单的交换形式到非个人交换形式。前者的专业化和分工处于原始状态，交易是不断进行的，买和卖几乎同时发生，每项交易的参加者很少，当事人之间拥有对方的完全信息，因而不需要建立一套制度来约束人们的交易行为以达到合作。这种个人的交易受市场和区域范围限制，专业化程度不高，生产费用高，类似于新古典理论中的完全竞争状态。随着专业化和分工的发展，交换的增加，市场规模的扩大，非个人交换形式出现了。在这种交换形式中，交易极其复杂，交易的参与者很多，信息不完全对称或不对称，欺诈、违约、偷窃等行为不可避免，如果个人收益与投入不完全对称（这样个人的收益与社会收益就会发生背离），个人便失去了从事生产性活动的动力，社会效率也达不到最优。因此，制度便应运而生。制度的作用在于，规范人们之间的相互关系，减少信息成本和不确定性，把阻碍合作得以进行的因素减少到最低程度，以节约交易费用，如图 2.3 所示。

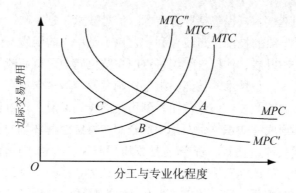

图 2.3 边际交易费用对分工与专业化程度影响

在市场与企业分工的初始状态 A 点时，边际交易费用曲线 MTC 与边际生产费用曲线 MPC 相交，两者的分工程度得以确定，随着分工与专业化程度的提高，边际生产费用曲线 MPC 将下降到 MPC'，与此同时，边际交易费用曲线将会上升到 MTC'或 MTC''与 MPC' 交于 B 或 C 点。在交点 B 时，曲线 MPC 降低的幅度大于曲线 MTC 上升的幅度，那么这种市场与企业分工的状态就会确立。在交点 C 时，曲线 MPC 降低的幅度小于曲线 MTC 上升的幅度，而这种市场与企业分工的状态就不会稳定，将回到原先在交点 A 时的分工状态。也就是说，由于制度成本 (交易费用)的影响，分工与专业化所带来的效益在短期内无法实现(由于技术所带来的效率的提高具有不可逆性，从长期看，制度成本将会呈下降趋势)。

2.4 核心能力理论

【推荐文章】

2.4.1 核心能力理论概述

核心能力理论代表了战略管理理论在 20 世纪 90 年代的最新进展，它是由美国学者哥印拜陀·普拉哈拉德(C. K. Prahalad)和英国学者加里·哈默(Gary Hamel)于 1990 年首次提出的，他们在《哈佛商业评论》所发表的 "公司的核心能力" (*The Core Competence of the Corporation*)一文已成为最经典的文章之一。此后，核心能力理论成为管理理论界的前沿问题之一被广为关注，有些学者甚至提出一种新的竞争范式——基于核心能力的竞争战略。应该说，核心能力理论是当今管理学和经济学交叉融合的最新理论成果之一，源于战略管理理论、经济学理论、知识经济理论、创新理论等对企业持续竞争优势之源的不断探索，体现了各学科的交叉融合。

核心能力理论认为，与企业外部条件相比，企业内部条件对于占据市场竞争优势具有决定性的作用；企业内部的能力、资源和知识积累是企业获得超额收益和保持竞争优势的关键因素。它突破了以往立足于产业组织理论、把企业视为 "黑箱" 的企业战略理论。核心能力是一种基于知识体系的能力，它是贯穿于企业的技术、组织和文化的有机整合，它是以一项或多项处于或追踪行业领先直至世界级水平的核心技术为主而建立起来的，形成竞争优势和竞争能力的深层次能力。这里的核心技术是指把投入转化为产出的一切技能、方法和手段，包括制造技术，也包括服务技术、信息技术，它反映了企业的最终或长远的目标。核心能力不是一般的技术诀窍或专利，它也不是单一的组织、关键设备及文化价值观念。核心能力是动态发展、体现自组织特点的系统化能力。核心能力的形成是企业长时期、多方面培育的结果，是技术、技能、组织、制度及价值观念的有机融合，它使企业具有竞争能力，取得持续的竞争优势，从而得到稳定的长足发展。通过核心技术体现的核心能力是企业长期积累形成的知识体系，是提供企业在特定经营环境中独特的竞争能力和竞争优势基础的多方面技能、技术、资产(包括物质资产和人力资产)和企业组织、制度、价值观念等的有机融合，是识别和提供竞争优势的知识体系。技术、组织、制度的协同创新是企业形成核心能力的主要途径，核心能力是动态发展的、体现了自组织特点的系统化能力，其目的是使可控资源获得最大收益。

核心能力不同于企业一般的资产，而是高于一般意义上的资产，是由组织、技术及制度等所组成的一种综合能力体系。核心能力作为一种知识体系，是与企业所掌握的人力资源和知识紧密相关的，人力资源是构成知识体系的实体，在构成核心能力的知识体系中，相匹配的人力资源掌握了构成核心能力的知识，并在一定的组织结构中，依据其所处岗位的不同，运用所掌握的知识，发挥着不同的作用。核心能力通过整合、协调，将不同的知识以及人力资源系统配置，使构成核心能力的每一部分都发挥着最大的效用，真正使企业的核心能力成为其竞争优势的根源。从核心能力培育强化的角度来看，人力资本拥有剩余索取权和剩余控制权，有利于优化人力资源配置与知识管理和创新，从而加速核心能力的形成。

核心能力作为积累性的知识体系存在于企业组织这个载体中，决定企业核心能力的知识是那些隐性的、非格式化的、动态的知识。企业在对知识作甄别、维持和储存决策时，关键在于判别知识库内的知识是否具有稀缺性、独一无二性、持续性、专用性、不可模仿性、非交易性、无形性、非替代性等特征，并且要投入相应的成本用于这些知识的积累。核心能力是积累起来的，不是通过相应的要素市场买卖获得的。核心能力的特征是通过自身学习得到积累，形成核心能力的知识积累在很大程度上是通过外部的学习获得的。

2.4.2　核心能力理论与第三方物流

由于任何企业所拥有的资源都是有限的，它不可能在所有的业务领域都获得竞争优势，有的企业具有核心技术能力、核心制造能力，却不具备核心营销能力、核心企业组织协调管理能力和企业战略管理的核心能力等。在快速多变的市场竞争中，单个企业依靠自己的资源和能力进行自我调整的速度很难赶上市场变化的速度。因此，依据核心能力理论，企业在经济组织中，只有物流资源可用于多种用途，是企业所具有的稀缺的、难以模仿的、有价值的可延展的核心能力，而且物流资源在公司范围能够得到保持，则不应该外包，而应该自己运作；否则物流不是企业的核心能力，且企业的物流资源与能力难以满足企业自身的需求与顾客需求，企业就应该对它实行外包策略，将物流业务交给第三方物流企业运作。对于第三方物流企业来说，从事的是专业化的物流服务，一般拥有专门的知识和信息网络，在物流服务水平、服务质量等方面可以获得竞争优势；为众多的物流需求企业提供服务，能够实现规模经济；规模经济的结果又带来成本的降低。所以说，物流经营是第三方物流企业的核心能力。企业将物流交给外部组织，就可以强化自身在产品研发、核心部件的生产和销售等方面的核心能力，同时又可以充分利用外部企业的核心能力获得互补能力，提高交易质量，并以整个供应链的竞争优势提高企业的竞争力。

从世界著名跨国公司行业内的产业梯度来看，核心能力依次是研究开发、核心部件生产、零部件生产、产品组装等。在发达国家，工业企业大都在研究开发、核心部件生产等方面花费较大的投入，而将零部件生产、产品组装、物流运作等非核心能力活动交由国内外的外部组织承担。美国企业物流的运作模式即是例证。

中国企业要努力培植自己的核心能力，把时间、精力和资源用在企业的核心能力上，发展自己的核心主业(产品研发、市场开拓等)，力求把核心主业做大、做强、做精，将物流等非核心业务交由第三方物流服务公司运作。通过实施物流外包，既增强企业的敏捷性又强化企业的核心能力。

中国的大型工业企业除了实施物流外包外，还可以与合适的供应商、储运商等缔结战略联盟，通过合作以供应链的资源和整体优势参与竞争，实现互惠互利。作为小型生产性企业和新成立的企业更应走出"小而全"的误区，将精力集中于自己的主业，不仅破除物流自营，实施物流外包，而且要积极寻求与核心企业的战略合作，成为核心企业长期的、稳定的战略伙伴。

事实上，物流外包也包括内部外包，即将物流业务交由集团公司的独立的利润中心或成立独立公司的横向协作体或合资企业等。具体来说，虽然物流不是企业的核心能力，但物流却是企业的核心活动或近核心活动，而且集团公司内部企业的物流资源和诀窍具有可持续性的竞争优势，在这种情况下，内部外包就成了企业的最佳选择。否则，如果集团公司内部不存在持续的具有竞争优势的物流资源，如在新建物流能力和外部外包之间进行选择，企业将有限的资源用在核心能力上，整合利用外部资源，实施物流外包仍是明智之举。

总之，依据核心能力理论，只有物流是企业的核心能力，企业才应该物流自营。只有物流是企业的核心活动，或近核心活动，而且集团公司内部企业的物流资源和诀窍，具有可持续性的竞争优势，企业才可以实施内部外包。否则，不管企业持有多少物流资源，只要物流不是企业的核心能力；即使是企业的核心业务但自身或集团公司内部在物流运作上不具有可持续的竞争优势，企业就应该外包物流。强化企业的核心能力，实施第三方物流的物流外包乃大势所趋。

2.5 竞争战略理论

2.5.1 竞争战略理论概述

竞争战略理论的创立人是迈克尔·E. 波特(Michacl E. Porter)。他强调企业在制定竞争战略时要联系企业所处的环境，指出行业是企业经营的最直接的环境，行业的结构决定了企业的竞争规则、竞争范围及战略选择。企业战略的核心是竞争优势，获取竞争优势取决于两个因素：一是企业所处行业的赢利能力，即行业的吸引力；二是在行业内的相对竞争地位。因此，企业要获得竞争优势就应该选择有吸引力的产业。围绕这一命题，他提出了说明、分析竞争状态和赢利能力的基于供应商、购买者、当前竞争对手、替代产品和行业的潜在进入者的 5 种竞争力量分析模型。在此模型的基础上，将选定的行业进行定位，对企业进行 SWOT[企业内部的优势(Strenths)、劣势(Weaknesses)与行业的机会(Opportunities)、威胁(Threats)]分析，并提出了 3 种可供选择的竞争战略：低成本战略、差异化战略、集中化战略[①]。

随后，波特在《竞争优势》中又提出了价值链的概念。根据波特的价值链概念[②]，企业是一个综合设计、生产、销售、运送和管理等活动的集合体，其创造价值的过程可分解为一系列不相同但又相互关联的价值增值活动，这些增值活动就构成了企业的价值链。

2.5.2　波特竞争战略和竞争优势理论的主要分析模型

1. 波特的 5 种竞争力量分析模型

5 种竞争力量分析模型是采用波特竞争战略和竞争优势理论进行行业结构分析的基本工具。5 种基本竞争力量为现有企业间的竞争激烈程度、供应商讨价还价能力、购买者讨价还价能力、新进入者的威胁、替代产品的威胁，如图 2.4 所示。正是这些力量的共同作用，决定了企业在产业中的最终赢利潜力。因此，5 种竞争力量分析模型有助于企业了解整个竞争环境，制定出能使企业处于有利竞争地位的战略。

2. 波特的价值链分析模型

波特认为，将企业作为一个整体来看无法认识企业竞争优势的来源。竞争优势来源于企业在设计、生产、营销、交货等过程及辅助过程中所进行的许多相互分离的活动。这些活动中的每一个都对企业的相对成本地位有所贡献，并且奠定了差异化的基础。为了深入挖掘企业竞争优势的来源，分析如何在具体的经营活动中建立、维护竞争优势，增加竞争战略和竞争优势理论的可操作性，波特引入了"价值链"(Value Chain)作为进行分析的基础工具。波特将企业创造价值的过程分解为一系列互不相同但又互相关联的经济活动，或者称之为"价值活动"(Value Activities)，其总和即构成企业的"价值链"，每一项经营管理活动就是这一价值链上的一个环节。价值链的构成可以用图 2.5 来表示。

从图 2.5 中可以看出，企业的价值活动被分为两大类：基本活动和辅助活动。基本活动是涉及物质生产及其销售、转移给买方和售后服务的各种活动，主要包括 5 种类型，即内部物流(由采购物流和生产物流组成)、生产经营、外部物流(由分销物流和反向物流组成)、市场销售、服务；辅助活动是辅助基本活动完成其职能的活动。主要包括企业基础设施、人力资源管理、技术开发、采购这 4 种类型。

---

① [美]迈克尔·波特. 竞争优势[M]. 陈小悦，译. 北京：华夏出版社，1997.

② ME Porter. *Competitive Advantage*[M]. New York: The Free Press, 1985.

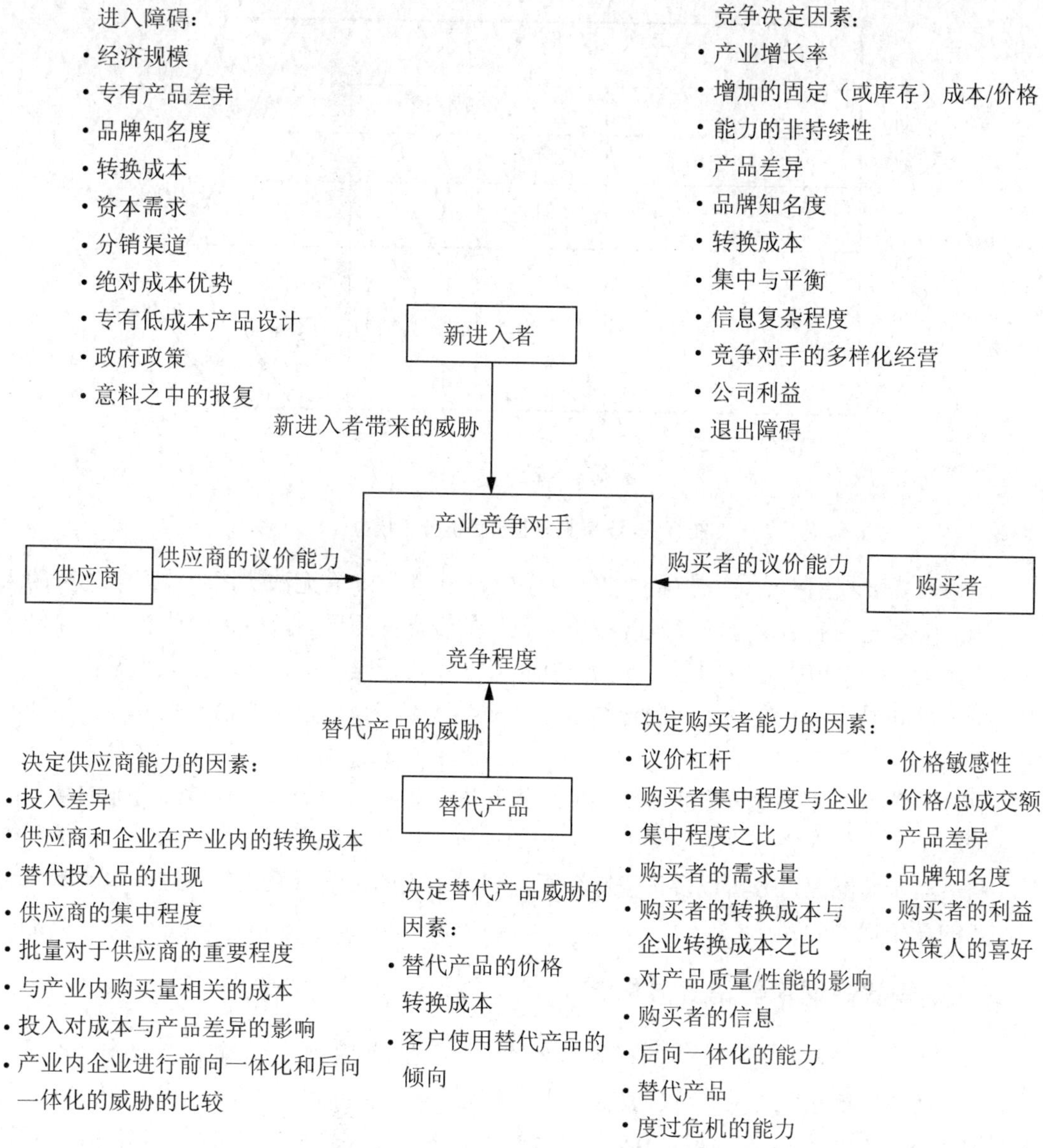

进入障碍：
- 经济规模
- 专有产品差异
- 品牌知名度
- 转换成本
- 资本需求
- 分销渠道
- 绝对成本优势
- 专有低成本产品设计
- 政府政策
- 意料之中的报复

竞争决定因素：
- 产业增长率
- 增加的固定（或库存）成本/价格
- 能力的非持续性
- 产品差异
- 品牌知名度
- 转换成本
- 集中与平衡
- 信息复杂程度
- 竞争对手的多样化经营
- 公司利益
- 退出障碍

新进入者

新进入者带来的威胁

供应商 —— 供应商的议价能力 —→ 产业竞争对手　竞争程度 ←—— 购买者的议价能力 —— 购买者

替代产品的威胁

替代产品

决定供应商能力的因素：
- 投入差异
- 供应商和企业在产业内的转换成本
- 替代投入品的出现
- 供应商的集中程度
- 批量对于供应商的重要程度
- 与产业内购买量相关的成本
- 投入对成本与产品差异的影响
- 产业内企业进行前向一体化和后向一体化的威胁的比较

决定替代产品威胁的因素：
- 替代产品的价格转换成本
- 客户使用替代产品的倾向

决定购买者能力的因素：
- 议价杠杆
- 购买者集中程度与企业集中程度之比
- 购买者的需求量
- 购买者的转换成本与企业转换成本之比
- 对产品质量/性能的影响
- 购买者的信息
- 后向一体化的能力
- 替代产品
- 度过危机的能力
- 价格敏感性
- 价格/总成交额
- 产品差异
- 品牌知名度
- 购买者的利益
- 决策人的喜好

图 2.4　波特的 5 种竞争力量分析模型[①]

　　波特认为，在一个企业众多的价值活动中，并不是每一个环节都创造价值的，那些真正创造价值的经营活动，就是企业价值链的"战略环节"。企业在竞争中的优势，尤其是能够长期保持的优势，主要体现为企业在价值链战略环节上的优势。因此，战略环节要紧紧控制在企业内部，其他非战略环节则完全可以分散出去利用市场降低成本、增加灵活性。对于企业价值链上的战略环节，企业还必须作出战略决策以决定哪些应当安排在国内、哪些应当安排在国外、哪些该集中、哪些该分散。如果企业把价值活动中的每个环节都设在该环节的最佳地点，则可以降低整个价值链的成本，提高整个价值链的国际竞争力。

---

① [美]迈克尔·波特. 竞争战略[M]. 陈小悦，译. 北京：华夏出版社，1997.

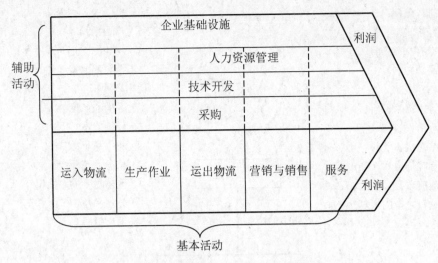

图 2.5　波特的企业价值链分析模型[①]

这里，需要特别指出，与波特"将企业作为一个整体来看无法认识企业竞争优势的来源，因此需要把企业活动分解以发现战略环节"的观点并不矛盾，尽管价值链分析提供了一个系统的方法来审查企业的所有行为及其相互关系，但是，必须从总体上考虑整个价值链，例如，如果营销与生产作业配合得不好，那么营销工作做得再好也不能成为一项战略优势。

总之，依据波特的竞争战略：企业应选择并进入有吸引力的产业以提高企业的赢利能力；应基于对影响竞争地位的 5 种竞争力量的剖析，以及基于对内部竞争优势与劣势和外部的机会与威胁的深入分析以及价值链分析，制定正确的战略以强化自身在成本或差异化方面等的竞争优势。

2.5.3　竞争战略理论与第三方物流

物流是一个非常具有吸引力的行业，然而作为工业企业，由于资金、专业化、管理经验、人才等原因，进入物流行业显然不具备比较优势和竞争优势。因此，进入物流行业乃不明智之举。再者，基于波特的影响企业竞争地位的 5 种竞争力量的分析，物流外包才是企业的战略取向。面临经济全球化、竞争日趋加剧、消费者需求日益多样化和个性化的经营环境，物流战略越来越成为企业总体战略不可分割的组成部分。

(1) 从顾客的角度来看，顾客的谈判力日益增强，无论是在产品质量还是物流服务质量与服务水平方面均是如此。顾客需要额外物流服务却不想额外支出。换句话说，顾客一方面要求降低物流成本，另一方面又要求提高服务质量与服务水平。第三方物流企业为众多的企业提供服务，并有着专业化的信息网络与运作技能，可以以较低的物流成本提供更好的物流服务，然而如果实施物流自营，企业的内部能力则无法做到。

(2) 就竞争对手而言，在国际上多数大型企业放弃物流自营，将物流业务交给了具有比较优势的第三方物流企业，物流运作效率大大提高，竞争力越来越强。以美国为例，约

---

① [美]迈克尔·波特. 竞争战略[M]. 陈小悦，译. 北京：华夏出版社，1997.

70%的企业实施物流外包或与外部企业缔结战略联盟，不仅物流成本低(仅为中国企业的一半)，而且还能够对顾客需求做出快速反应。

(3) 就新加入者的贸易壁垒而言，经济全球化以及区域经济一体化大大降低了进入国际市场的贸易壁垒。国外的制造企业或是物流企业进入其他国家的市场将更为容易。国际上具有竞争力的企业，与当地企业相比，因物流运作理念、物流运作效率等原因，其竞争力将会更加突出。

(4) 就物流供应来说，即使短时间内能够提供一体化物流服务的企业供不应求，但从长期而言，无论是从经济学的角度(供求必将走向平衡)，还是从贸易壁垒降低的角度，第三方物流企业的供应将会越来越充足。特别是国外第三方物流企业进入东道国的物流市场，也会为物流需求企业提供更多的选择替代物流服务的机会。换句话说，工业企业等物流需求企业能够很容易地从市场上找到新产品或服务的替代者。

(5) 就工业企业等物流采购企业而言，随着国外第三方物流企业涌入国内的物流市场，以及国内物流行业的发展，其受制于第三方物流企业的可能性越来越小，换句话说，其谈判力会不断增强。因此，物流外包是企业提高物流运作效率、挖掘第三利润、提高竞争优势(成本领先、差异化)的重要源泉。即使在物流供应薄弱的市场中(物流供需双方之间存在信息的不对称性，某种意义上说，物流供应方具有一定程度的谈判优势)，采用物流外包也有助于大大降低第三方物流企业的机会主义行为，因为，第三方物流企业为了获得长期稳定的业务，会积极与工业企业等物流需求企业密切合作，并谋求建立起长期的、互惠互利的伙伴关系。从长期而言，不言而喻，随着物流供应的充足，物流竞争的激烈，选择第三方物流企业运作物流，无论是在成本上，还是在差异化服务方面其优势将更加突出。

依据 SWOT 分析，工业企业放弃物流自营，实施物流外包乃大势所趋。不容置疑，工业企业的优势在于产品研发、生产等方面，物流运作恰是企业的竞争劣势。从外部环境来看，国际上的竞争企业物流效率越来越高，不仅物流成本低，而且物流质量和服务水平也非常高。这势必给物流运作效率低下的企业带来极大的威胁和挑战。与此同时，与第三方物流企业相比，成功进入物流市场的机会又非常渺茫。这样，作为工业企业，强化自己的优势，将物流交给具有专业化优势的物流企业，不仅可以降低企业的物流成本，而且还可以在同行业竞争中获得差异化优势，并更好地抵御外部环境对企业产生的威胁。换句话说，工业企业实施物流外包就可以更好地抵御威胁、弥补劣势、强化优势，增强获胜的机会。

从企业价值链的角度来看，一个企业不可能在价值链的各个环节上都有优势。企业将精力集中在价值链中具有竞争优势的某些专门技术或专长，而将价值链中处于弱势环节的业务交由优势互补的外部企业承担，就可以最优的产业价值链赢得竞争优势。作为物流来说，在工业企业的价值链中，内部一般不具有优势，通过将精力集中在价值链中具有竞争优势的研发和生产等领域，将物流外包给专业化的第三方物流公司，企业的整个价值链就可以得到强化，企业的顾客价值就可得到提高，企业的竞争优势也会因此得到增强。

2.6　业务外包与物流外包集成模型

2.6.1　业务外包理论概述

1. 业务外包的产生发展

在市场环境相对稳定的情况下，企业利用"纵向一体化"实现对资源的直接控制，通过实现规模效益而得到发展。随着经济全球化的发展，顾客需求趋于多样化和个性化，迫使企业必须对个性化的客户需求做出快速反应，这样传统拥有大量子公司，对"原材料—制造—分销—销售"全过程控制的管理模式已经不再具有吸引力。在这样的一个竞争环境中，企业要获得竞争优势，必须从企业所处的环境特点出发，培育自己的核心竞争力。企业把内部的知识、资源和主要精力集中放在企业的核心业务上，充分发挥其优势，同时与全球范围的企业建立战略合作关系，将非核心业务交由公司以外的合作企业去做，形成所谓的"业务外包"。业务外包是在战略管理理论、经济全球化以及供应链管理理论的推动下，随着信息技术而迅速发展起来的。自 1997 年以来，欧美企业的业务外包蓬勃发展，进入 21 世纪，已形成席卷欧美、波及全球的业务外包浪潮。一些西方经济学者认为，信息时代的业务外包充分调动了知识和革新的力量，使现代企业组织发生了根本变化，业务外包成了经济发展的核心动力。据美国《财富》杂志报道，目前世界年收入在 5 000 万美元以上的公司，都普遍开展了业务外包，邓百氏公司的《1998 年业务外包研究报告》表明，全球年营业额在 5 000 万美元以上的公司在 1998 年业务外包的开支上升 27%，比 1997 年业务外包开支增加近 2 350 亿美元。亚太地区的外包支出从 1998 年年末开始到 2003 年以 150% 的年比率增长。同期世界其他地区的资源外包费用增长 26.9%。尽管业务外包的速度在迅速加快，但没有迹象表明现在已经达到顶峰。

2. 业务外包的理论解释

随着业务外包的迅速发展，许多学者探讨了其存在和发展的理论背景与依据，主要表现在以下几个方面。

(1) 核心竞争力理论。20 世纪 80 年代，波特在"竞争压力模型"的基础之上提出了企业的竞争优势，后来一些学者把影响企业竞争的核心要素归结为企业所拥有的特殊能力，从企业内在成长的角度来分析企业，提出了企业核心竞争力理论。只有当企业拥有稀缺性的资源和能力，而且这些稀缺性的资源和能力与在该行业的关键成功因素相结合时，它们才能转化为竞争优势。由于任何企业拥有的资源是有限的，它不可能在所有的业务领域都获得竞争优势，因而，企业必须将有限的资源集中在核心业务上，把非核心业务外包给具有核心能力的第三方，从而企业能够把更多的资源投入到核心业务，创造核心优势，最终提高企业的竞争力。

(2) 比较优势理论。大卫·李嘉图(David Ricardo)以英国和葡萄牙进行贸易为例，提出了比较优势理论：如果一国与别国相比有相对优势，并实行专业化生产，无论它与别国相比是否有绝对优势，它总可以通过贸易获利。因此，一企业把某一项或几项业务交给具有比较优势的另一企业，那么两企业都实行专业化生产，通过外包可使双方获利。

(3) 价值链理论。波特提出的价值链理论认为，企业创造价值的过程可以分解为一系列互不相同但又关联的增值活动，从而构成"价值体系"，每一项经营管理活动就是体系中的一个价值链。价值链的各个环节互相联系、互相影响，一个环节的运作质量直接影响到其他环节，因此企业可以把某个薄弱环节外包给专业企业来做，从而提高整个价值链的活动质量，使价值链增值。

(4) 木桶理论。根据木桶原理，企业将最短的木板交给其他企业来制造，提高木板的高度，从而提升容量。

(5) 劳动分工。劳动分工使每个劳动者的熟练程度提高，节省工作转换时间。业务外包也是社会分工，是产业化运作的延伸，公司将自己不擅长的劳动交由熟练的其他承包商，简化管理的复杂性，而且有助于提高承包商专业化的生产率。

3. 业务外包的主要原因

业务外包追求的理念是，如果供应链上的某一环节不是世界最好的，如果这又不是自己的核心竞争优势，如果这项活动不至于与客户分开，那么可以将它外包给世界上最好的专业公司去做。因此，选择业务外包就能以更低的成本获得比自营更高价值的资源，获得最大价值的利益。这主要表现在以下几个方面。

(1) 分散风险。由于企业本身的资源、能力有限，可以通过资源的外向配置，与外部的合作伙伴分担由于政府、市场、经济等因素产生的风险，从而使企业变得更有柔性，适应市场环境的变化。

(2) 降低和控制成本，节约资本资金。

(3) 减少固定资产、人力资源的投资，增强对市场变化的迅速反应能力。

(4) 精简企业的业务流程和组织结构，减少企业管理、控制的难度。

(5) 使用企业不拥有的资源，利用专业承包企业的专业、低成本、高水平的服务，提高企业自身价值。

(6) 使企业集中精力从事核心业务，提高企业核心竞争力。

4. 业务外包的主要方式

(1) 研究与开发(R&D)外包。企业由于具有领先的技术水平，但缺乏相关的资金、人力，将企业的研究与开发业务进行外包。例如，IBM 公司为推出第一台计算机，早期将一些关键业务如研发进行外包。但这种外包方式具有很大的风险，企业必须具有很强的控制外包风险的能力，否则容易失去市场地位。

(2) 人力资源外包。现在许多企业开始将员工的培训、福利管理进行外包。现在欧美许多国家出现快速人员服务公司，都属于为企业提供人力资源管理业务的外包公司。

(3) 信息技术外包。1989 年，Kodak 从外包其公司信息技术的主要模块开始，信息技术外包得到了飞速发展。信息技术外包是指企业将信息系统或信息功能的整体或部分移交给外部的服务商来完成。

(4) 虚拟制造。企业只保留研发与营销业务，而将产品制造通过虚拟工厂外包给其他制造企业，如东软公司的 CT 扫描仪就是采取虚拟制造的形式。

(5) 营销外包。将企业的产品营销业务外包给专业的营销推广公司来完成。

(6) 物流外包。生产经营企业将物流服务的部分或全部交给专业的物流服务提供商(第三方物流企业)来完成。

其他的还有文件服务外包、应收账款外包等。一般而言，企业都是将核心竞争力之外的其他业务部分或全部进行外包，而且外包范围遍及全球，寻找最强有力的合作对象，提升企业的竞争力。

5. 业务外包的基本运行模式

企业根据行业特征、发展阶段、企业实力、市场需求等方面的特殊要求，选择不同的外包伙伴，不同的外包创新资源和路径，因此外包创新有不同的运行模式，其各方面的特点也会有差异。以下主要讨论外包创新的3种基本运行模式。

1) 中心依附型

中心依附型外包创新运行模式是以一家拥有核心技术的企业或组织为中心，其他企业就好比一个个单元围绕在这个虚拟中心周围，依附于这个中心，安排自身的生产和其他活动。这个虚拟整体的总体决策和整体调控都由企业中心负责。企业中心与各个单元之间都建立了高效的信息传递途径，能够实时了解各企业单元的工作进展情况并决定下一步的行动方向。本书后面所要论述的物流业务外包就属于中心依附型的创新模式，第三方物流供应商正是以委托企业为中心，依附于委托企业，安排各项活动，而委托企业可以通过各种高效的信息传递途径来及时了解货物的物流运转情况。

2) 强强联合型

强强联合型外包创新运行模式是指两家拥有核心技术、实力强大、进行独立决策的企业或组织形成的战略性协作联盟，他们彼此之间的核心能力不能单独发挥效益，只有通过密切的合作才能创造出最大的竞争力。任何一方不能干涉另一方在协作联盟以外的其他活动，只能对其他活动提供建设性的意见。

3) 共生网络型

共生网络型外包创新运行模式是由多个相对独立的企业单元形成的相对松散的、动态化的网络型虚拟整体。每个企业单元都对这个虚拟整体的运行作出贡献，并从中获得自身所需要的资源和企业所不具有的能力。这个外包创新整体不会轻易地受某个企业单元的影响，不会因为增加了一个单元而效益大增，也不会因为减少了一个单元而变得无法生存。

2.6.2 物流外包集成模型

1. 物流外包

根据以上对业务外包理论的阐释，可以知道，所谓物流外包，是指为了最大限度地利用专业人才并减少专业设备的投入，企业将物流管理中的采购、仓储、运输、配送和分发中的一项或几项交给专业的合作伙伴管理，使企业专注于企业核心业务的经营和开发，同时利用合作伙伴的竞争优势，以提高企业的核心竞争力的行为。

根据物流需求企业外包物流的程度，可将外包分为部分外包和全部外包。

1) 全部外包

全部外包是指企业将全部物流活动交给外部组织承担。现实中，全部外包又可以分为以下两种情况：①工业企业等物流需求企业放弃物流自营，将物流业务全部交给第三方物流企业；②一个新建企业，在成立之时，就决定不自建物流，而将物流业务交给外包的第三方物流企业。

2) 部分外包

部分外包是指企业将部分物流业务交给外部的第三方物流企业。部分外包也包括两种形式：①对拥有一定物流能力的企业来说，随着企业的发展壮大，企业原有的物流能力不能完全满足自身的需要，企业则将自身不足以完成的物流业务交给外部组织承担；②企业的物流能力虽然可以满足企业的需要，但考虑某些物流业务不是企业的核心，则将非核心活动交给外部组织承担，也属于部分外包。

美国、英国、日本等发达国家企业 70%以上选择了第三方物流，其包括了全部外包和部分外包。

在我国，第三方物流公司的历史较短，第三方物流服务面相对较窄，功能和能力都有限，加之企业内部的抵制，如将物流全部外包，企业自身的物流部门将面临裁员、原有运输仓储设施要重新处置的问题，尤其是企业也害怕失去对外包业务的控制。因此，较多的企业目前采用的是物流部分外包的形式。

根据企业外包物流活动的集成程度划分，物流外包可分为功能外包和集成外包。

(1) 功能外包分为两种：①将有关的物流服务委托给物流企业去做，即从市场上购买有关的物流服务，如由专门的运输公司负责原料和产品的运输；②物流服务的基础设施为企业所有，但委托有关的物流企业来运作，如请仓库管理公司来管理仓库，或者请物流企业来运作管理现有的企业车队。20 世纪，欧洲市场上物流外包主要是邮政、运输、货代的仓储领域中各功能的分散外包。

(2) 集成外包是指物流需求企业将集运输、仓储、通流加工等物流业务为一体的物流业务交给第三方物流企业承担。

2. 建立物流外包集成模型的必要性

交易费用理论、委托代理理论主要从经济(费用)的角度研究物流外包的机理。换句话说，工业企业之所以外包物流是因为将物流交给专业化的第三方物流企业可以实现规模经济。就基本的研究目标而言，则是寻求解释干预或合同结构的特征。然而他们没有考虑环境、结构和战略等因素对组织的影响。事实上，组织外包物流，费用效率仅仅是考虑的重要因素之一。如果仅从经济的角度研究物流外包，那么，谁提供的费用低就会成为外包伙伴，而不考虑以往与该伙伴的合作是否愉快、默契以及交易的质量如何，这样也会导致决策的不切实际。

竞争战略理论、核心能力理论是从战略的角度研究物流外包的机理。在这些理论看来，企业实施物流外包是为了获得对企业的生存与发展至关重要的内部所缺乏的物流资源以获得或维持企业的竞争优势。战略理论强调了企业与外部组织的相互依赖性。然而，这些理论却没有考虑怎样管理或驾驭企业与外部组织之间的关系。因为战略管理理论着眼于使内部组织实现价值最大化，而没有考虑外部组织的情况。事实上，在当今日益激烈的市场竞争环境中，企业要抓住稀缺资源，实现组织目标的最大化，就必须解决好应对外部环境的不确定性问题。

如果从单个理论来看，既存在某种程度的片面性，相互之间又有很强的互补性。就交易费用理论来说，尽管长期合同有助于降低交易费用，但时间越长，经营中的不确定性因素就越多，经营形势也会发生前所未有的改变。所以，交易费用理论总是从静态而非演化的状态出发，对市场中经济组织的治理模式提供分析框架，这种静态的分析则可能会影响交易的性质，使分析的结果与现实情况形成较大的差距。再者，它仅以效率(成本或费用)的概念来处理问题，对管理交易中的信任和公平问题则很少提及。另外，它强调交易的理性方面，通过增加信息分享的意愿来减少理性的有限性，而不考虑如何增加信任和限制合作者以减少机会主义。

委托代理理论则强调建立一个激励和监控相结合的机制来保证代理人的行为与委托人的目标保持一致，尤其强调激励在合作关系中的作用。然而只有当双方的信任变得越来越强时，监管机制的作用才会弱化，激励的作用才会变得突出。所以，信任是有效的委托代理关系形成的基础。然而怎样制定合同或采用什么样的方式，激励机制才更有效并没有涉及。另外，各种假设看轻了意外性因素，然而这却是经济关系中经常发生的社会现实。也就是说，委托代理理论的假设看轻了不同个人在不同情况下行使不同行为的可能性。

竞争战略理论着眼于对外部竞争环境的分析，强调在内部特征(优势和劣势)和外部环境(机会和威胁)中寻找战略匹配，但它也没有考虑信任的力量，而且伙伴的选择往往以自我为中心，而忽略了对方的观点。另外，波特的结构分析是框架式的，用这种方法来处理外包战略随着时间的变化则难以奏效，复杂的环境与外包关系一起演化则会快速地改变竞争的景况，这些变化可能会比行业的赢利性更能改变决策者的战略观。

核心能力理论强调能力的难以获得性与互补性，这与竞争战略中的价值链理论实际上是一致的，不同的是，它尤其强调了无形资源对合作的重要性。

因此，整合物流外包的相关理论，更全面、更充分地考虑物流外包的相关要素，建立起集成模型对于进一步对物流外包的研究以及指导实践非常重要。

3. 物流外包的集成模型

所谓物流外包理论的集成模型，是指将相关理论放在一起，全面、系统地考虑物流外包的决策要素，既避免单个理论的片面性，又体现相关理论的互补性[1]，如图2.6所示。

在集成模型中，右边的相关理论是从经济角度考虑物流外包的；左边的理论是从战略角度考虑外包的；上下方向则是从社会的角度考虑物流外包的。把这些理论的考虑要素以及决策目标放在一起，不仅一目了然，而且很容易弄清相互之间的区别与联系，更为重要的是突出了整体感。

4. 物流外包决策因素的层次性

非常重要的是，不同的企业，因所处的行业不同或自身资源的不同或要达到的目标不同，在制定物流外包决策时，考虑的侧重点应有所不同。尤其是当综合考虑相关因素，这些因素又存在一定冲突时，依据关键理论作出正确的决策就更为重要。由于企业战略会影响到企业的长期利益、生存与发展，所以首先应考虑战略因素，然后再考虑经济因素，这

---

① 王淑云. 基于物流一体化的外包理论基础与应用研究[D]. 北京：北京航空航天大学，2004.

是企业经营的直接目标，最后再考虑社会因素。因为企业只有作出正确的决定(战略)，才应该深入地考虑如何开发与保持合作关系，如图 2.7 所示。由于战略要素关系到企业决策的成败，再加上战略理论涉及多种相互联系和互为补充的理论，所以认真考虑各战略理论在决策中的层次性也非常重要。由于核心能力是决定企业竞争力的最为重要的因素，所以，首先应考虑物流是否是企业的核心能力，然后再考虑资源因素、企业的价值链因素。

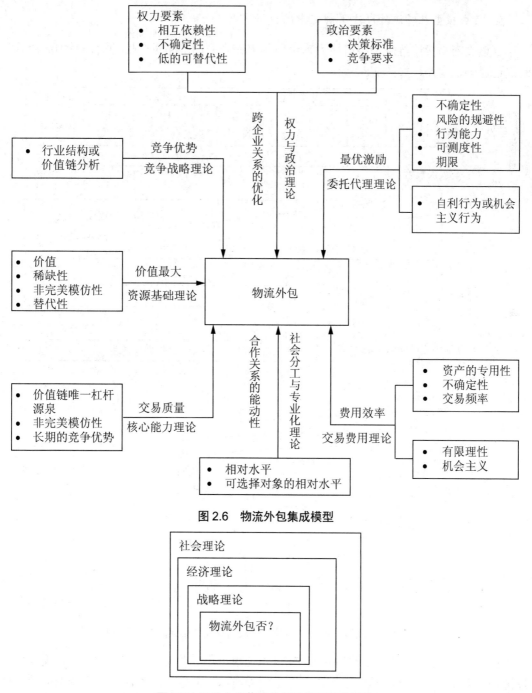

图 2.6　物流外包集成模型

图 2.7　工业企业物流外包决策因素的层次

总之，无论是战略理论、经济理论还是社会理论，都很好地阐释了物流外包的机理。但由于这些理论既相互区别又相互补充，所以作为工业企业在做出物流外包决策时不仅应全面考虑相关因素，而且还要考虑相关要素的层次性。特别是对中国的工业企业来说，放弃物流自营，整合和利用外部资源而实施物流外包，对于降低物流成本、强化企业的核心能力和提高企业的柔性与敏捷性进而提高企业的竞争力势在必行。

5. 集成模型在物流外包决策制定中的应用实例

以集成交易费用经济、核心能力理论与物流在企业的战略重要性为例，对物流决策的制定过程予以阐释，如图 2.8 所示。

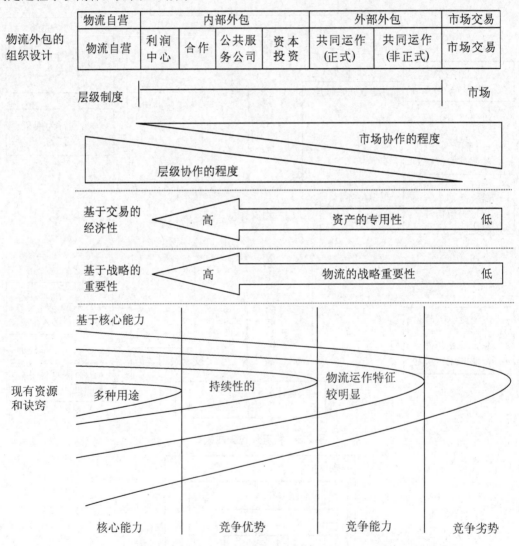

图 2.8 交易费用经济、核心能力理论和战略重要性相集成的物流外包决策

企业到底怎样运作物流，是自营、外包还是市场化经营。从核心能力理论、交易费用理论、物流在企业的战略地位来看，企业必须弄清以下问题：①物流是否是企业的核心能力。②物流是否是企业的核心活动——关系到企业生存的活动，是否是近核心活动——与

核心活动密切相关的活动：是否是支持性活动——与核心活动截然不同的活动；是否是具有一般能力的活动——可任意处理的活动。③物流资产的专用性是高还是低。④物流在企业中的战略重要性如何。

这里，将外包分成外部外包和内部外包两种形式：外部外包是指与物流供应商之间建立起长期的伙伴关系；内部外包一般是将业务交由集团公司的独立的利润中心，市场因素在公司之间起着作用。内部外包也可组织成独立公司的横向协作体，有时采用一般服务公司(合资企业)，甚至是资本投资。

根据奥利弗·威廉姆森(Oliver Williamson)的观点(交易的属性，特别是资产的专用性在对交易的管理结构上起着重要的作用)，当物流资产的专用性程度和交易频率都很高且产出有较高的不确定性时，则专用性资产应纳入一体化的层级组织中，即自己运作(也可根据需要采用内部外包)。

当交易是一次性的，且资产的专用性程度较低时，市场交易是合适的。当物流资产的专用性一般，且交易重复发生时外包就是最优选择。如果在物流运作中，几乎不需要与交易伙伴交换信息，则外部外包不仅可以节省信息费用，而且能够从外部外包伙伴中获取规模经济。如果物流资产的专用性较高，则交易之前、当中、之后必须有充分的信息沟通为支撑，这样，市场交易成本就会极其高昂。如果又不可能实现大规模的效果，物流运作采用内部外包应是最好的选择。

根据核心能力理论，企业在经济组织中，物流资源可用于多种用途，不仅是核心能力而且在公司范围能够得到保持，则不应该外包，而应该自己运作；否则就应该考虑采用外包或市场化运作。

具体来说，外部外包的分界线可从顾客的视角来确定。在顾客眼里，企业的物流运作特征非常明显，很容易将其与竞争对手区分开，就不宜外部外包，尤其是当企业的物流资源和诀窍对竞争对手来说难以模仿，具有可持续性的竞争优势可考虑内部外包；否则，虽有一定竞争能力，仍然应该考虑外部外包；如果物流活动仅仅是企业的一般活动，采用市场交易则为最佳选择。

本　章　小　结

20世纪中叶以来，当世界经济开始由危机阶段向复苏阶段转化时，商品生产和流通的规模不断扩大，物流的地位和作用也日趋明显。20世纪80年代，西方掀起了放松管制的浪潮，使运输业的市场机制得到了加强；同时，企业回归主业、集中核心业务的呼声高涨；随后，全球化竞争加剧，信息技术发展迅速。在此背景下，第三方物流应运而生，并日渐成为西方物流理论和实践的宠儿。因此，可以看到，第三方物流是社会经济发展到一定阶段的产物。同时，第三方物流是物流业发展的方向，可以预见第三方物流模式将占据物流业的主流，这种发展趋势可以从交易费用、委托代理、社会分工、竞争战略、核心能力、业务外包等理论上得到支撑。

习　题

一、名词解释

交易费用　委托代理关系(Jensen，1976)　社会分工　核心能力　价值链

二、选择题

1．第三方物流发展的动力主要来自于(　　)。
　　A．企业间的竞争力　　　　　　　　B．第三方物流服务的供需双方
　　C．企业信息化程度　　　　　　　　D．新的物流管理理念
2．将物流职能交给第三方管理可以(　　)。
　　A．增强企业对市场变化的应变能力
　　B．提高物流服务水平
　　C．加速产品和服务投放市场的进程
　　D．降低经营成本
3．第三方物流企业可以依托(　　)企业，成为他们，特别是中小企业的物流代理商。
　　A．生产　　　　　B．零售　　　　　C．批发　　　　D．IT
4．能够对制造企业或分销企业的供应链进行监控，在客户和物流信息供应商之间充当唯一"联系人"角色的是(　　)。
　　A．第一方物流　　　　　　　　　　B．第二方物流
　　C．第三方物流　　　　　　　　　　D．第四方物流

三、简答题

1．第三方物流产生的理论渊源有哪些？
2．交易费用理论在第三方物流中如何体现？
3．企业将物流业务委托给第三方物流时，该如何对第三方物流进行监控和激励？
4．为什么说第三方物流是社会分工与专业化的必然结果？
5．竞争战略理论与核心能力理论在第三方物流中的区别和联系有哪些？
6．物流外包集成模型涉及哪些第三方物流理论基础？
7．为什么说第三方物流是物流业发展的方向？

案例分析

施耐德电气的物流外包

施耐德电气于1979年进入中国市场，是最早进入中国的世界500强企业之一。目前，施耐德电气在中国拥有4家分公司，32个地区办事处，20家生产型企业，4个物流中心，500多家代理商，2006年在华总销售额达80亿元人民币。施耐德电气在中国的成功运作与

强大的物流网络平台、先进的物流管理模式、丰富的物流管理经验密不可分。

施耐德电气认为，由于竞争压力的加大和经济的全球化和区域化，企业不得不专心于自己的核心业务，专注于自己的成本降低和运营效率的提高，集中于核心竞争力，将非核心的部分外包。对于制造企业价值链而言，物流通常是仅次于制造过程中的材料费，是成本最高的一项活动。大多数企业惊异于物流成本占总成本的比例如此之高，因此降低物流成本在促进企业取得和保持竞争优势方面扮演了重要的角色。

在中国，施耐德电气将国际运输外包给仕嘉、泛亚班拿、德迅三家运输商，将国内公路运输从过去的 20 多家运输商整合到现在的 CEVA、CAAC、大金、京铁快运、中国邮政、嘉里大通、马士基等 13 家运输商。

以上的运输外包是属于传统外包型物流运作模式。企业外包物流业务，降低了库存，甚至达到"零库存"，节约物流成本，同时可精简部门，集中资金、设备于核心业务，提高企业竞争力。第三方物流企业各自以契约形式与客户形成长期合作关系，保证了自己稳定的业务量，避免了设备闲置。这种模式以生产商或经销商为中心，第三方物流企业几乎不需专门添置设备和业务训练，管理过程简单。订单由产销双方完成，第三方物流只完成承包服务，不介入企业的生产和销售计划。这种模式最大的缺陷是生产企业与销售企业以及与第三方物流之间缺少沟通的信息平台，会造成生产的盲目和运力的浪费或不足，以及库存结构的不合理。

基于运输外包的经验，施耐德电气在做仓储外包时，采取战略联盟型物流运作模式。这种模式是第三方物流包括运输、仓储、信息经营者等以契约形式结成战略联盟，内部信息共享和信息交流，相互间协作，形成第三方物流网络系统，联盟可包括多家同地和异地的各类运输企业、场站、仓储经营者，理论上联盟规模越大，可获得的总体效益越大。信息处理这一块，可以共同租用某信息经营商的信息平台，由信息经营商负责收集处理信息，也可连接联盟内部各成员的共享数据库(技术上已可实现)实现信息共享和信息沟通。

施耐德电气北京中压厂把仓储和运输外包给了 CAAC 公司，施耐德电气上海配电厂把仓储外包给了天地(TNT)公司，施耐德上海国际采购部把仓储运输外包给辛克物流。施耐德与这些第三方物流企业都可以实现信息传递、共享。

施耐德电气的经验是首先在系统中加入了信息平台，实现了信息共享和信息交流，各单项实体以信息为指导制订运营计划，在联盟内部优化资源。同时信息平台可作为交易系统，完成产销双方的订单和对第三方物流服务的预订购买。其次，联盟内部各实体实行协作，某些票据联盟内部通用，可减少中间手续，提高效率，从而使供应链衔接更顺畅。

(资料来源：http://www.thea.cn/cs/learning/2008-8-28/99542-1.htm.)

思考：
根据施耐德电气公司案例，讨论企业选择第三方物流的得失和应注意的问题。

第 3 章　第三方物流方案设计

【本章教学要点】

知识要点	掌握程度	相关知识
第三方物流服务内容	掌握	运输和配送服务、仓储服务、信息服务、增值服务和总体策划与设计
物流服务方案的设计步骤	掌握	确定服务内容、客户需求分析、方案具体设计、方案优化及改进
第三方物流需求分析	了解	需求分析方法
物流方案优化及改进	理解	原则、理论及持续改进思想

【关键词】

服务内容，需求分析，方案设计，方案优化，持续改进

导入案例

全球领先的国际物流和货代公司丹马士为全球最大的全棉衬衫制造及出口商溢达集团提供专业和高效的国际物流服务。在过去两年中，丹马士为其提供了"零延误"的物流方案。

溢达集团连续 8 年在中国全棉梭织衬衫出口额排名中位居第一位，2013 年的集团营业额超过 13 亿美元，为 Ralph Lauren、Tommy Hilfiger、Nike、Hugo Boss、Lacoste、Muji、安踏及七匹狼等世界知名时装品牌的供应商。溢达集团在 2012 年和丹马士展开合作，在过去两年经由丹马士运送无数挂衣产品到英国市场，并实现了"零延误"的运输。这进一步增强了溢达集团在海外市场的良好信誉，赢得海外客户的信赖。

【拓展文本】

在本地物流服务方面，丹马士以高性价比的物流方案展示实力。丹马士为溢达集团提供以铁路和平板拖车运输及报关的服务，从上海黄埔港运送进口棉花原材料到溢达集团位于吐鲁番的厂房。多式联运方案相对于传统仅以拖车运输的方式，保证了更好的时效性，也配合实现了溢达集团优化运输成本的目标。

溢达集团对丹马士的卓越服务水平感到十分满意："丹马士是国际货代和本地物流服务的专家，他们在处理和运送挂衣集装箱货物方面拥有丰富的经验，能满足国际客户对高端服装产品的运送要求。在中国内地，丹马士拥有全面的物流服务网络，能够提供灵活可靠的内陆运输服务，确保原材料如期抵达，为之后的生产和发货流程打下稳妥的基础。"

丹马士深圳办事处经理张伟超也谈到与溢达集团合作的经验："溢达集团是'走出去'的领先企业，我们很荣幸能够成为溢达的合作伙伴，强强联手。除了国际物流和货代服务，丹马士在中国内地也拥有覆盖广泛的物流服务网络，能为北亚和中国地区的企业提供一站式的门到门物流服务，使客户的供应链畅通无阻，通达国际市场。"

丹马士北亚区是丹马士公司全球发展的重要组成部分，致力于为区内客户提供全球物流和个性化的解决方案。在 2013 年，丹马士在北亚区 30 个城市设有分公司及办事处，遍布中国、日本及韩国等。在 2014 年，丹马士计划在北亚区成立 8 个新的分公司及办事处。

（资料来源：http://www.chinawuliu.com.cn/xsyj/201406/19/290916.shtml.）

思考：

溢达集团为什么要选择丹马士作为其合作方？它们是如何设计合作方案的？

3.1 第三方物流活动内容

在物流管理的具体实践中，由于一些活动几乎在所有的物流管理系统中都会涉及，而另一些只是间断地出现或者偶尔出现，所以这些活动又被进一步分为关键物流活动(Key Activities)和支持性物流活动(Support Activities)。

1. 关键性物流活动

(1) 客户服务。与企业营销部门合作，判断客户对物流服务的需求；判断客户对现有服务的反应；确立客户服务水平。

(2) 运输。包括运输方式和运输服务的选择；集运；承运人的运输路线；车辆调度；设备选择；理赔程序；运价审核。

【拓展文本】

(3) 库存管理。包括原材料和产成品的存储政策；短期销售预测；存储点的产品组合；存储点的个数、大小和选址；适时管理、拉动式管理或推动式管理策略。

(4) 信息流动和订单处理。包括销售订单——库存之间的信息交互过程；订单信息传输方法；订货规则；等等。

2. 支持性物流活动

(1) 仓储。包括仓储决策；仓库布局和车辆装卸站台设计；仓库结构；存货地点。
(2) 物料搬运。包括设备选择；设备更新政策；拣货工序；存放和维修。
(3) 采购。包括供货点选择；采购实践；采购数量。
(4) 保护性包装。包括包装服务对象；搬运；存储；防止灭失或损坏。
(5) 与生产/运作部门合作。包括明确总量；确定生产工序、生产时间。
(6) 信息维护。包括信息搜集、储存和处理；数据分析；控制程序。

其中，客户服务为整个物流管理体系定下了基调，好的客户服务水平必然意味着高的物流服务成本，可以说确定了客户服务水平就在一定程度上确定了物流服务成本的水平。运输和仓储在物流成本中占主要份额，又是产品时间和空间效用的主要创造者。订单处理虽然占用资金不多，但是对整个物流系统的反应速度有重大的影响，面对越来越重视时间价值的客户，这一环节更是不容忽视。

3.1.1　常见的第三方物流服务内容

按照一般第三方物流服务商习惯的角度，将常见的第三方物流活动分为运输和配送服务、仓储服务、增值服务、信息服务和总体策划与设计五大类。下面列举了各类中可能涉及的一些服务活动。

1. 运输和配送服务

1) 运输和配送网络的设计

在第三方物流服务商提供的运输类服务中，从服务的复杂性和技术含量看，应该首先是运输和配送网络的设计。对于一个大型的制造企业来说，它的采购、生产、销售和售后服务网络都非常复杂，因此要设计一个高效并在某种程度上协同的运输网络是非常困难的。尤其是一些有世界工厂的跨国公司。由于涉及国际运输，运输网络的设计就更加需要专业人员来完成。在技术水平比较领先的第三方物流公司中，一般都由专家小组来负责运输网络的设计工作，以帮助制造企业解决这类问题。

在配送网络的设计中，由于需要考虑工厂和仓库或配送中心的数目以及选址等问题，复杂性会进一步增加。具体的设计过程在后面的章节中将作进一步的分析。

2) 一站式全方位运输服务

一站式全方位运输服务是由物流提供商提供的多种运输方式和多个运输环节的整合，为客户提供门到门(Door to Door)的服务。例如，现在非常流行的多式联运业务就是这类服务。

多式联运，是指从装运地到目的地的运输过程中包含两种以上的运输方式。《联合国国际货物多式联运公约》对国际多式联运的定义是：按照多式联运合同，有至少两种不同的运输方式，由多式联运经营人把货物从一国境内接运货物的地点运至另一国境内指定交付货物的地点。而《中华人民共和国海商法》对于多式联运的概念界定是必须有种方式是海运。譬如从上海到南非的约翰内斯堡(Johannesburg)，经过了海运——从上海到德班(Durban)，再经陆运——德班到约翰内斯堡。这已经算是多式联运了。它的优越性主要表现在：①简化托运、结算及理赔手续，节省人力、物力和有关费用；②缩短货物运输时间，减少库存，降低货损货差事故，提高货运质量；③降低运输成本，节省各种支出；④提高运输管理水平，实现运输合理化。对第三方物流企业来说，采用多式联运，可以挖掘运输潜力，提高运输效率，完成无港站地区的货物运送。

【拓展案例】

【拓展文本】

3) 为客户提供运输力量

在此类服务中，客户不是完全地将其运输业务外包，而是使用第三方物流服务商的运输能力，由物流公司负责为客户提供运输车辆和人员，而客户需对运输过程进行控制和管理。

4) 帮助客户管理运输力量

这是一类比较新型的物流业务。与前一类服务刚好相反，在这种业务中，客户自身拥有运输力量，如运输工具和人力资源，但在物流业务外包时，将这些运输能力转给第三方物流公司，由物流公司负责运输工具的使用和维护以及人员的工作调配，并对整个运输过程进行管理。

这类服务在国外比较常见，尤其是很多企业在采用第三方物流以前，一般都拥有自己的运输部门，将运输业务外包以后，企业把这一部分的能力交给第三方物流公司管理是一种比较经济的做法。

实际上，我国大多数生产制造企业都有自己的运输部门，这些部门的存在往往成为企业采用第三方物流的障碍，由第三方管理企业运输工具和人员的做法，是值得研究和借鉴的。

5) 配送

配送是将客户需要的产品在适当的时间，按照客户的要求，以良好的状态，用最低的成本送到客户手中或指定地点。配送管理的目标是以最低的成本来设计和运作能满足客户要求的服务水平的配送系统。为了达到这个目标，物流企业就需要做到设计适合的配送系统，对配送中心的商品进行库存管理和仓储管理，按照要求的速度和频率配送货物等。因此，严格地说，配送是仓库作业和运输的综合。

在国内，将配送作为独立的第三方物流服务项目还是比较常见的。以上海为例，消费类产品进入上海连锁零售系统，一般有两种模式：一种是直接将产品送给各个连锁系统的配送中心，由配送中心完成向各个门店的配送；另一种是将产品送往独立的第三方物流配送中心，由第三方物流配送中心完成向各个超市的配送业务。

随着各大连锁超市越来越重视自己配送中心的地位和作用，它们有扩大自身配送能力的趋势，但在相当长的一段时间内，第三方物流配送中心仍然有很大的市场。在国外，由第三方物流服务商提供配送服务的情况也是比较多的。

6) 报关等其他配套服务

在国际物流业务中，还会涉及报关等业务。目前，在国内，提供报关业务的一般有专业报关公司、国际货代公司、进出口公司，第三方物流公司本身拥有报关权的并不多，一般都通过与报关公司合作，或者是与母公司合作来为客户提供报关服务。

2. 仓储服务

1) 仓储管理

仓储管理是最常见的传统物流服务项目之一，对整个物流系统起着十分重要的作用。第三方仓储管理的核心目标是提高仓库的运作效率和生产率，充分有效地利用现有仓储空间，并在一定服务水平上为客户降低仓储成本。仓储管理一般

【拓展视频】

包括仓库选址、仓库布局设计、货架设计、货物搬运、装卸、存储等活动。

2) 库存管理

库存管理实际上是物流管理中最核心和最专业的领域之一，也是物流管理成败的关键。完整的库存管理包含市场、销售、生产、采购和物流等诸多环节。由于库存管理在企业管理中的核心地位以及它所涉及的一些商业信息，通常企业很少将库存管理完全外包给第三方提供商，尤其像库存管理中复杂的预测和计划部分都是由企业自己来完成的。但是，在库存管理的执行环节上，第三方物流却大有可以作为的余地，如与仓储相关的库存管理，主要涉及存货量的统计、补货策略等。

在有些情况下，第三方物流企业甚至可以根据同客户企业制定的库存策略，自行完成特定产品的库存管理。例如，上海某跨国汽车制造企业，其生产线的设备维修和保养的零配件的物流外包给了一家贸易类物流企业。该物流企业同客户共同确定各种零配件的库存标准和订货点，然后由物流企业管理库存，并根据实际需要自行采购零配件。

3) 订单处理

订单处理是仓储类业务中最常见的第三方物流服务项目。客户企业负责取得订单，之后通过第三方物流企业完成拣货、配货和送货的工作。

4) 代管仓库

代管仓库也是一种比较常见的合作形式。这种情况一般发生在自己拥有

【拓展视频】

仓库设施的客户企业，在寻求物流服务商时，将仓库的管理权一并交给物流企业管理。

5) 包装

包装也是仓储类业务中的重要服务内容之一。随着物流模式的创新，包装服务内容也更加丰富，如运输保护性包装、单元化包装、促销包装、配货包装等。

【拓展视频】

在具体操作中，仓储服务可以涉及许多具体的活动，包括一些增值服务。

【推荐文章】

3. 增值服务

1）延迟处理

延迟处理是一种先进的物流模式。企业在生产过程中，先完成中间产品或标准化产品的生产，等收到客户订单，明确最终用户对产品的功能、外观、数量等具体要求之后，再完成生产和包装的最后环节。

在很多情况下，企业将最终的制造或包装活动交由第三方物流中心完成，在时间和地点上都与大规模的标准生产相分离。这样生产企业就能以最快的反应速度来满足客户的需求，并且降低或完全消除不适合市场需求的生产及库存活动。其实，我国许多第三方物流企业提供的贴标签服务或在包装箱上注明发货区域等服务，都属于简单的延迟处理。

【推荐文章】

2）支持 JIT 制造

JIT(Just in Time，准时制生产)制造是指在恰当的时间、恰当的地点，以恰当的数量、恰当的质量提供恰当的物品，也就是说，生产、配送产成品要直接送到货架甚至消费者手中，零部件、半成品要直接送到生产线上。其核心目标是实现零库存或者叫无库存生产。

支持 JIT 制造是一种新型的第三方物流服务。在 JIT 生产中，第三方物流服务商提供的服务有即时采购运输和生产线的即时供货等。

【拓展文本】

3）零件成套

零件成套就是将不同的零部件在进入生产线前预装配。例如，汽车制造厂一般委托第三方物流企业管理零配件仓库，在零配件上装配线之前，可以在仓库内完成部分零件的装配。

4）货运付费

货运付费其实是第三方物流最常见的业务。在第三方物流服务过程中，第三方物流服务商一般代替客户支付海运运费等费用。在国内，此类收费一般称为代垫代付费用。

5）咨询服务

第三方物流企业提供的咨询服务有物流相关政策调查分析、流程设计、设施选择和设计、运输方式选择、信息系统选择等。

6）售后服务

售后服务是第三方物流一个新的服务领域，包括退货管理、维修、保养、产品调查等项目。

4 信息服务

第三方物流的信息服务一般包括以下服务内容。

(1) 信息平台服务。客户通过第三方物流的信息平台，实现同海关、银行、合作伙伴等的连接，完成物流过程的电子化。我国有些城市目前正要推行电子通关服务，将来大量的第三方物流企业都要实现同海关系统的连接，客户可以借助第三方物流企业的信息系统，实现电子通关。

【拓展视频】

(2) 物流业务处理系统。有许多客户使用第三方物流企业的物流业务处理系统，如仓库管理系统和订单处理等，来完成物流过程的管理。随着物流复杂性的增加和物流业务管理系统的完善，这方面的信息服务还会加强。

(3) 运输过程跟踪。信息跟踪是另一类信息服务。就目前的市场看，信息跟踪服务主要集中在运输过程的跟踪。在西方发达国家，通过 GPS(Global Positioning System)/GIS(Geographic Information System)等跟踪手段，已经做到了运输过程和订单的实时跟踪，如 FedEx、UPS 等快递公司，都为客户提供全程跟踪服务。

5. 总体策划与设计

目前，国际上有一种新的倾向，就是将物流系统的总体设计内容作为第四方物流的服务范围，成为一个相对专业化和独立的服务领域。但一般来说，第三方物流公司也不同程度地具备为客户提供物流系统总体规划的能力，而且在实际运作中，由于第四方物流目前才刚刚起步，因此由第三方物流服务商提供此类服务的情况还是比较多的。

3.1.2 物流服务方案设计程序

在制造企业进行物流外包还是自营的决策时，企业选择第三方物流通常是因为第三方物流服务商提供的服务更专业化，服务水平更高。而第三方物流的服务水平和服务绩效，在很大程度上又依赖于第三方物流服务商是否能够提供一个有针对性的、行之有效的服务方案。所以，科学合理地进行物流服务方案的设计是第三方物流的一项十分重要的职能。

具体来说，物流服务方案的设计包含以下 4 个步骤。

1. 确定物流服务的内容

第三方物流服务商要提供物流服务，首先要明确物流服务究竟包括哪些方面的内容，以及这些服务内容在实践中应该如何操作；另外，服务商还必须明确目前自己能提供哪些服务内容，哪些服务是目前还无法提供的。只有清晰地把握了这些要素以后，服务设计才能顺利进行。

2. 进行客户需求分析

首先应当明确这里所指的客户可能包括两类不同的实体：一是物流服务的需求方，即通常所说的制造企业或者商业企业；二是商品的需求方，也就是第三方物流服务商的客户的客户，通常包括零售商和最终消费者。

在明确了客户对象之后，物流企业就应当对具体客户的需求进行调查与分析，然后根据不同的客户需求来制定不同的物流服务方案。

3. 物流服务方案的具体设计

在明确了自身所能提供的服务和客户所需要的服务之后，第三方物流企业需要探明这两者之间的差距，并确定为了弥补这个差距需要作出的改进。

之后，第三方物流服务商需要在客户需求分析的基础上对委托方现有的物流系统进行调研，进而提出具有针对性的新的服务方案。

4. 物流服务方案的优化及改进

第三方物流强调的是物流提供商与委托方之间长期的合作关系，因此物流服务方案的设计并不是一个静态的行为，而是一个动态的过程。在服务方案施行的过程中，第三方物流服务商应该定期地对服务绩效进行评估，及时发现存在的或潜在的问题，并予以改进，从而使服务水平逐步提高，增加客户的满意度。

3.2　第三方物流需求分析

并不是所有的物流需求都可转化为第三方物流需求，第三方物流需求只是物流需求中能够转化为社会化需求的部分，即通过供需方之外的社会化和专业化物流组织来完成的物流活动。目前，我国物流市场以企业自营物流为主，第三方物流占比较小。在工业企业中，第三方物流仅分别占原材料物流和产成品物流的 19% 和 31%；而在商贸企业当中，第三方物流比例仅达 17%。据统计，英国第三方物流占其整个物流市场份额的 76%，美国的第三方物流每年要完成其 58% 的物流量，而在日本这一比例更是高达 80%，是世界上第三方物流比例最高的国家和地区[①]。可见，我国第三方物流较西方国家落后很多，但可以预见的是，随着我国经济的发展，经济体制改革逐步完善和现代企业制度的建立，对第三方物流的需求将越来越强，第三方物流在产品流通过程中的比例也将逐渐上升。

3.2.1　第三方物流需求的影响因素[②]

从第三方物流需求的角度来看，尽管采用第三方物流能为企业带来降低成本、提高顾客服务水平和竞争力等诸多好处，但目前第三方物流的有效需求还不够旺盛，许多企业并没有将物流业务外包出去。那么，阻碍企业选择第三方物流服务的原因是什么呢？其实，除经济因素外，企业更多地是受制度和社会习惯观念的影响，主要体现在以下几个方面。

1. 原有物流系统的限制

传统企业在决定自己从事物流还是使用第三方物流时，往往是看自己是否有物流设施、技术，如果有，就自己来处理物流；自己处理某项物流功能有困难时才寻找外包。而我国的传统企业受过去"大而全，小而全"作风的影响，绝大部分都拥有自己的仓库、车辆等设施。中国仓储协会的调查显示，企业物流设施设备的保有率很高。这样企业自己从事物流业务，很少考虑物流的效率问题。企业原有的物流体系压制了其考虑使用第三方物流，物流成本与客户服务水平的决策标准自然也被企业放在次要的地位。

2. 企业抵制变化的惰性

许多企业，尤其是那些目前财务状况还令人满意的企业，不愿意通过物流外包的方式

---

① 参见中国产业信息网发布的《2015—2020 年中国第三方物流行业现状分析与未来投资潜力研究报告》。

② 陈雅萍，朱国俊，刘娜. 第三方物流[M]. 北京：清华大学出版社，2013.

来改变现有的业务模式。此外，寻求第三方物流服务的企业有时还会遇到来自内部某些部门的抵制。库存管理部门为避免缺货希望拥有仓库；采购部门为方便提货愿意拥有运输设备；财务部门认为财务手续过于烦琐而偏向于自营物流。更重要的是，如果将物流业务外包出去，很多人目前从事的工作很可能会被第三方物流所取代。尤其是一些国有企业，物流外包将意味着大批员工要失业，这对企业的领导来说要面临极大的风险。

3. 对第三方物流服务缺乏认识

众多企业对第三方物流服务商能力的认识程度普遍还很低。第三方物流行业相对来说也还很年轻，尤其是在我国，一些领先的第三方物流服务商只有不到 20 年的历史，较多地是只能提供单一服务的储运企业，其服务能力还远达不到要求。更为重要的是，许多企业还远远没有认识到供应链管理的重要性，明显的例子就是还没有哪家企业的高级管理层有主管物流的人员。管理人员缺乏对物流战略意义的认识，不清楚哪些物流功能的自营或外包会对企业的发展有什么战略影响。

4. 企业惧怕丧失控制和商业机密外泄

由于供应链的实施在提高公司竞争力方面的重要作用，许多公司都宁愿有一个"小而全"的物流部门，也不情愿把对这些功能的控制交给别人。此外，供应链流程的部分功能需要与客户直接打交道，许多公司担心如果失去内部物流能力，会在客户交往和其他方面过度依赖第三方物流企业。这种担心在那些从来没有进行过物流外包业务的企业中更为普遍。其实这种担忧没必要，因为最佳的物流设计方案是寻求自营与外包的平衡点，没有人会建议企业必须将一切业务外包出去。大多数已经进行了物流外包的企业表示，它们通过与第三方物流服务商合作，实际上改善了信息流动，增强了控制力，改善了企业管理其业务的能力。企业另外一个不愿把自己的物流业务外包出去的重要因素是强烈担心自己的商业机密外泄。而第三方物流服务商要为企业提供高质量的供应链物流管理，企业就必须将自己的商业秘密与内部数据和第三方物流服务商分享，这样就产生了商业机密外泄的风险。这要从两个方面来加以解决：一方面，要提高第三方物流企业自身的职业道德，形成一种健康的商业社会氛围；另一方面，需要强化法制建设，一旦有企业违规，要给予严厉惩罚，杀一儆百。

5. 物流外包的复杂性以及我国第三方物流服务商物流服务能力不够

供应链物流业务通常和企业其他业务，如财务、营销或制造集成在一起，物流业务外包本身就很复杂。对一些实际业务，包括运输和仓储的集成可能会带来组织上、行政上和实施上的一系列问题。此外，企业内部信息系统的集成性特点，使把物流业务交给第三方物流企业来运作变得很困难。实际上，第三方物流企业在过去的几年里获得的业务经验和信息技术应用方面的发展，都大大降低了物流外包的复杂性。目前我国一些著名企业开始了物流外包的作业。另外，从总体上说，我国第三方物流服务发展历史较短，第三方物流服务商的物流服务能力较弱，不能很好地满足客户提出的物流服务要求，也导致了客户不愿意也不敢将重要的物流服务外包。

6. 第三方物流服务的效果评价不确定性

准确地衡量物流成本对信息技术和人力资源的影响比较困难。因为很多企业并没有建设和实施此类系统，很难确定物流业务外包到底能够带来多少潜在的成本好处。另外，企业业务的独特性和企业供应链作业能力使很多企业并不知道该如何在自营物流和第三方物流之间进行选择。幸好，现在许多第三方物流服务已经开发出确定企业物流成本的方法，以帮助客户进行决策。

3.2.2　第三方物流服务的需求分析法

对于第三方物流服务商来说，它所提供的服务最大特点之一就是个性化，几乎没有两个完全相同的物流服务方案存在。物流服务的个性化，来源于物流服务对象及其需求的个性化。对于不同行业、不同规模、不同经营方式的企业来说，他们对物流服务的具体需求千差万别，同时，他们本身现有的物流系统也各不相同。因此，要站在客户的角度来设计一个切实可行的物流服务方案，最关键的就是对客户的物流需求进行有效分析，做到有的放矢。一个好的需求分析是物流服务成功的关键因素之一。

几乎每一个成功的物流企业都有自己独特的客户物流需求分析方法和技术。下面介绍一种比较简单易行的层次分析法。在层次分析法中，将物流外包分为外包动因、外包层面、外包内容 3 个层次分别予以分析，需求分析的层次同定制方案的层次相对应，两者的对应关系如图 3.1 所示。

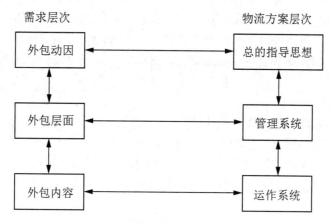

图 3.1　需求层次和物流方案层次的对应关系

1. 外包动因分析

前面介绍过第三方物流具有一些优势，正是因为这些优势，生产和商业企业才选择将自己的物流业务外包出去，但是在决策的过程中，企业对这些优势往往各有侧重。正是出于对某一种或几种外包优势的倚重，企业才决定选择适合自己的第三方物流服务商。因此，了解客户将物流业务外包的动因对于第三方物流服务商正确地设计物流方案、确定物流方案的主导思想非常重要。

只有正确地把握了客户为什么选择外包，以及为什么选择自己作为合作伙伴，第三方物流服务商才能真正从客户的角度出发，设计出符合客户需求、获得客户满意和信任的服务方案来。具体来说，客户选择第三方物流企业，通常有以下几个关注的方面。

1) 关注成本型

一般来说，所有的企业对物流成本都会有不同程度的关注。因为事实上，企业经营的最终目标就是获取利润，而要获得利润，成本当然是企业关注的首要问题之一。

高水平的物流服务必然带来成本和收益的同时增加，如果利润的净增量为负数，显然，任何一个理性的企业都不会选择购买这个服务。但是在企业经营的具体阶段，由于企业短期目标和发展战略的不同，企业对成本关注的程度也会有所差别。这里所说的关注成本型是指相对于其他类型的企业来说，它们正是出于对使用第三方物流所能带来的降低成本的预期才选择物流外包，并且对它的实现程度最为关注。

这类客户往往在市场上已经取得了一定的市场份额，其物流服务水平已经得到客户的认可。因此，这类客户关注的并不是大幅度提高客户服务水平问题，而是在现有的客户服务水平上如何降低成本。因此，在进行方案总体规划时，一个总的原则就是要在维持现有客户服务水平的基础上实现成本的控制。

2) 关注能力型

相对于前一类客户而言，成本的控制对于这类客户并不是现阶段最为迫切的任务，它们更多地关注如何通过第三方物流服务商的专业化知识和技能，提高自己的客户服务水平。高价值的产品和新开发的产品往往会出现这种情况。对于高价值的产品，由于其自身的价值高，因而对服务的追加价值的负担能力就比较强。而对于刚刚进入市场的产品，由于处于介绍期，它最重要的任务就是开拓市场，这时，企业往往需要用高水平的服务来吸引客户和潜在客户，因此它最关注的就是客户服务水平的提高。例如，一般的 IT 类产品往往采用空运方式，提高订单响应速度和客户满意度。对于关注能力型的客户，在制定物流方案时，最重要地不是如何降低成本，而是在一定的成本下如何提高物流服务水平，提高客户满意度。

3) 关注资金型

关注资金型的客户一般为中小型企业，它们有资金不足的问题，或者是比较关注资金的使用效率，它们不希望自己在物流方面投入过多的人力和物力，希望能够借助第三方物流服务商的资金能力完成物流业务。面对这类客户，第三方物流服务商应该充分展示自己在物流方面的能力和投资潜力；同时，如果能提供垫付货款或延长付款的物流服务项目，将赢得客户的青睐。

4) 复合关注型

对于复合关注型的客户来说，它们选择第三方物流服务商的动因不止一个，是对可能获得的多种利益的综合考虑。严格来讲，大多数客户选择物流外包的动因都是复合的，而第三方物流服务商制定的物流方案一般也是在综合考虑多个因素后，根据客户对各个因素的重视程度，制定的折中方案。

对外包动因的分析，决定了第三方物流服务商在设计物流方案时总的指导思想，同时，也决定了在推介方案时要重点向客户展示哪些东西。

在我国，大多数物流企业在开发物流业务时，没有对客户选择物流外包的动因进行深入分析，而往往根据自己的理解和意愿来设计方案，在介绍自己的方案时又往往没有重点和层次，这样就很难吸引客户，得到客户的认同。

2. 外包层面分析

根据决策的着眼点的不同，整个物流系统可以分成 3 个不同的层面：战略层面、策略层面、操作层面。不同层面的物流管理包含的活动内容不同，各自的侧重点也不同。表 3-1 对各层次的物流活动作了清晰的阐述。

表 3-1   各层次的物流活动作内容

物流活动	物流层面		
	战略层面	策略层面	操作层面
选址	设施的数量、规模和位置	库存定位	线路选择、发运、调度等
运输	运输方式选择	阶段性服务的内容	确定补货的数量、时间
订单处理	选择、设计订单录入系统	处理客户订单的优先准则	分配订单
客户服务	设定标准		
仓储	布局、位置选择	阶段性空间选择	供应订货
采购	制定政策	洽谈合同选择供货商	发出订单

战略层面主要是从整个企业的宏观角度考虑，关注的是长期对物流的绩效有重要影响的问题，物流决策的内容往往将在很长一段时间对企业多数部门造成影响；策略层面的影响面要小一些，侧重于物流过程的组织、计划和协调等，多涉及企业某一部门或相关部门；操作层面关注的则是具体物流活动的安排、执行和跟踪等问题，大多是由具体的工作人员实施。

企业在进行外包决策时，选择进行外包的层面会有很大不同。最完整的外包，是将 3 个层面的物流业务作为一个整体完全委托给第三方物流公司运作，在这种情况下，第三方物流服务商就应该成立一个专门的部门和专家小组来负责客户的物流方案的规划和物流运作的管理。但在实际中，这种外包的形式并不多见。目前，我国比较常见的是策略层面和操作层面的外包，其中操作层面外包占有绝对的优势。在进行这两个层面的物流方案设计时，第三方物流服务商应该成立一个项目小组来负责物流方案实施的管理活动，另外，应该注意与客户企业的相关部门进行协调与合作。

3. 外包内容分析

外包内容决定物流服务方案涉及的具体环节和活动的操作问题。对于可能的外包内容，在前面物流活动的内容中，已经作了较为全面的分析。获取客户外包内容的途径一般有两种：一种情况是客户将自己的物流需求列出来，对于物流管理比较健全的企业，一般采用这种形式；另一种情况就是客户对自己的物流需求没有明确的定义，则需要第三方物流服务商通过调研的方式来获得。在调研客户物流需求时，一般应事先准备好问题，在调研过程中，可以比较全面地了解和记录客户的物流需求。

3.3 物流方案设计

物流方案是针对企业物流和社会物流需求作出的物流服务承诺、方法、措施及建议，既是计划书又是可行性报告，更是作业指导书。因此，物流方案具有目的性、时间性、团队性、协调性、专业性和先进性。

物流方案有三种：一是指物流客户进行物流服务招标，通过物流企业投标而形成物流方案；二是物流客户提出具体物流服务要求，或是提出物流服务意向，物流企业通过分析这些具体要求和意向，针对客户的实际情况进行策划和设计物流服务方案；三是物流企业在分析研究物流市场时，发现物流市场机会，从而经过充分论证和实际考察，逐渐形成一个具体的社会物流方案。

3.3.1 第三方物流服务方案设计的要素[①]

1. 理解物流服务的基本特征

物流服务业务开发涵盖"将货物从 A 地运至 B 地"的一般、简单业务，以及"重新配置整个供应链网络及其运行"的增值、复杂的物流方案业务，其中物流服务业务开发种类繁多，物流服务业务开发组合具有多样化的特点。现代物流服务可能包括(海、陆、空、内河)运输、装卸、仓储、报关、分拣、集拼、包装、配送等。无论服务多么繁杂，总是可以被拆分成不同的、可计量的子项，供今后报价、合同、方案等调用(或组合调用)。

2. 物流服务业务开发价格管理

从无差异营销到分块营销进而实现一对一差别化营销，是现代物流服务企业商务活动的发展趋势。这就要求 CRM(Customer Relationship Management，客户关系管理)系统支持多种价格方案及策略，销售人员获得授权后引用最合适的价格编制报价单、合同，把握机会，促成交易，在保证企业收益的同时有效应对市场竞争。

3. 机会与物流服务业务开发管理

物流服务企业的销售活动兼具物流服务业务开发管理和运营管理的特点。物流服务业务开发及运营机会，是物流服务企业利润的源泉和发动机，是财富的管道入口和汇集地。销售机会的重要特征就是具有多样性和阶段性。物流服务企业可通过 CRM 系统的运作来分析目前的销售、促销和配送记录，从而把握和创造商机，进而预测和满足现在与未来客户的多样性及阶段性需求。

4. 服务请求与客服管理

客户就其权益可向客服人员进行咨询，提交问题、建议、意见，或要求补偿(索赔)。物流服务业务在出售前，是物流服务企业待销售的某项或某些服务型产品；一旦出售给客户，就转变为客户权益。客户发出的服务请求通常是客服部门的业务开端，成为推动客服部门运作的起因。物流服务企业建立客服中心，或采用专业化客服运作机制，把 CRM 理念引入服务环节，已是大势所趋。针对企业客户或个人客户，提高服务质量，做好客户关怀，提升客户满意度，是物流服务企业整体营销不可缺少的环节，是客户关系生命周期内进一步推动追加销售、交叉销售的延伸。

---

① 陈雅萍，朱国俊，刘娜. 第三方物流[M]. 北京：清华大学出版社，2013.

3.3.2 第三方物流服务方案的主要内容及所需数据

1. 第三方物流服务方案的主要内容

第三方物流服务方案的主要内容包括：①达到物流客户提出的物流服务水平，采用的物流理念和技术措施，对客户的基本承诺；②初步估算物流服务成本和报价；③确定物流仓库的地点和选址；④确定运输路线、车队的管理模式，以及运输车辆的控制方法；⑤确定服务模式；⑥物流方案实施的时间进度安排。

物流方案建议书是对物流方案初步研究的结果，也是第三方物流服务商对物流客户提供的物流服务总体规划的说明。物流方案建议书要求主题明确、结构清楚、逻辑性强，有一定的说服力。

2. 第三方物流服务项目设计所需数据

第三方物流服务项目设计一般需要以下数据。

(1) 产品线中所有产品的清单。

(2) 顾客、储存点和供货点的位置。

(3) 处于不同位置的顾客对各种产品的需求情况。

(4) 运输费用、货运成本。

(5) 送货时间、订单传送时间和订货履行情况。

(6) 仓储费率或仓储成本。

(7) 采购生产成本。

(8) 不同地点、不同产品的库存水平，控制库存的方法。

(9) 订货的频率，以及订单的规模、季节性特点。

(10) 订单处理成本及产生订单处理成本的环节。

(11) 现有设备及设施处理能力。

(12) 资金成本。

(13) 顾客服务目标。

3.3.3 第三方物流方案优化的原则

对第三方物流方案实施效果的评价只能在实践中得以体现，而实际的物流系统总是存在于一个不断变化的市场环境中，增大了第三方物流优化方案适应市场环境的难度，也意味着第三方物流方案不可能是一成不变的，需要在运行过程当中进行必要的改进。在对第三方物流方案提出修改建议时，不仅要求数据获取的检测方法、模型结构和算法能够适应市场环境变化，还要结合物流的目标特点对物流优化的整体方案进行必要的修正。第三方物流方案优化应该遵循以卜原则。

(1) 目标是定量可测的。在优化方案时，首先要设定目标，这个目标必须是定量的和可测评的。要优化某个事情或过程，就必须确定怎样才能知道目标对象已经被优化了。使用定量的目标，客户使用计算机就可以判断一个物流方案是否比另一个更好。例如，一项送货作业可能被确定的目标是"日常分摊的资产使用成本、燃料和维修成本，以及劳动力成本之和最小"。这些成本目标既是定量的，也容易测定。

(2) 模型必须忠实反映实际的物流过程。建立模型是把物流运营要求和限制条件翻译成计算机能够理解和处理的语言。如果模型不能忠实地反映装载的过程，则由优化系统给出的装车解决方案要么无法实际执行，要么在经济上不合算。

(3) 数据必须准确、及时和全面。数据驱动了物流系统的优化过程。如果数据不准确，或有关数据不能够及时地输入系统优化模型，则由此产生的第三方物流方案就是值得怀疑的。对必然产生可操作的物流方案的物流优化过程来说，数据也必须全面和充分。

(4) 系统集成必须全面支持数据的自动传递。因为对物流系统优化来说，要同时考虑大量的数据，所以，系统的集成是非常重要的。例如，要优化每天从仓库向门店送货的过程就需要考虑订货、客户、卡车、驾驶员和道路条件等数据。人工输入数据的方法，哪怕是只输入很少量的数据，也会由于太花时间和太容易出错而不能对系统优化形成支持。

(5) 优化的方案要便于执行、管理和控制。由物流优化技术给出的解决方案，除非现场操作人员能够执行，管理人员能够确认预期的投资回报已经实现，否则就是不成功的。现场操作要求指令简单明了，要容易理解和执行。管理人员则要求有关优化方案及其实施效果在时间和资产利用等方面的关键指标信息更综合、更集中。

(6) 选择合适的算法。不同物流优化技术之间最大的差别就在于算法的不同。有了合适的算法，借助于计算机的过程处理方法通常能够找到最佳物流方案。关于物流问题的一个无可辩驳的事实是每一种物流优化技术都具有某种特点。为了在合理的时间段内给出物流优化解决方案就必须借助于优化的算法来进一步开发优化技术。

(7) 商务过程要支持优化并具有持续的改进能力。物流优化需要应对在运营过程中出现的大量的问题。物流目标、规则和过程的改变是系统的常态。所以，不仅要求系统化的数据监测方法、模型结构和算法等能够适应变化，而且要求能够捕捉机遇并促进系统变革。如果不能在实际的商务运行过程中对物流优化技术实施监测、支持和持续的改进，就必然导致优化技术的潜力不能获得充分的发挥，或者只能使其成为"摆设"。

(8) 投资回报必须是可以证实的。第三方物流方案的优化要求大量的技术和人力资源投入。要证实物流系统优化的投资回报率，必须做到两件事情：一是诚实地估计全部的优化成本；二是将优化技术给出的解决方案逐条与标杆替代方案进行比较。

3.3.4 第三方物流方案优化的基本理论

1. 规划论

规划论也称数学规划，普遍将它看做运筹学的一个分支。它主要是应用数学方法来研究计划管理工作中有关安排和优化的问题。一般可以归纳为在满足既定的要求下，按某一衡量指标来寻求最优方案的问题。

根据问题性质和处理方法的不同，数学规划学科又出现了许多新的分支。除去线性规划之外，还有非线性规划、整数规划、分数规划、组合规划、随机规划、动态规划、模糊规划等。

应用规划论进行物流优化的典型例子是运输问题，将数量和单位运价都是给定的某种物资从供应处运送到消费处，要求在供销平衡的同时定出流量与流向，使总运输成本最小。规划论还可以解决如合理选址问题、车辆调度问题、货物配装、物流资源指派问题等。

2. 排队论

排队论又称随机服务系统理论，是指通过对服务对象到来及服务时间的统计研究，得出这些数量指标(等待时间、排队长度、忙期长短等)的统计规律，然后根据这些规律来改进服务系统的结构或重新组织被服务对象，使得服务系统既能满足服务对象的需要，又能使机构的费用最经济或某些指标最优。

排队论广泛应用于计算机网络、生产、运输、库存等各项资源共享的随机服务系统。在物流方案中。例如，机场跑道设计和机场设施数量问题，如何能既保证飞机起降的使用要求，又不浪费机场资源；又如，码头泊位的设置和装卸设备的购置，如何达到既能满足船舶到港的装卸要求，又不浪费港口资源；再如，仓库报关员、物流机械维修人员等的聘用数量问题，如何达到既保证仓储保管业务和物流机械的正常运转，又不造成人力浪费等。这些问题都可以运用排队论方法加以解决。

3. 库存论

库存论关心的问题是对存货的科学管理，故又称存储论。描述一个存储系统主要包括3方面的内容：存储状态、需求和补充。存储状态是指存货随着时间的推移而发生的盘点数量的变化；需求是系统的输出，它可以有不同的形式，包括连续需求、间断需求、已知的确定性需求和随机需求等；补充是系统的输入，补充策略是根据系统的目标和需求方式来确定的。

在确定存储策略时，首先把实际问题抽象为数学模型，在形成模型的过程中，对一些复杂的条件尽量加以简化，前提是模型能够反映问题的本质，然后对模型用数学的方法加以研究，得出结论，这结论是否正确，还要拿到实践中加以检验。一些行之有效的模型，大体上可分为两类：一类为确定性模型，即模型中的数据参数皆为确定性的数值；另一类为随机性模型，即模型中含有随机变量，而不完全是确定性的数值。

衡量一个存储系统的管理水平通常有两类指标：存储系统的服务质量和存储系统在一段时间内发生的费用。存储系统的服务质量主要是指系统出现缺货现象的概率，为了减少缺货现象、避免缺货损失，系统通常要有较高的存储准备，这无疑会增加系统的存储费用。而存储系统欲实现其利润极大化或费用极小化，只有通过控制存储量来保证系统发生的各项费用总和最小，即协调影响系统状态各因素之间的关系，找到最佳的存储策略，使得各相关费用之和达到最小值。因此，求解存储系统的问题可归为在达到一定服务质量的要求下确定补充策略，使系统发生的存储相关费用最小。

4. 博弈论

博弈论也叫对策论，最初是运用数学方法研究有利害冲突的双方在竞争性的活动中是否存在制胜对方的最优策略，以及如何找出这些策略等问题。在这些问题中，把双方的损耗用数量来描述，并找出双方最优的策略。博弈论的发展，考虑有多方参加的竞争活动，在这些活动中，竞争策略要通过参加者多次的博弈才能确定。博弈论是一种定量分析的方法，可以帮助寻找最佳的竞争策略，以便战胜对手或者减少损失。

在市场经济条件下，物流业充满了竞争。如因为物流供需联盟中企业出于自身利益、生存和发展方面的考虑，以及"经济人"的自利倾向，使得第三方物流企业与物流需求企业之间存在博弈，这就需要用博弈论去解决。

5. 解析方法、启发式方法与仿真方法

在物流优化研究中，主要以系统理论思想为基础，采用多种方法相结合的手段。物流优化方法应当能支持物流优化研究的内容，并根据具体问题，考虑采用相应的方法。

可以有不同的方法来规划、设计一个物流系统，使其达到整体目标最优的要求，归纳起来有解析方法、启发式方法和仿真方法。

所谓解析方法，是指像线性规划、运输问题、动态规划那样能通过对模型的解析求出最优解的方法。由于能求得模型的最优解，解析方法是最有说服力的一种分析技术。另外，在条件变化时能对所求解进行灵敏度分析，这也是它的优点。但是现实的物流问题往往是非常复杂的，仅用解析方法往往不足以表现物流活动的全貌。另外，为了分析和求解的方便，在建模时往往作出一些假设，这样就会影响结果的准确性。

启发式方法能对现实问题进行较为全面的描述，在有效的时间内得到满意解，但不能保证是最优解。该方法具有很好的可操作性，并且由于启发式原则符合人们的思维，很容易被决策者接受。但启发式方法通常只适用于求解某一类特定的问题，并且解的性能难以保证。因此，通用性、稳定性以及较快的收敛性是衡量启发式方法优劣的主要标准。

物流系统的仿真是指将成本、运输方式与运输批量、库存容量与周转等要素以合理的数量关系加以描述，编写计算机程序进行仿真，通过对仿真结果评估分析，选出最优的方案。由于仿真方法是通过对现实物流系统的模仿来选择最佳方案，因此，严格来说，该方法是一种实验技术。对于大型、复杂、多元的物流问题，仿真是一种有效的工具。仿真方法的难点在于仿真模型的建立及其构成的理论依据、程序的设计和调整以及仿真结果的整理等工作。

3.3.5　第三方物流方案的持续改进

第三方物流强调的是物流服务商与委托方之间长期的合作关系，因此物流服务方案的设计不是一个静态的行为，而是一个动态的过程。因此，第三方物流服务需要持续改进。

1. 物流服务持续改进的意义

物流服务作为一种产品，同样存在更新换代的问题。持续改进服务的能力对于第三方物流企业的成功具有重要的意义。具体表现为以下两点。

(1) 建立长久的客户关系。第三方物流企业在同客户的合作过程中，不断地利用自己的专业或优势，为客户改进物流服务，以提高服务质量，降低成本，使客户能够不断地获得第三方物流服务商的专业化服务带来的效益。因此，强化了双方的信任。

(2) 持续改进能力可以作为重要的竞争手段。像产品创新可以作为重要的竞争手段一样，第三方物流服务商的持续改进服务，可以不断提出差异化的服务产品，以区别于竞争对手，形成竞争优势。

2. 物流服务持续改进的内容

物流服务持续改进的内容是多种多样的，既有局部的完善，也有整体的重组；既有设施、设备的改进，也有系统的更新；既有项目内部的改善，也有物流服务项目的延伸。在特殊情况下，物流项目的持续改进还表现为全新的物流服务项目的开发。

对应于以上 3 种情况，可以将物流服务的持续改进划分为内涵型、外延型和开发型 3 种主要类型。

1) 内涵型持续改进

内涵型持续改进是 3 种形式中最常见的一种。它是对现有物流系统的内部完善。根据改变的程度和产生的影响，一般将内涵型持续改进划分为系统局部的完善和物流流程的重组两类。系统局部的完善是指对物流服务的某些环节进行改进，产生的影响一般也是在局部范围内，如包装材料或包装方式的改变、运输跟踪体系的完善、仓库库位管理的科学化等。物流流程的重组一般会对物流服务的系统进行重新设计，其影响将是全局性的。

2) 外延型持续改进

外延型持续改进是指在原有服务的基础上拓展新的服务内容。根据拓展方式的不同，外延型持续改进可划分为广度延伸和深度延伸两类。广度延伸是指在物流服务的环节上进行延伸，如由一般的仓储管理向运输、仓储一体化发展，货代业务向综合物流业务发展等，都体现为物流服务环节的增加。物流服务环节的增加，意味着第三方物流可以整合的内容增多，优化的空间增大，通常会比原来的服务取得更好的效果。深度延伸是指在物流服务的一个项目或环节上进行深化，往往表现为提供一些新的增值服务项目。例如，在一般仓储管理的基础上，对货物的进出进行统计，提供市场预测和库存计划的依据，就属于深度延伸。

3) 开发型持续改进

开发型持续改进是指开发出全新的物流服务项目。开发型持续改进是所有的物流服务持续改进类型中最难的一种，它是针对客户企业物流系统中存在的特殊问题进行物流服务的创新，所以一般没有可以借鉴的经验。

3. 持续改进的过程

持续改进是一种基于 PDCA[计划(Plan)、执行(Do)、检查(Check)、纠正(Action)]循环的系统化问题解决方法。改进通常是阶段性的，需要观察每个阶段各个过程的整体效果，而不是分散进行的。具体步骤如下。

【拓展文本】

(1) 识别物流方案改进机会。这一阶段的目标是发现已有物流方案的瓶颈，并进行改进。在物流方案的实施过程中，要敏锐地发现已出现的问题和可能出现的问题，并及时完善修改。

(2) 评价需改进的方案。这一阶段的目标是选择有挑战性的问题及确定改进的指标。重点就是把需改进方案的具体指标细化，并确定改进的具体目标。

(3) 分析需改进方案在应用过程中存在的问题。这一阶段的目标是充分利用有关工具和方法找出问题的原因。

(4) 采取措施。计划并采取适当措施解决存在的问题。

(5) 确认改进的结果。评价采取的措施是否达到了目标。

(6) 改进方法标准化。这一阶段的主要目标就是确保新方案的服务水平得到维持，将已经改进的方案通过制定管理流程图、程序、制度、标准等成为物流系统的一部分。

(7) 为下一阶段的改进制订计划。主要针对遗留问题制订计划并评价其效果。

4. 物流方案持续改进的保障措施

1) 树立持续改进的观念

对于第三方物流企业来说，首先要树立持续改进的经营和管理理念。有一些物流公司，其技术实力和管理水平并不低，但很少对自己的服务进行持续改进，原因就在于它们还没有形成这样一种意识和氛围。

2) 建立服务缺陷反馈机制

所谓持续改进，主要是针对物流服务中不完善的环节而言的。因此，如何在工作中发现问题就成为持续改进的关键。因此，要实施持续改进的管理模式，就必须建立服务缺陷反馈机制。

3) 建立持续改进推进技术小组

发现问题只是第一步，接下来的就是解决问题。对于一般性问题，通过部门经理就可以解决，但是对于比较复杂的技术性问题，解决的难度就很大，一般需要专门的技术小组来解决。以华润物流为例，它有专门的专家队伍负责物流项目的策划和持续改进工作。

4) 通过绩效评估持续改进

要彻底推行持续改进的管理模式，还必须将持续改进纳入对项目实施的绩效评估中去，从而激发管理人员和实施人员推行持续改进的积极性。

本 章 小 结

物流管理的具体实践中，一般可分为(Key Activities)和支持性物流活动(Support Activities)。关键物流活动包括客户服务、运输、库存管理、信息流动和订单处理；支持性物流活动包括仓储、物料搬运、采购、保护性包装、与生产/运作部门合作、信息维护。

常见的第三方物流服务分为运输和配送服务、仓储服务、信息服务、增值服务和总体策划与设计五大类。

物流服务方案的设计包含以下四个步骤：①确定物流服务的内容；②进行客户需求分析；③物流服务方案的具体设计；④物流服务方案的优化及改进。

第三方物流需求的影响因素包括：原有物流系统的限制、企业抵制变化的惰性、对第三方物流服务缺乏认识、企业惧怕丧失控制和商业机密外泄、物流外包的复杂性以及我国第三方物流服务商物流服务能力不够、第三方物流服务的效果评价不确定性等几个方面。

层次分析方法是一种简单易行的物流需求分析方法。在层次分析法中，将物流外包分为外包动因、外包层面、外包内容三个层次分别予以分析。

第三方物流服务方案设计的要素包括：①理解物流服务的基本特征；②物流服务业务开发价格管理；③机会与物流服务业务开发管理；④服务请求与客服管理。

第三方物流服务方案初步研究的主要内容有：达到物流客户提出的物流服务水平，采用的物流理念和技术措施，对客户的基本承诺；初步物流服务成本和价格估算；确定物流仓库的地点和选址；确定运输路线、车队的管理模式以及运输车辆的控制方法；确定的服务模式；物流方案实施的时间进度安排。

第三方物流服务设计所需数据包括：①产品线中所有产品的清单；②顾客、储存点和供货点的位置；③处于不同位置的顾客对各种产品的需求情况；④运输费用、货运成本；⑤送货时间、订单传送时间和订货履行情况；⑥仓储费率或仓储成本；⑦采购生产成本；⑧不同地点、不同产品的库存水平、控制库存的方法；⑨订货的频率、订单的规模、季节性特点；⑩订单处理成本以及产生订单处理成本的环节；⑪现有设备及设施处理能力；⑫资金成本；⑬顾客服务目标。

第三方物流方案优化的原则包括：①目标是定量可测的；②模型必须忠实反映实际的物流过程；③数据必须准确、及时和全面；④系统集成必须全面支持数据的自动传递；⑤优化的方案要便于执行、管理和控制；⑥选择合适的算法；⑦商务过程要支持优化并具有持续的改进能力；⑧投资回报必须是可以证实的。

物流服务持续改进的内容是多种多样的，可以将物流项目的持续改进划分为内涵型、外延型和开发型三种主要的类型。

习　题

一、名词解释

关键物流活动　支持性物流活动　多式联运　一站式运输服务　配送　仓储管理　库存管理　包装　延迟处理　JIT 制造　零件成套　货运付费　第三方物流需求　开发型持续改进　内涵型持续改进　外延型持续改进　PDCA 循环

二、选择题

1. 基于层次分析方法的物流需求分析方法从（　　）予以分析。
　　A. 外包动因　　　B. 外包层面　　　C. 外部风险　　　D. 外包内容
2. 物流项目的持续改进划分为（　　）。
　　A. 内涵型　　　　B. 外延型　　　　C. 开发型　　　　D. 创新型
3. 描述一个存储系统需要涵盖的内容有(　　)。
　　A. 存储状态　　B. 补充　　　　　C. 时间　　　　　D. 需求
4. 物流方案优化的原则是(　　)。
　　A. 目标定量可测　　　　　　　B. 模型反映实际物流过程
　　C. 数据准确　　　　　　　　　D. 算法恰当
5. 衡量启发式方法的主要标准有(　　)。
　　A. 通用性　　　　B. 虚拟性　　　　C. 稳定性　　　　D. 较快的收敛性

三、简答题

1. 物流服务方案设计包含哪些步骤？
2. 第三方物流服务包括哪些内容？

3．物流系统设计的一般程序有哪些？

4．第三方物流涉及哪些增值服务？

5．第三方物流的客户需求分析可能服务的对象是谁？

6．对客户物流需求的分析可以从哪几个层面来进行？

7．第三方物流企业可以通过哪些方法保障物流服务的持续改进？

 案例分析

中邮物流为某轿车企业提供的备件物流服务

1．合作背景

该轿车企业是国内知名的大型轿车生产厂商之一。年产 15 万辆轿车和 20 万台发动机，2006 年其规模扩大至年产 30 万辆轿车和 40 万台发动机。该公司坚持"以市场为导向、以质量为基础、以管理为载体、以效应为目的"的方针，倡导"忠诚、务实、拼搏、创新"精神，努力实现"打造中国家用轿车第一品牌"的远景目标。目前已在全国建立了约 300 家销售服务网点，形成覆盖全国的销售、服务、信息及物流四大网络。

公司物流组成基本情况，包括备件物流、供应商物流和整车物流。其备件物流是指从其备件中心库向全国 197 个城市 267 个特约服务站的汽车备件配送；供应商物流是指全国 226 个供应商向该公司(武汉)总装线及备件库的备件供应；整车物流是指汽车成品向客户及销售服务站的送货。2003 年 9 月初，该公司委托中邮物流为其提供备件物流"门到门"运输服务。中邮物流公司承诺，根据双方合作的服务进程及服务规模，将在备件运输上帮助该公司降低物流成本，并提高运输服务质量。

2．该轿车企业备件物流需求分析

1) 轿车备件物流需求特点

通过对轿车备件物流需求特点的分析，可以认为轿车备件物流一般具有以下一些共同特征。

(1) 备件品种多，运输批量小，需求分布广。

(2) 需求量地区分布不稳定，且时效要求高。

(3) 备件的装卸及运输过程专业化要求高，个性化要求强。

(4) 紧急情况下快速反应和服务质量要求高。

2) 该公司轿车备件物流需求分析

(1) 产品安全服务要求。根据该公司提供的产品资料显示，备件产品品种繁多，体积各异，重量从 0.1～500 公斤不等，有异型货，外包装有纸箱、木箱、托盘，内包装有塑料盒、玻璃盒、纸盒，在运输过程中需要防潮、防压、防震。

(2) 区域覆盖能力要求。目前该公司设有 1 个配件中心库房，直接辐射全国 197 个城市的 267 家服务站。

(3) 时限要求。备件物流分普通订单和紧急订单。按照距离远近，普通订单时限一般 2～7 天，紧急订单时限一般 1～3 天。

(4) 服务深度要求。提供"门到门"的物流服务，完成从托运方备件中心库提货至收货人全程运输。

(5) 运输渠道要求。如公路运输、铁路运输、航空运输。

(6) 信息服务要求。依托信息系统，提供及时方便的货物签收查询服务。

(7) 提供24小时的全天候准时服务要求。保证托运方备件中心库发货人员及各地维修站业务人员、项目组相关负责人员的通信24小时畅通；中邮项目组接到发货指令后安排车辆；保证普通件在60分钟内到仓门待命；紧急件20分钟内到仓门提取。

(8) 多项服务项目要求。根据该公司备件运输需要，中邮物流依托自身的网络和综合服务优势，需要提供包括快车直投、零担货运、航空快件、铁路快件等多种服务形式。

3. 服务目标

(1) 借助邮政物流强大的网络覆盖能力，优化资源配置，降低该公司备件物流整体运营成本，实现双赢。

(2) 实现备件运输、配送的快捷、安全、准时到达。

(3) 维持、提升售后服务质量。

(4) 加强运输过程的信息化管理。

4. 该公司市场化选择备件运输物流服务商的基本做法

首先通过多种方式对备选物流服务商的资信、网络、业务能力等进行周密的调查，并通过一段时间的试运行确定几家服务商。之后按组每月、季、年进行考评，并根据考评结果，调整各家物流服务商的服务区域范围。主要考核以下内容。

(1) 运输周期：从接货发运至收货人签收的全过程运输，是否达到规定时间的要求。

(2) 信息反馈：网上签收信息必须及时准确。

(3) 单证资料：要求制作的各种物流单据准确、规范、无误。

(4) 财务结算：要求月末准确列出所结算的报表。

(5) 货物安全：本月是否出现货损、货差、水渍等事故。

(6) 客户投诉：如果服务商考评期内客户投诉率超过规定，将被取消该区域的服务资格。

5. 服务方式

1) 实行项目经理负责制

成立项目组，采用项目经理负责制，严格规范操作流程。针对该公司轿车备件物流的特点，为确保满足来自此项目多方面的需求，中邮物流成立了专门的项目组负责该汽车备件部联络沟通，协调项目运作，并全权负责项目的运行、服务、改进和监督。

2) 建立质量保障服务体系

为了保障该物流项目的正常运作，中邮物流从质量、常规安全保障、紧急情况处理和异议处理几个方面制定保障措施。

(1) 服务质量承诺：配送准时率95%；物品完好率99.7%；配送签收信息反馈率95%；客户满意率98%。

(2) 常规安全保障。

① 发货安全保障：中邮物流提供代包装服务，除此之外，丰富的内部作业组织管理经验和能力，以及对作业全过程的有效监控，使汽车配件的发货安全得到充分保障。

② 运输安全保障：中邮物流车型种类齐全，备有3～20吨的各种汽车，火车车厢内有

专人负责看护，使货物在防雨、防水、防盗等方面得以保证。所以，中邮物流有能力按要求将各种备件产品迅速、准确、安全、方便地运到各维修服务站。

③ 人员保障：中邮物流拥有经验丰富的司机队伍、固定的运输线路、严格的运输载货标准，并总结整理出一套切实可行的规章管理制度。多年的长途运输经验是中邮物流无重大交通事故的根本保障。

中邮物流可以为该公司备件运输提供代办运输全程险服务、应急保障服务。多年以来，邮政肩负着保障通信畅通的重要社会职能，有着完备的应急保障制度和丰富的处理经验，并且在特殊时期享受政府的特殊政策支持，并且对于协议客户仍然按照已签订的协议价格执行。

6. 为该公司带来的服务价值

(1) 对普通订单的处理从原有的同路向需拼整车发运的方式，改为不需拼整车，随发随走，使普通订单的处理时限由原平均 4～5 天，降为 2～3 天。

(2) 通过对现有邮政物流专线和邮政大网邮路的合理利用，降低了客户紧急件的发运比例，从而在整体上为客户节约了近 5%的物流成本。

(3) 在所服务的区域内，通过提供"门到门"、多种形式的综合服务，改变了过去客户一家对多家物流服务商的局面，降低了管理难度，简化了客户工作程序，提高了工作效率。

(4) 定期货物流量流向统计服务。依靠物流信息管理平台，中邮物流能够定期为该公司提供货物流量、流向等信息的统计和反馈，为客户改善企业内部物流管理提供可靠依据。

(5) 由于邮政车辆进城有不受时间限制的便利条件，使得各地维修服务站由原来的必须晚上留人接收备件方式，改为上班时间也可以接收，获得各地维修服务商的好评。

7. 下一步方案设想

利用邮政网络优势，在华东、华南、华北(占总发货量的 80%以上)等汽车维修服务商较为集中的区域分别设立备件仓储大区中心，好处是：①加快了订单的反应时间；②降低了订单的配送成本(由原中心库发至维修服务站转为由大区中心辐射周边维修服务站)；③可以快速集中收取该供应商备件，集散后利用大运量工具发往武汉，降低了备件供应的运输成本。

(资料来源：沙洛. 中邮物流为某轿车企业提供备件服务案例[J]. 物流技术，2005(8)：97-99.)

思考：

1. 中邮物流为该轿车企业提供了哪些物流服务？

2. 中邮物流进行了哪些方面的需求分析？

3. 提供的方案是否有可以改进的地方？

第4章 第三方物流客户服务

【本章教学要点】

知识要点	掌握程度	相关知识
物流客户服务的含义	理解	客户服务与客户关系管理、物流客户服务、物流第三方物流客户服务的内容和特点
物流客户服务的影响因素	掌握	外部影响因素、内部影响因素
物流客户服务的原则	熟悉	物流和原则
物流客户服务的评价	熟悉	可得性、作业绩效、可靠性

【关键词】

第三方物流客户服务，增值服务，信息服务，成本，可得性，作业绩效，可靠性，客户关系管理

 导入案例

浙江网仓科技有限公司为电商企业提供专业的仓配拣一体化服务。公司建立了 1 万平方米的仓配一体化中心，借助网仓科技自主研发的智能仓储管理系统，电商企业只需通知生产企业把货发到仓库，通过与天猫、淘宝等大型电商平台直接对接的数据软件系统，网仓提供包括验货、上架、拣选、包装、配送、退换货等一体化服务。网仓还与快递企业合作，在仓配一体化中心特别规划建设了自动分拣流水线及高效建包中心，货物在出仓前就已经完成分拣及包装，快递企业接货后不用再分拣，可直接进入干线配送，为电商企业有效节约了仓储和快递成本。杭州有 22 家快递企业参与仓配一体化试点项目，集聚600 余家网商，自试点开展以来，初步统计有 3 600 多万件快递由分散寄件改为集中寄件，降低快递成本 20%左右。"我们现在采用的网仓 2 号管理系统，实现了完全自动化的分拣，哪个包裹该到哪个流水线，送到哪里都是系统操控的。而且系统对整个仓库有一个最优路线规划，拣选人员怎样操作用时最短，效率最高，系统都有提示。"浙江网仓科技有限公司市场经理赵磊告诉记者，在拣选方面效率至少提高了 40%。传统电商仓库打包时需要三个步骤：清点、包装、核对。网仓科技则把三个人的步骤完全合成一个人的步骤，由于快递订单和托盘是绑定的，员工只需要扫描托盘上的条形码，这个包裹所有的信息都可以显示到计算机屏幕当中，这样扫描的过程就是一个核对的过程。通过该方法可以减少两个人的人工成本，效率可以至少提高一半，差错率降到最低，只有万分之一。

目前，网仓已在广东、河北、四川等各地设立 11 个分仓，未来两年，将完成对全国电商战略要地的布局。"我们要把网仓做成一个生态化的系统，有四个体系：一是网仓，专门做系统；二是网配，干线物流；三是网柜，智能快递柜；四是网建，建仓，做仓库规划和设计。"赵磊说道。

数据显示，2016 年"双十一"期间，网仓科技体系下 12 个仓库(不包括跨境电商仓库)参与"双十一"活动发货，多仓联动作战，3 天不到时间即完成 320 万个订单的发货量，并且未出现爆仓现象，如此强大的分拣配送功能为 ARTKA 阿卡等销售量极大的"淘品牌"解决了后顾之忧。

(资料来源：http://www.chinawuliu.com.cn/xsyj/201604/12/311204.shtml.)

思考：
网仓科技有限公司为客户提供哪些物流服务?

物流客户服务作为第三方物流企业获取竞争优势的重要手段，其好坏直接影响到第三方物流企业的最终赢利。本章首先阐述了第三方物流客户服务的含义；然后分析了第三方物流客户服务的外部和内部影响因素，明确第三方物流客户服务的目的和原则；最后从可得性、作业绩效、可靠性 3 个方面对第三方物流服务进行评价，最后分析了第三方物流客户关系管理。

4.1　第三方物流客户服务的含义

【拓展文本】

4.1.1　客户服务与物流客户服务

1. 客户服务

对于客户服务(Customer Service)的定义，美国著名管理学家伯纳德·拉·隆德(Bernard La Lalongde)和保罗·金斯哲(Paul Zinszer)等人认为："客户服务是一种活动、绩效水平和管理理念。"[①] 把客户服务看做是一种活动，意味着对客户服务要有控制能力；把客户服务看做是绩效水平，指明客户服务是可以精确测量的；把客户服务看做管理理念，强化了市场营销以客户为核心的重要性。

我国华中科技大学徐章一则把客户服务定义为：在合适的时间(Right Time)、合适的场合(Right Place)，以合适的价格(Right Price)，通过合适的方式(Right Way)，为合适的客户(Right Customer)提供合适的产品和服务(Right Product or Service)，使客户合适的需求得到满足(Right Want)，价值得到提高的活动过程。

另外，也有不少学者认为客户服务主要是指发生在买方、卖方、第三方之间的活动，这种活动会导致产品或服务价值链的增加。

由此可以得出，客户服务是一种活动过程，是以客户为对象，通过合适的手段方式使得价值利益增加。这种活动可能是短期一次性的交易，也有可能是中长期的协议合作关系。客户服务的目标是在维持对现有顾客服务的基础上，挖掘和开发潜在的顾客服务。

2. 物流客户服务

所谓物流客户服务(Logistics Customer Service)，就是指物流企业为客户提供的各种物流方面的服务，是按照客户的要求而开展的运输、仓储、配送、流通加工、信息服务、增值服务等各项活动，以及任何一项活动可能出现失误时的补救措施。它涉及企业从供应到生产再到销售的所有领域。

从过程管理的观点来看，物流客户服务是通过节省成本费用为供应链提供重要的附加价值的过程。客户服务对第三方物流企业不仅赢得新客户，留住老客户也至关重要。正如本德尔(Bender)所说，开发新客户比留住现有客户的成本平均高出约6倍。因此，从财务管理角度上看，投资于老客户服务活动比投资新顾客的活动回报率更高。

从物流角度来看，客户服务是一切物流活动或供应链流程的产物，服从于企业物流战略，并且与物流营销策略一起构成了物流战略的基本内容，是物流企业物流战略的具体表现。客户服务水平的高低直接决定了物流企业能否留住现有客户及吸引潜在客户的能力，直接影响企业所占市场份额和物流总成本，并最终影响着企业的赢利能力。

---

① BJ Lalongde, PZ Zinszer. *Customer Service: Meaning and Measurement* [M]. Chicago: National Council of Physical Distribution Management, 1976.

4.1.2 物流客户服务的目的

第三方物流应以提升客户满意度来要求客户服务中心的工作，因而客户服务各项工作应始终围绕"以合适的成本为客户提供高效、全面优质的服务，最大限度地保障客户的利益"的服务理念展开。优质的服务可以为企业赢得良好的口碑，通过优质高效的服务，与客户建立良好的信任关系，从而实现企业与客户的双赢。

1. 降低客户成本

物流客户服务的首要目的就是在合适的成本下向客户提供服务。所谓的合适，对于客户来说当然是越低越好；对于第三方物流来说，主要的目的就是降低客户的物流成本。物流成本按其功能要素可分为运输、存储、装卸搬运、流通加工、配送、包装和物流信息及管理成本。

降低物流成本是一项综合性系统工程，如物流系统投资的最小化、运输和仓储的合理化、选择适时供给的办法和物流服务等。第三方物流通过专业化、一体化的物流服务帮助客户建立并运作其物流系统、优化其物流管理战略，从而降低物流成本以更好地适应市场需求的变化，提高客户的竞争力。可是由于成本和客户服务质量水平的"效益背反"定律，成本的降低意味着服务质量的降低。这是对第三方物流的一项挑战，要研究物流成本与提高客户服务质量之间的关系，掌握物流能力与关键客户的期望和需求相适应，在达到高度的可得性、作业表现和可靠性的前提下，策划和选择物流实施方案，如存储方案的选择、运输方式的选择、运输线路的优化、配送方式与线路的选择等，以最低的成本满足社会物流需求。

以存储成本为例，一方面，客户企业可以减少或者取消仓库管理费、存货管理费及人员工资等，以降低资金的占用；另一方面，第三方物流企业具备的规模优势、人才优势、专业优势等最终转化为较低的作业成本，而供货的及时性也使企业大大降低了存货水平，存储成本显著降低。

2. 提供全面优质的客户服务

提供全面优质的客户服务是第三方物流的第二个目的。"优质客户服务"从字面上解释就是要向客户提供最优质、最上乘的服务。但是向客户提供服务，并不止是单纯的机械式动作而已，最重要的是在为客户服务的过程中，使其能有快乐、满足的感觉。只有感到满意的客户，才有可能成为长期的客户。

1) 提供高效的服务

如今，"服务效率"已成为企业竞争的关键，因为高效的客户服务能提高企业应对竞争对手、顾客和技术等环境变化的能力，迅速响应市场环境变化，进而主动影响市场环境变化。组建一支高效的物流客户服务团队，提高企业管理水平，充分应用现代信息技术是第三方物流能够实现向客户

【拓展文本】

企业提供高效的客户服务的重要手段。

2) 制定可靠性与灵活性相结合的客户服务

物流服务的可靠性是指物流企业在正常情况下的物流服务能力，也称为物流服务的稳

定性；物流服务的灵活性是指处理异常顾客服务的能力，这种能力直接关系到在始料不及的情况下，如何妥善处理问题。企业需要灵活作业的事件有：修改基本服务安排，如一次性改变装运交付的地点；支持独特的销售方案；新产品的引入；产品逐步停产；供给中断的产品回收；特殊市场的定制或顾客服务层次，如定价组合或包装等。在许多情况下，物流优势的精华就在于灵活应变之中。一般来说，企业的整体物流能力取决于在适当满足关键顾客的需求时所拥有的"随机应变"的能力，但这种能力必须有一定的可靠性，没有可靠性的物流灵活性是没有生命力的，因为顾客通常讨厌意外事件，如果能够在事前收到有关信息，就能够及时对缺货或延迟递送等意外情况进行调整。

3) 制定多样化客户服务

随着顾客业种和业态的多样化发展，顾客需求的个性化趋势表现得越来越明显，因此，面对顾客多种多样的需求，制定多样化的物流服务组合是十分必要的。如今，对顾客提供统一物流服务的企业很多，这不利于物流服务的效率化。物流服务对于企业来讲也要考虑有限企业资源的合理配置，也就是说，在决定企业物流服务时，应根据顾客的不同类型，综合考虑自身的状况，采取相应的物流服务。

4) 制定差异化客户服务

企业在制定物流服务要素和服务水平时，应当保证服务的对比性——与其他企业的物流服务对比，具有自己鲜明的特色，即差异化的服务。差异化服务是第三方物流企业面对较强的竞争对手而在服务内容、服务渠道和服务形象等方面采取有别于竞争对手而又突出自己特征，以战胜竞争对手，在服务市场立住脚跟的一种做法。目的是要通过服务差异化突出自己的优势，与竞争对手相区别，从而赢取更多的客户。

3. 简化交易

第三方物流的存在就是为了替客户简化交易。依靠现代信息技术，第三方物流提高了运输、存储、装卸搬运、配送、包装的自动化水平，实现物流各个环节的一体化，以更为专业、先进的服务大大简化了买卖双方客户企业间的交易结构和流程，使得客户企业间的协调和合作在短时间内迅速完成。

特别是网络技术的介入，大大简化了物流作业的时间，对物流服务的速度提出了更高的要求，因为任何一个有关物流的信息和资源都会通过网络管理在几秒钟内传到有关环节，客户企业可以随时随地掌握第三方物流的服务状况。

以经营配送中心的第三方物流为例，客户只需要从配送中心一处订购就能达到向多处采购的目的，只需组织对一个配送单位的接货便可替代现有的高频率接货，因而大大减轻了客户的工作量和负担，也节省了订货、接货等一系列费用开支。

4. 促进客户企业核心业务的发展

第三方物流的另外一个目的就是促进客户企业核心业务的发展。企业利用第三方物流，既能使企业更好地集中有限的人、财、物实现资源的优化配置，集中于核心业务，进行重点研究，发展基本技术，开发出新产品参与市场竞争，同时又能够获益于第三方物流提供的专业化服务，扬长避短，使得企业和第三方物流各自的优势得到强化。

4.2 第三方物流客户服务的内容

4.2.1 物流客户服务的基本内容

【推荐文章】

第三方物流客户服务的内容范围可以简单到只是帮助客户安排一批货物的运输，也可以复杂到设计、实施和运作一个公司的整个分销和物流系统。相比于传统运输、仓储企业所提供的单一、脱节的物流服务，第三方物流企业则能够将各个物流活动有机整合起来，提供系统化、系列化的物流服务。

从具体的服务内容来看，第三方物流客户服务可以分为运输客户服务、仓储/配送客户服务、信息客户服务、增值客户服务四大类。其中，运输和仓储/配送客户服务属于第三方物流企业基于物流功能要素所提供的常规服务，包括仓储、运输、装卸搬运、包装、配送等服务，常规服务通常与完成货物的交付有关，主要依靠物流设施、设备等硬件来完成，大部分属于资产和劳动密集型的服务，是第三方物流企业的基础性传统服务。而信息客户服务、增值客户服务是第三方物流企业基于现代化信息技术发展起来的新兴客户服务。具体内容请参见 3.1 节。

4.2.2 物流客户服务的原则

为了能够向客户提供高效、全面、优质的客户服务，第三方物流企业应该明确客户服务原则。

1. 以客户为中心原则

第三方物流企业作为服务性质的企业，首先要树立以客户为中心的理念。以客户为中心不能只是一句口号或是贴在墙上的服务宗旨，而应是一种具体的实际行动和带给客户的一种感受。第三方物流企业只有做到充分尊重客户和客户的每一项需求，并以热情的工作态度去关注客户，设身处地为客户着想是做到始终以客户为中心的前提。设身处地为客户着想就意味着第三方物流企业能站在客户的角度去思考问题、理解客户的观点、知道客户需要的和最不想要的是什么，客户才有可能对服务感到满意，第三方物流企业才能在竞争中占据有利的位置。

2. 经济性原则

物流服务越来越具有经营特征，即物流服务有随市场机制和价格机制变化而变化的倾向，或者说，市场机制和价格机制的变动通过供求关系既决定了物流服务的价值，又决定了一定服务水平下的成本，所以，物流服务的供给不是无限制的；否则，过高的物流服务费用势必损害物流企业的经营绩效，不利于物流企业收益的稳定。因此，第三方物流企业一方面要围绕着顾客的需要提供物流服务；另一方面要考虑物流服务在经济上的可行性。

3. 持续的优质服务原则

俗话说，做一件好事并不难，难的是做一辈子的好事。对客户服务来说也是如此，第三方物流企业可以为客户提供一次甚至一年的优质服务，难的是能为客户提供长期的、始终如一的高品质服务。但如果第三方物流企业真地做到了这一点，它在同行业竞争中就能占有相当大的优势。

4. 确保安全原则

努力降低与物流相关的死伤，提高公共健康与安全。第三方物流的发展，促进了社会经济的发展，优化了产业结构，同时也产生一些安全隐患。因此，保证物流安全是第三方物流企业的重要使命，物流安全始终是物流业发展注意的问题。以运输为例，现代运输设备设施和信息科技的应用使得运输高速发展，但是也给人们的生命财产带来了威胁。第三方物流企业应在加强基础设施建设的同时，注意建造和维护交通运输安全设施；研究车辆、设施、环境和人之间的关系，研究、开发和推广人工智能、先进的车辆控制和事故预测、勘测等提高交通安全性的新技术；不断完善交通安全标准、法规和管制，改进设施、车辆和运输系统的设计，提高交通运输安全水平；广泛开展交通安全教育与宣传活动，全面培养交通安全意识，及时提供交通安全形势和安全问题的分析与预报，满足公众安全需求。

4.2.3　第三方物流客户服务的特点

与传统的物流服务方式相比，第三方物流企业的客户服务具有以下特点。

1. 第三方物流客户服务的主体是第三方

向客户提供服务的主体是第三方，即非发生交易的买方和卖方，它所提供的服务产品并不是自己原来所拥有的，这就意味着客户要通过第三方物流企业来完成全部或一部分的客户服务工作。因此，第三方物流企业的客户服务具有两个含义：一个是代替客户企业为其他的客户服务，另一个含义是针对客户企业的客户服务。基于这两点，第三方物流客户服务策略的制定，不仅取决于客户企业的需求，还与客户企业的客户需求有关。无论是第三方物流企业还是其客户，都要充分信任对方，建立双赢的战略合作关系。

2. 第三方物流的客户服务建立在现代信息技术基础之上

现代信息技术是指基于电子计算机和移动通信的电子信息技术，是支持现代集成化物流、个性化物流管理的技术依托。诸如基于因特网(Internet)、技术平台的移动通信(Mobile Communications)、GPS、GIS、EDI、电子商务(Electronic Commerce)、条形码(Barcode)、无线射频识别技术(Radio Frequency Identification，RFID)以及各种现代化物流设施设备的应用。

正是因为现代信息技术的高速发展才使得第三方物流企业的客户服务能够充分满足客户企业所需全部或部分物流需求的集成运作、可视化监控、个性化服务等过程的技术要求。

3. 第三方物流是合同导向的系列物流服务

从物流运行的角度看，第三方物流与传统的外协不同，外协只限于一项或一系列分散的物流功能，如运输公司提供运输服务、仓储公司提供仓储服务，第三方物流则是以与委托人签订的正式合同而不是临时需要，根据合同条款明确规定的服务费用、期限及相互责任等事项的要求，提供运输、仓储/配送、增值服务、信息服务等客户服务，甚至是全方位一体化的物流服务。因此，第三方物流又常被称作"契约物流""外协物流"。

从另一方面讲，基于合同为导向的客户服务使得第三方物流企业和其客户企业的合作关系更为紧密牢靠在时间上更为长久，使得企业间业务联盟、战略联盟成为可能。

【拓展文本】

例如，Ryder 系统公司 (Ryder Dedicated Logistic)和 Whirlpool 公司签订的一份为期 5 年的合同，该合同物流包括了为 Whirlpool 公司设计、管理和运营内部材料物流系统的内容。Ryder 系统公司和 Whirlpool 公司达成一致的潜在利益，包括在信息管理、物流活动及资金周转时间改善的同时，使物流总成本减少。

4. 第三方物流企业为客户提供个性化的物流服务

由于第三方物流企业的服务对象一般只有一家或少数几家，但服务时间却较长，这异于公共物流服务。这是因为各个行业与各个企业物流服务需求都不相同，因而要求第三方物流服务根据客户的需求来定制，如机械制造业物流服务、电子产品物流服务、快速消费品物流服务、化工产品物流服务、钢材产品物流服务、海鲜品物流服务等，这些物流服务的专业要求是完全不一样的。即使服务于多家企业的第三方物流服务商，其服务的营业范围也是有限的，因为第三方物流服务市场需求是复杂的，任何一家第三方物流企业都难以做到对各个行业的物流服务都能专业化和规模化。因此，第三方物流服务商应力求提供个性化物流服务，提高专业化与规模化效益。

第三方物流必须从"能提供什么服务就提供什么服务"转向"客户需要什么服务就提供什么服务"。因此，第三方物流服务提供者不能仅仅依靠单纯地提供设定部分的服务项目，而应根据客户企业的实际需求，提供所特定且无法从客户自身内部而只能借助于专业社会生产力资源提供者才可获取的物流服务。正如微软公司副总裁所说的："附加价值不是永不干涸的井，它迟早会有枯竭的一天；所以必须找寻新的燃料之源，这就是崭新的行事方式。"而第三方物流正是为客户企业提供了这种崭新的方式，即一种跨越其组织界限的行业合作。在新经济的条件下，物流的个性化服务正是顺应了这样的趋势，作为"第三利润源泉"，其作用在此得到更大的发挥。

4.2.4　影响第三方物流客户服务的因素

第三方物流客户服务的影响因素可以分为外部因素和内部因素两大类。

1. 外部因素

1) 社会环境

物流服务不完全是物流企业独自的经营行为，它必须与整个社会系统相联系，因此企业在提供物流服务的过程中，必然会受到包括政治、法律、经济、社会、文化、技术等要素在内的环境的影响，所以物流企业在进行物流服务过程中，应该认真地分析和研究社会环境，并积极满足来自社会各方面的要求。物流企业提供的各类物流服务都必须符合社会伦理和环境的要求。物流服务除了要求物流企业要考虑物流活动本身的各项要素，还应认真研究对保护环境、节省资源有益的废弃物物流、回收物流、绿色物流，使之成为企业未来发展的方向。除此以外，如何缓和交通拥堵、道路建设不足等问题，如何实施有效的物流服务，也是物流企业在与社会系统相结合的过程中必须考虑的重要问题。

2) 市场导向

由于生产资源和生产力的匮乏，传统的物流服务属于产品导向型，客户服务也仅从供给方出发，而没有充分考虑客户的需求。产品导向型的物流服务由于是根据供给方自身所决定的，一方面难以真正对应顾客的需求，容易出现服务水准设定失误；另一方面，也无法根据市场环境的变化和相应竞争格局的变化及时加以调整。因此，物流服务不能只从供给方出发，而应该充分考虑需求方的要求，即从产品导向往市场导向转变。市场导向型的物流服务是根据经营部门的信息和竞争企业的服务所制定的，因此，既避免了过剩服务的出现，又能及时进行控制。在市场导向型的物流服务中，与顾客面谈、顾客需求调查、第三方调查等寻求顾客最强烈的需求愿望是决定物流客户服务的基本方法。

3) 行业发展

客户服务的变化往往会产生新的物流服务需求，所以在物流客户服务管理中，应当充分重视物流服务的发展方向和趋势。

以往主要是提供交货日期、库存、再进货、到货日期、脱销等情况和运输中的商品信息与货物跟踪信息，今后为适应特约商店、零售商店简化业务手续的需要，提供传票样式的统一商品总计表等信息服务将更为重要。

4) 信息技术

现代信息技术的应用使物流的客户服务达到了新的水平，是物流现代化的重要标志。第三方物流信息技术也是物流技术中发展最快的领域，从数据采集的条形码系统到办公自动化系统中的计算机、因特网，各种终端设备等硬件以及计算机软件都在日新月异地发展着。同时，随着物流信息技术的不断发展，一系列新的物流理念和新的物流经营方式产生了，推动了物流客户服务的变革。第三方物流通过对现代信息技术的充分利用，为客户企业提供了更多更加个性化全方位的客户服务。

现代信息技术让第三方物流实现了企业内部管理一体化和对客户企业统一化的管理，有效地帮助第三方物流企业提高客户服务水平，所以第三方物流企业在制定客户服务时必须考虑现代信息技术的影响。

2. 内部因素

1) 成本

成本是影响第三方物流客户服务的非常重要的因素，因为第三方物流企业的目标就是以适当的成本实现高水平的客户服务。

2) 客户对象

客户是第三方物流服务的对象，是获取利润的源泉，是企业生存和发展的根本。所以，客户对象是影响第三方物流客户服务的一个重要因素。

在决定物流服务要素和服务水平的过程中，需要注意服务的客户对象应该向一般消费者群体转化。以零售行业为例，如果物流服务只面向批发商，在库管理系统显然是不充分的，在流通渠道逐渐多样化，零售力量逐渐增大的过程中，还应该确立面向零售商，特别是大型零售业、连锁店等的服务系统和服务设施，开展符合零售要求的配送、库存服务(如多额度配送等)。

随着客户业种和业态多样化发展，对客户服务水平的要求不能千篇一律，因此，在制定多种物流服务组合时，应根据客户的不同类型采取相应物流服务。

3) 管理水平

管理水平对于第三方物流企业的客户服务来说也是一个非常重要的内部影响因素。管理水平是领导、决策人员、业务管理员和后勤服务人员等综合作用的结果。管理的作用就在于综合协调这些因素之间的相互关系，使其发挥最大的作用，为企业创造最优的产品或服务，获取最大的收益。一般来说，管理水平越高，企业提供的产品或服务就越能对市场需求变化的多样性作出及时准确的反应，甚至可以凭借科学的定性化分析和定量化分析来预测未来的市场需求。

通常，第三方物流企业可以通过聘用优秀的管理人员，采用科学的管理经验和现代化的设施、设备及技术，健全管理制度，持续改革创新等方式来提高物流管理水平。

【推荐文章】

4.3　第三方物流客户服务的评价

衡量客户服务质量是以客户服务评价为依据的，但是由于物流客户服务的独特性使其很难通过单一的量化指标直接进行评价。对于第三方物流服务质量而言，客户服务评价主要包括3个方面：可得性、作业绩效和可靠性。

4.3.1　可得性

可得性(Availability)是当客户需求发生时第三方物流企业具有的供应能力。它是通过各种方式来实现的，最普通的做法是拥有的库存存货能始终如一地满足客户对材料和产品的需求。于是，仓库的数目、地点和库存策略等便成了基本的设计任务之一。高水平的存货可得性是经过大量精心策划实现的，其关键是对首选客户或核心客户实现高水平的存货可得性，同时将库存和仓储设施维持在最低限度。可得性可用缺货频率、供应比率和订货完成率3个绩效指标进行衡量，这3个指标结合起来可以确定一个企业满足特定客户对存货需求的能力，可以识别一个企业的存货战略满足顾客期望的程度。

1. 缺货频率

缺货频率就是缺货发生的概率，表示产品可否按需要装运交付给客户。其计算公式为

$$缺货频率 = \frac{缺货次数}{客户订货次数} \times 100\%$$

当需求超过可得性时就会发生缺货，缺货频率就是衡量需求超过可得性的概率。将全部产品所发生的缺货次数汇总起来，就可以反映一个企业实现其基本服务承诺的状况。

2. 供应比率

供应比率衡量的是缺货的程度或影响的大小。一种产品的缺货并不意味着客户需求得不到满足，在判断缺货是否影响服务绩效以前，先要弄清楚顾客的真实需求。例如，一位

客户订货 100 个单位，库存只有 95 个单位，那么订货供应比率为 95%；如果这 100 个单位的订货都是至关重要的，那么 95%的供应比率将导致缺货，使客户产生严重不满；如果 100 个单位的商品转移速度相对比较缓慢，那么 95%的供应比率可以使顾客满意，客户会接受另外 5%延期交货或是重新订货。

3. 订货完成率

订货完成率是衡量供应商拥有客户所预订的全部存货时间的指标。这是一种最严格的衡量，因为它把存货的充分可得性看做是一种可接受的完成标准。假定其他各方面的完成是零缺陷，则订货完成率就为顾客享受完美订货的服务提供了潜在时间。

4.3.2　作业绩效

作业绩效涉及物流活动对所期望的完成时间和可接受的变化所承担的义务。

1. 速度

完成订发货周期速度是指从一开始订货到货物装运实际抵达的这段时间。即使在当今高水平的通信和运输技术条件下，订发货周期短至几个小时，长达几个星期。在紧急情况下，供应商会通过当地仓库进行特别递送，或者通过通宵运行的高度可靠的运输企业在几小时内完成所要求的递送服务。这种业务关系通常是按照客户的具体要求，围绕着能促进物流作业效率所期望的完成周期形成的。换句话说，如果这种加速会导致提高价格或实际的物流成本，并不是所有的客户都需要或希望最大限度地加速，因为这种加速会导致物流成本及价格的升高。

2. 一致性

一致性是指供应商在众多的订货中按时配送的能力。虽然服务速度至关重要，大多数物流企业更强调一致性，即必须随时按照对客户的配送承诺加以履行的作业能力。一致性问题是客户服务最基本的问题。

3. 灵活性

灵活性是指处理异常的客户服务需求的能力。供应商的物流能力直接关系到在始料不及的环境下如何妥善处理的问题。在很多情况下，物流优势的精华就存在于灵活能力之中。一般来说，供应商整体物流能力，取决于在适当满足关键客户的需求时所拥有的"随机应变"的能力。

4. 故障与恢复

无论第三方物流服务多么完美，故障总会发生，而在发生故障的条件下继续实现服务需求往往是十分困难的。为此，第三方物流要有能力预测服务过程中可能发生的故障。为此，第三方物流企业应通过合理的论证来承担这种应付异常情况的义务，而其制定的基本服务方案应保证高水平的服务，实现无故障和无障碍计划。而当实际的服务故障发生时，客户服务方案中的应急计划还应包括对客户期望恢复的确认以及衡量服务一致性的方法。

4.3.3 可靠性

服务质量与服务的可靠性密切相关。可靠性是指第三方物流企业在规定的条件下、在规定的时间内完成规定服务的功能的能力，简单地说就是不发生意外事件(即故障)。由于反映了在正常情况下第三方物流企业提供稳定物流服务的能力，所以也称为物流服务的稳定性。第三方物流企业有无提供精确信息的能力是衡量其客户服务能力最重要的一个方面。客户最讨厌意外事件，如果能够事先得到信息，就能够对缺货或延迟配送等意外情况作出调整。对于第三方物流企业来说，最重要地是如何尽可能少发生故障，顺利完成作业目标。而顺利完成作业目标的重要措施是从故障中吸取教训，改善作业系统，以防再次发生故障。

但是服务质量的好与差是相对的，而不是绝对的，客户认为比同类者做得更好，服务评价高，客户满意度高，则所提供的服务质量就好。而不同客户对服务质量有不同的标准，这在一定程度上就决定了第三方物流客户服务的评价没有一个统一的标准。但是第三方物流企业提高服务质量既可以通过满足或超越客户的期望值来实现，也可以通过调节或引导客户期望值来实现。

4.4 第三方物流客户关系管理

4.4.1 客户关系管理的内涵

客户关系管理(Customer Relationship Management，CRM)是企业为提高核心竞争力，树立以客户为中心的发展战略，并在此基础上开展的包括判断、选择、发展和保持客户所需实施的全过程。

客户关系管理是企业以客户为重点，通过开展系统化的客户研究，通过优化企业组织体系和业务流程，提高客户满意度和忠诚度，提高企业效率和利润水平的工作实践。客户关系管理是不断改进与客户关系相关的全部业务流程，在最终实现电子化、自动化运作目标的过程中，所创造并使用的先进的信息技术、软硬件和优化的管理解决方案的总和。所谓物流服务客户关系管理，就是把物流的各个环节作为一个整体进行系统化的客户关系管理，在物流企业的层面选择物流企业的客户，不断优化客户群。并为之提供精细服务的管理过程。

客户关系管理的概念是随着其应用的发展逐渐完善起来的。关于客户关系管理的定义，不同的机构和学者给出了各种不同的表述，各种定义的出发点或侧重点是不同的。最早提出客户关系管理概念的高德纳咨询(Gartner Group)认为："客户关系管理是企业的一项商业策略，它按照客户的分割情况有效地组织企业资源，培养以客户为中心的经营行为以及实施以客户为中心的业务流程，并以此为手段来提高企业的获利能力、收入以及客户满意度。"从一开始，客户关系管理就被定义为一种商业战略(而非一套系统)，涉及整个企业而非某个部门。该战略的目标通过个性化的服务，培养客户满意度，同时将从供应商到客户的一系列处理过程联系在一起，使得利润、收益和客户满意同时达到最大化。NCR 公司给出的定义是：客户关系管理是指企业通过富有意义的交流沟通，理解并影响客户行为，最终实现提高客户获得、客户保留、客户忠诚和客户创利的目的。该定义的核心是"管理与客户的关系"。IBM 公司理解的客户关系管理包括企业进行识别、挑选、获取、发展和保持客户的整个商业过程。IBM 公司把客户关系管理分为关系管理、流程管理和接入管理 3 类。它的侧重点在于整合客户各方面信息。

赫尔维茨集团(Hurwitz Group)则认为，客户关系管理的焦点是改善与销售、市场营销、客户服务和支持等领域的客户关系有关的商业流程并实现自动化。原信息产业部中国信息化推进联盟客户关系管理专业委员会认为：客户关系管理是现代管理科学与先进信息技术结合的产物；是企业树立"以客户为中心"的发展战略，并在此基础上开展包括判断、选择、争取、发展和保持客户所实施的全部商业过程；是企业以客户关系为重点，通过再造企业组织体系和优化业务流程，展开系统的客户研究、提高客户满意度和忠诚度、提高运营效率和利润收益的工作实践；也是企业为最终实现信息化、运营目标所创造和使用的软硬件系统及集成的管理方法、解决方案的总和。该定义虽然长，但很全面地表述了客户关系管理的基本内容。

概括起来说，客户管理的研究大致可以分成两大阵营：一类是学术界和实业界的探索；另一类则是以 SAP、SAS 和 IBM 等公司为代表的客户关系管理方案平台开发商。

其中，前者关注的主要是客户关系的有效管理与运用，主要包括以下 4 种流派。

(1) 客户关系管理是一种经营观念，是企业处理其经营业务及客户关系的一种态度、倾向和价值观，要求企业全面地认识客户，最大限度发展客户与企业的关系，实现客户价值的最大化。

(2) 客户关系管理是一套综合的战略方法，有效地使用客户信息，培养与现实的、潜在的客户之间的关系，为公司创造大量价值。

(3) 客户关系管理是一套基本的商业战略，企业利用完整、稳固的客户关系，而不是某个特定产品或业务单位来传递产品和服务。

(4) 客户关系管理是通过一系列过程和系统来支持企业总体战略，以建立与特定客户之间的长期、有利可图的关系，其主要目标是通过更好地理解客户需求和偏好来增大客户价值。后者强调的是从技术角度来定义客户关系管理，将其视作一个过程，强调庞大而完整的数据库(或数据仓库)和数据挖掘技术等高级支持技术，目的是使企业能够最大化地掌握和利用客户信息，增强客户忠诚和实现客户的终身挽留，并通过客户关系管理应用软件的形式加以实现。

综合上述观点，客户关系管理首先是一种新型的企业管理理念，它以客户为企业最重要的资源，为企业提供了全方位的管理视角，在不断提高客户满意度的同时，实现企业自身的价值。其次，客户关系管理是一套先进的运作方法体系，它借助于各种现代科技技术，完成"聚焦客户"的各项业务的组织，并进行相关领域流程的再造及资源的配置。另外，客户关系管理还融合了多项功能的应用软件和技术集成体，它通过面对面客户交流、呼叫中心(Call Center)和 Web 访问等客户接触点收集客户信息，然后利用后台数据仓库的联机分析处理(Online Analytical Processing，OLAP)和数据挖掘(Data Mining)，为企业实现销售管理、市场管理、客服管理、产品设计以及决策支持提供自动化的信息及技术支撑。

4.4.2　物流客户关系管理的主要内容

物流客户关系管理是把物流的各个环节作为一个整体，从整体的角度进行系统化客户管理，它包括对企业相关的部门和外部客户——业务伙伴之间发生的从产品(或服务)设计、原料和零部件采购、生产制造、包装配送直到终端客户全过程中的客户服务的管理。它是基于物流、资金流、信息流，通过合作伙伴关系，实现信息共享、资源互动和客户价值最大化，并以此提升企业竞争力的一种管理系统。它并不是指单纯的管理软件和技术，而是融入企业经营理念及生产管理、市场管理和客户服务等内容的管理方法。物流客户管理主要包括以下内容。

1. 物流客户识别

物流客户管理首先应当对物流客户进行识别和选择，以支持企业在合适的时间和合适的场合，通过合适的方式，将合适价格的合适产品提供给合适的客户。它的识别包括以下流程。

1) 客户信息资料的收集和分析

(1) 物流客户信息的收集。物流客户管理就是科学地把物流客户信息用于物流经营活动过程中，使信息成为间接地提高经济效益和社会效益的手段。因此，一流的物流客户信息系统应有助于实现物流的功能，提高企业的客户服务水平。物流系统中，有些事项必须优先考虑，如库存水平、订货状态、及时运输等。要及时处理这些事项，企业的客户信息收集就必须及时、准确。

物流客户信息的内容包括与内部的上流程与下流程、内部客户与外部客户相关的信息。具体包括：①市场占有情况；②对客户需求的响应情况；③价格水平的适应情况；④客户的投诉和抱怨情况；⑤处理投诉的时间及质量情况；⑥客户关系状况；⑦客户结构变化情况及原因；⑧员工服务态度与技能状况。

物流客户信息的收集程序一般包括确定收集的范围及目标、制订收集计划、选择收集方法、进行信息收集等，其中最重要的是收集方法的运用。物流客户信息收集按获取方式不同可分为一般收集方法、客户调查方法以及现代收集方法。一般收集方法包括统计资料法、观察法、会议现场收集法、阅读法、视听法等；客户调查一般采用电话调查、邮件调查、焦点群体调查等方法；现代收集法主要包括网络收集法、数据库收集法。

(2) 物流客户信息的整理与分类。物流客户信息是物流客户管理的基础，而收集到的信息大都是零散的，对于这些不规范的信息，必须经过一定的整理加工程序，采用科学方法对收集的信息进行筛选、分类，以便物流人员利用，从而更好地为客户服务。

(3) 物流客户信息分析。该项工作主要整理相关资料，对物流客户进行差异性分析，分析谁是企业的客户，分辨谁是一般客户、合适客户和关键客户，它是客户管理的基础；分析客户的需求特征和购买愿望，并在此基础上分析客户差异对企业利润的影响。客户信息分析不能仅仅停留在对客户信息的数据分析上，更重要的是对客户的态度、能力、信用、社会关系的评价。根据客户信息制定客户服务方案，以便与物流企业更好地配置各种资源，不断改进物流产品或服务，牢牢抓住最有价值的客户，以取得尽可能大的利益。

2) 信息交流与反馈管理

客户管理过程就是与客户交流信息的过程，实现有效的信息交流是建立和保持企业与客户良好关系的途径。客户反馈衡量了物流企业承诺目标实现的程度，同时便于及时发现为客户服务过程中的问题。

3) 信息核实与更新

物流企业对客户信息进行全面核实、完善，力争为客户及时更新信息，提供更专业的物流服务。

4) 时间管理

时间管理主要内容有进行日程安排、设计约见、进行事件安排等。

5) 服务管理

服务管理主要包括服务项目的快速录入，服务项目的安排、调度和重新分配，订单管理和跟踪，事件和升级，生成事件报告，搜索和跟踪与某一业务相关的事件，问题及解决方法的数据库，服务协议和合同。

2. 物流客户满意度管理

客户满意是企业效益的源泉，企业服务创新的驱动因素就是让客户满意，第三方物流企业客户满意度水平直接决定了客户对第三方物流服务的接受程度。不断强化客户满意是客户信任的基础。因此，第三方物流企业在给客户提供各种物流服务的同时，必须重视客户的满意度，做好客户满意度的管理。影响客户满意度的因素，除了提供物流服务的质量和水平外，还有很多其他影响因素。因此，第三方物流企业在保证和控制物流服务质量上、在对客户物流服务的过程中、在增强客户对物流服务质量的体验上、在正确处理客户的投诉中，应做好以下 5 个方面的工作，来提高客户对物流服务的满意度水平。

(1) 确立以客户为中心的理念。确定客户满意度评价体系之后，再通过实施一系列的项目来获得客户体验资料，据此对企业员工进行客户关系培训，并将客户的需求写入所有工作规程，从而实现这一价值；建立"内部客户"制度，使企业的整个工作都围绕客户服务展开；与客户建立有效的沟通系统，处理好客户抱怨，并及时了解客户需求，对客户需求作出快速反应。

(2) 为客户提供个性化产品和及时性服务。个性化的产品能够增加客户的认知体验，从而培养客户的认知信任；及时性服务能使客户产生依赖，进而培养信任情感。客户信任需要企业的实际行动来培养，只有个性化的产品和及时性的服务，才能适应客户的需求变化，才会使客户信任。如面对面地了解客户的真实想法，根据客户的需求意向预测产品和服务，及时送达等。

(3) 增强客户体验。增强客户体验是培养客户信任感的重要方法。客户购买企业的产品和服务实质上是在接受一种体验，因此，企业应在以下几个方面着手：①树立为客户服务的观念，企业不单纯是为了经营，也要为客户解决实际问题，要以完善的服务和对客户负责的精神，使人们对企业产生充分的依赖感；②制定既切实可行又有挑战性的服务标准，激励员工努力做好服务工作，向客户作出的承诺一定要兑现，以形成客户信任；③做好服务质量检查、考核工作，并将考核结果及时反馈给有关员工，研究改进措施，不断提高服务质量。

(4) 重视客户关怀。客户背离是因为企业对客户的关怀不够。客户关怀活动包含在客户接受产品和服务的客户体验的全部过程中。购买前的客户关怀，为公司与客户之间的关系建立打开了一扇大门，为鼓励和促进客户的购买做了铺垫；购买中的客户关怀则与公司提供的服务紧密地联系在一起，包括订单的处理以及各种有关的细节，都将与客户的期望相吻合，满足客户的需求；购买后的客户关怀则集中于高效的跟进和提供有效的关怀，其目的是促进客户信任的形成和巩固，使客户能够重复购买公司的产品和服务。

(5) 正确处理客户抱怨和投诉。第三方物流企业通过提供高质量的物流服务来满足每个客户的需求，但实际操作过程不可能做到十全十美，总会遇到客户对企业提供的物流服务不满的情况。当客户有较多的不满意时，会抱怨和投诉第三方物流企业。这些抱怨和投诉如果得不到妥善处理，客户的不满意就会持续和扩散，对客户关系的维持及企业的形象都会造成恶劣影响。因此，第三方物流企业要有一套行之有效的客户投诉处理机制来解决这样的问题，并考虑建立专门的客户服务投诉部门来履行这样的客户投诉处理机制，找出客户投诉的原因并进行处理。

3. 物流客户开发

如何开发物流客户是物流客户关系管理的工作重心。开发物流客户一定要根据客户的特征，结合企业实际的情况，运用市场营销原理，通过建立良好的物流服务体系，进行精确的物流市场定位以及开展多样的物流促销活动等途径来开发物流客户，为企业赢得利润。

1) 建立良好的物流服务体系

良好的物流服务体系是开发物流客户的基本途径，它包括物流服务设施配置的优化和完善的物流服务作业体系。

(1) 优化物流服务设施配置。物流服务设施包括房屋建筑、各类机械设备、运输工具、通信设备以及信息系统和网络等。企业在进行设施配置的时候，一定要与物流活动需要、发展目标相适应，同时要考虑能够形成技术和资源优势，达到吸引客户的目的。

(2) 完善物流服务作业体系。企业在锁定了目标市场之后，要力图通过完善的服务作业体系吸引一部分客户。企业应当建立相应的服务人员管理、服务质量保证和客户投诉处理等规章制度，规范服务作业流程，进行必要的培训以提高员工的整体素质。

2) 进行精确的物流市场定位

首先，要进行市场细分，即进行精确的物流市场定位，找准物流客户，做到有的放矢，才能有效地开发物流客户；其次，结合企业自身实力、产品差异、物流市场需求特点、产品生命周期、市场竞争状况、营销宏观环境等，选择一个或几个或全部细分市场作为自己的目标市场。

3) 开展多样的物流服务促销活动

当把物流服务视为产品的时候，对其进行形式多样的促销活动是非常必要的。对物流服务的促销应当明确产品的范围、促销的价值、持续的时间以及受益者。物流服务可以从广告、人员促销和公共关系等手段开展促销活动。

(1) 广告。广告具有直观、宣传面广、渗透力强等优点，可以起到传达信息和说服客户的作用。对于物流服务产品的广告宣传来说，应当做到以下几点：①强调客户将会获得利益而不是技术性的细节；②以简洁、准确的表述明确服务的内容、地点、质量和特色；③把握承诺的适度性，避免客户产生过高的期望。

(2) 人员推销。在物流服务产品的促销手段中，人员推销是经常被采用的方法。人员推销具有灵活性、富有人情味、易于沟通等优点，在人员推销的过程中，应当注意以下几点：①努力与客户建立和发展良好的个人关系；②推销人员应当具备一定的专业知识；③塑造并维持良好的个人和企业形象。

(3) 公共关系。公共关系是由第三者进行的对企业或产品有利的报告或展示的促销手段，传播的信息具有一定的新闻性，能够给客户一种权威、公正可靠的感觉，因而往往容易被相信和接受。第三方物流企业应当重视通过这种方法来塑造企业形象和进行产品宣传。

开发物流服务客户一定要根据企业自身的特点，运用营销学的原理，通过完善服务体系吸引客户与运用促销手段争取客户相结合的方法进行。

4. 物流客户巩固

除了寻求新的客户，第三方物流企业还应重视巩固现有的客户，提高客户的忠诚度。巩固客户的关键就是使客户满意，与客户建立长期的合作关系。巩固客户是一项长期、复杂的任务，第三方物流企业可以采用建立物流服务品牌、提高物流客户满意度、开发物流服务新产品、强化内部客户管理以及改进物流服务质量等方法来巩固物流客户，培养客户的忠诚度。

(1) 建立物流服务品牌。建立物流服务品牌是第三方物流企业扩大市场、实现发展的有效途径，对巩固客户具有战略性的意义。第三方物流企业应当让客户充分理解品牌的含义，让他们确切地知道所选择的品牌对他们意味着什么。同时，运用有效的手段赋予品牌新的活力，维护品牌的地位，提高品牌的知名度。

(2) 提高物流客户满意度。提高物流客户的满意度是巩固客户的关键。其实第三方物流企业所做的一切都是为了提高客户的满意度。

(3) 实施忠诚客户计划。忠诚客户计划也称为老主顾营销计划，是对重复购买特定产品或服务的消费者给予回报的计划，通过相互影响的增加价值的关系，以确定、保持和增加来自最佳客户的产出。忠诚客户计划应当在了解客户与产品之间的相互影响和客户价值的主要影响因素的前提下进行，可以采用的具体方法包括折扣、赠送礼品、奖品等。

(4) 强化内部客户的管理。员工也是企业的客户，第三方物流企业要想提高外部客户的忠诚度，首先要做的就是强化内部管理，重视员工的需求，使自己的内部客户——员工满意，进而提高外部客户的满意，以维系外部客户的忠诚，即巩固客户。

(5) 开发物流服务新产品。第三方物流企业所提供的服务不可以是一成不变的，应当不断地进行调整，淘汰已经没有市场的产品，完善具有发展潜力的产品，开发客户需要的新产品。能够提供一项新的服务，不但可以为第三方物流企业带来新的客户，还可以使现有的客户更加忠诚。

4.4.3 物流客户关系管理的实施

实施物流客户关系管理既涉及对物流企业现有资源的整合，又涉及物流企业发展的规划，是一个创新的系统工程。它的实施一般包括以下 8 个步骤。

【推荐文章】

1. 可行性评估

不是每个物流企业都适合使用物流客户关系管理系统。如果物流企业规模还很小、供应商不多、生产流程简单、产品品种有限、业务量不大、下游企业和顾客都很明确，只需开设一个服务电话，用计算机建立一套适合自身业务需要的客户管理档案系统即可。例如，目前城市里的天然气、饮用水配送网点就大都采用这种方式。

所以，物流企业在使用物流客户关系管理系统之前，应作客观、充分的可行性评估。可行性评估不仅是一种技术评估，更是一种文化评估。需要实施物流客户关系管理的物流企业首先应聘请有经验的专业咨询公司对物流企业进行诊断，明确问题的关键所在，如哪些问题可以通过技术解决、哪些问题可以通过战略调整解决、哪些问题需要观念转变和文化重造来解决等。只有这些问题解决了，物流企业使用客户关系管理项目才能水到渠成。

2. 规划物流客户关系管理战略目标

实施物流客户关系管理的真正目的应该定义为通过与客户建立适当的关系，来整合物流企业和社会的优势资源，提高物流企业竞争力，从而提高物流企业的赢利率。物流企业在实施物流客户关系管理之前应根据这一目的，与专家顾问认真研究、审慎考虑，提出物流企业的短期、中期、远期目标和直接的根本目标。

3. 阶段目标与实施路线

物流客户关系管理是一个非常复杂的系统工程，其实施应该分阶段进行。在确定实施进程之前，要确定可量化的阶段性目标和实施效果。

实施路线对客户关系管理的成功是非常关键的。设计好目标之后，物流企业还要确定客户关系管理的入口，这需要根据物流企业的具体情况和技术发展的趋势来定。

4. 设计业务流程

项目小组首先应该把注意力放在流程上，研究现有的营销、销售和服务策略，并找出改进方法。然后根据业务流程中存在的问题来选择合适的技术要求。需要注意的是，技术只是促进因素，本身不是解决方案，流程的改造才是解决问题的关键。另外，在实施物流客户关系管理时要注意技术的灵活运用。

业务流程确定之后，物流企业应根据业务流程来调整组织结构，使物流企业的组织结构具有足够的柔性，增强对市场和客户的反应能力，避免物流企业行为与市场行为脱节。

5. 设计物流客户关系管理系统结构

物流客户关系管理系统的主要功能有：①对供应商、销售商、顾客和企业内部信息的流程化、系统化和信息化；②与供应商、销售商和顾客沟通手段的集成化、自动化和简便化；③在此基础上的决策智能化。

因为物流企业自身情况千差万别以及方案选择的多样性，因此，在设计客户关系管理系统结构时可以借鉴他人模式，但是不能照搬。物流客户关系管理系统没有相同模式可言，不可能存在一种号码和人人通用的万能软件。有效的物流客户关系管理系统结构必须立足于明确的企业战略方向和科学化的流程设计。

6. 实施与培训

物流客户关系管理系统是应用于全体员工的工作，物流企业在专业技术人员实施物流客户关系管理时应广泛开展培训，统一员工的思想，掌握先进的技术，形成氛围。培训的重点分 3 个方面：①通过培训改变观念，将以产品为中心的观念转变为以客户为中心的观念；②培训专业技术，即如何应用客户关系管理系统、如何使业务行为与客户关系管理相配合、如何借助客户关系管理更好地为顾客服务；③培训创新能力，因为物流客户关系管理实施之后应随着企业环境、企业业务和顾客情况的变化不断作出相应的调整和完善。

7. 系统的整合

系统各个部分的集成对物流客户关系管理的成功很重要。物流客户关系管理的效率和有效性的获得有一个过程，它们依次是：终端用户效率的提高—终端用户有效性的提高—团队有效性的提高—企业有效性的提高—企业间有效性的提高。

因此，物流客户关系管理系统试运行过程中应当使之与物流企业的其他信息系统相融合，形成信息兼容的庞大功能群。

8. 评估实施效果

物流企业在实施物流客户关系管理时，可以聘请专业监理公司参与，一方面为物流企业充当顾问，另一方面可以适时评估实施进程和实施效果。评估效果还可作为项目参与者奖惩的依据，以调动项目参与者的热情。

本 章 小 结

物流客户服务是物流企业按照客户的要求而开展的运输、仓储、配送、流通加工、信息服务、增值服务等各项活动，以及任何一项活动可能出现失误时的补救措施。

从服务内容来看，第三方物流客户服务可以分为运输客户服务、仓储/配送客户服务、增值客户服务、信息客户服务四大类。

第三方物流客户服务的影响因素可以分为外部因素和内部因素两大类。其中外部因素包括社会环境、市场导向、行业发展、信息技术；内部因素包括成本、客户对象、管理水平。

第三方物流客户服务的目的是降低客户成本、简化交易、提供全面优质的客户服务、促进客户企业核心业务的发展。

第三方物流作为服务性质的企业，应坚持以客户为中心、经济性、安全性、持续优质服务等原则。

对于第三方物流服务质量而言，顾客服务评价主要包括 3 个方面：可得性、作业绩效和可靠性。

物流客户管理的主要内容包括物流客户识别与管理、物流客户满意度管理、物流客户服务的管理、巩固物流客户。

物流客户关系管理的实施步骤：可行性评估、规划客户关系管理战略目标、阶段目标与实施路线、设计业务流程、设计客户关系管理系统结构、实施与培训、系统的整合、评估实施效果。

习　题

一、名词解释

客户服务　物流客户服务　可得性　可靠性　物流客户关系管理

二、选择题

1．第三方物流客户服务的运输类业务不包括(　　)。

A．外包运输力量 　　　　　　B．帮助客户管理运输力量

C．货运付费 　　　　　　　　D．流通加工

2．第三方物流通过(　　)，能够有效地帮助客户企业降低或完全消除不适合市场需求的生产及库存活动，减小生产预测的风险。

A．供应商管理 　　　　　　　B．支持 JIT 制造

C．延迟处理 　　　　　　　　D．售后服务

3．影响第三方物流客户服务的外部因素有(　　)。

A．管理水平 　　　B．市场导向 　　　C．成本 　　　D．客户对象

4．客户服务水平与成本是一种(　　)关系。

A．长鞭效应 　　　B．效益背反 　　　C．边际递减 　　　D．正相关

5．(　　)是当顾客需求时第三方物流所具有的供应能力。

A．可得性 　　　B．可靠性 　　　C．作业绩效 　　　D．一致性

三、简答题

1．第三方物流客户服务的本质是什么？

2．影响第三方物流服务的因素有哪些？

3．成本和物流客户服务水平的关系是什么？

4．物流客户服务水平是不是越高越好？

5．第三方物流企业如何提高其客户服务水平？

6．物流客户关系管理包括哪些内容？

【拓展视频】

案例分析

苏宁物流服务

有这样一个物流企业，快递员要求加工资，但工资标准如何量化制定是个问题。于是，物流负责人决定自己亲自去送货，看看每天送多少货是个合理的工资区分标准。第一天，负责人只送了 14 个包裹，当天晚上他总结一天的经验，研究送件区域什么时间什么地方堵车，上班族什么时间到公司，对

订单流向进行仔细分析，优化送货路径，结果第二天送了65个包裹。回来后，负责人问快递人员，谁能在一天之内送65个包裹，结果只有不到1/3的人举手，于是一天内送65个包裹成为一条工资线。

这个物流企业就是苏宁物流集团，这位负责人则是苏宁云商集团首席运营官、苏宁物流集团总裁侯恩龙。类似这般的一线体验已经成为他的工作标签。

1. 对内：流动大军的管理艺术

作为网络零售的代表企业，苏宁在物流上的25年沉淀，逐渐释放出厚积薄发的能量。在侯恩龙看来，不论互联网零售怎么发展，输赢都在物流的"最后一公里"，而这"最后一公里"的关键就在于快递流动大军为消费者带来的送货体验。

在这方面，苏宁给国内每个快递员和司机都配备了移动定位终端，可以实时了解某个人某个时间在什么位置，将到达哪个地方。另外，通过地址解析技术，将道路经常发生的问题、精准的送货地址以及消费者的订单和地址绑定信息及时推送给快递员，这样就实现了对流动大军进行地理位置和路径优化上的有效管理，第一时间将货物送到消费者手中。

苏宁还要求所有快递员必须送商品入户，贵重的商品如(3C类、家电类产品)要当着消费者面开箱验机，整个过程要戴白手套，还要将消费者家里的垃圾顺便带走，这些有温度的行为带来很多消费者多次的复购。

2015年5月，苏宁物流还推出了页面评价功能，快递员服务完成后，消费者可以在评价商品的同时，对快递员的送货速度、服务态度甚至快递员帅不帅发表评论，快递员之间可以互相分享晒单，用这种方式培养起员工荣辱感。

除了这些制度上的要求，高管的以身作则也在激发着众多物流人员的工作积极性和执行力。侯恩龙本人时常到一线视察工作，一个人开辆面包车，到快递点了解员工状态、配送效率等，对物流的细分工作做到心中有数。然后针对存在的问题，他与大区负责人以及总部的相关负责人合力解决，并由此建立了物流问题的共享平台，让大家把大小问题抛上去，由高管亲自推动解决。

"领导要亲力亲为，不能脚踩棉花，以身作则才能调动手下人的积极性，简单地批复OA，看报告，是不能了解真实情况的。"这位先后掌舵重庆、北京两大地区的高管憨厚而真诚。"公司辛辛苦苦引流来的客户，不能在最后短短一分钟之内给毁了。"零售企业要追求消费者的极致体验，倾听消费者诉求。

在侯恩龙的带领下，苏宁物流的工作气氛积极向上，且执行力很强。侯恩龙一直秉承团队协作第一，执行力第二，这种做事不拖泥带水、强调态度和投入度的风格一度被员工认为他是军人出身。

2. 对外：面向物流企业的开放场景

"我国物流行业目前有70多万家，产值将近50万亿元，但利润只有60亿元，占比万分之一，对这个行业来讲不是个好消息。""有些物流企业不接大件，大件做起来亏损；而有些物流企业却有闲置的设施设备，我们打算做一个平台，向第三方物流企业开放，打通物流业务，打一个大包，大家在大包里找各自的强项去做。"侯恩龙在介绍苏宁物流正在搭建的第四方物流平台时表示。

所谓第四方物流平台，就是面向厂家、商家、物流企业、终端网点提供商、司机和各类会员的物流云平台。该平台依托于苏宁自主研发的物流信息系统，仓储、运输和快递终端网络，大数据挖掘和分析的智能化系统，打造信息服务、资源整合、在线交易、物流作业管理、物流增值服务、辅助决策和支持保障等功能，服务于干支线运输、配送、仓储、自提等环节，能最大限度地实现车源与货源、仓储资源、自提网点资源供需双方的有效对接。苏宁物流云平台作为打造面向全国，面向一切参与者的综合物流信息服务第四方平台，得到了国家的认可，成为第一批国家认定的重点物流信息服务平台之一。

20多年来，苏宁在物流领域投入了大量的资源，如今已建成的物流仓储及相关配套总面积达到452万平方米，形成了包含12个自动化分拣中心、60个区域物流中心、300个城市分拨中心以及5 000个社区配送站的物流网络体系。这些物流资源都会向第三方合作伙伴以及物流企业开放、共享。

在原有B2C的基础上，苏宁正在积极开展的三方甚至四方业务，将实现基于供应链多赢的资源共享、网络共享、车辆共享、订单共享。这与有"大物流计划"的阿里不谋而合，苏宁与阿里合作后，阿里的菜鸟物流与苏宁物流协同将会是先行棋，围绕着新的物流生态，苏宁的物流云将服务于更多的天猫和淘宝商户，进一步打通商户、物流企业和消费者之间的关系。

（资料来源：http://www.chinawuliu.com.cn/xsyj/201508/20/304421.shtml.）

思考：
1. 苏宁物流提供的物流客户服务是什么样的？
2. 苏宁物流的高效率是怎样炼成的？

第5章 第三方物流管理

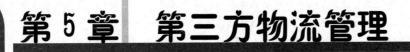

【本章教学要点】

知识要点	掌握程度	相关知识
运输管理	熟悉	运输方式及运输合理化措施
仓储管理	熟悉	基本仓储决策、设施设备选择与配置、基本业务管理、现代仓储管理
配送管理	熟悉	自营配送和专业整合配送、配送中心的规划与设计
成本管理	理解	物流成本分析、物流成本决策、物流成本控制、评价的指标体系
风险管理	理解	委托企业的风险管理以及代理企业的风险管理

【关键词】

运输管理，仓储管理，配送管理，项目管理，成本与效益管理，风险管理

 导入案例

2007 年开始，京东决意自建物流。这是京东历史上最重要的战略决策，现在来看，相当成功。谈及京东的核心竞争力，所有人都会指向物流。2013 年，京东仅在购车上就花费了 1 亿元，到 2014 年第一季度，京东已拥有 1 500 辆 7.6 米长和 9.6 米长的斯堪尼亚及奔驰全封闭厢式货车。

物流网络的规划是一个重大的战略布局。京东将中国大陆市场分为七个大区——华北、华东、华南、东北、华中、西南和西北，并在北京、上海、广州、沈阳、武汉、成都和西安这 7 个中心城市建立了物流中心并设立中心仓，这是京东物流的第一级；由于覆盖区域面积巨大，在济南、南京、重庆等城市设立前置仓，存放周转快的商品，而不会是全品类存放，这样做是为加快对二、三线以下城市用户的反应速度，加快时效，提升用户体验，这是京东物流第二级；再往下是分拨中心，第四级是中转站，而第五级即终端级便是配送站。配送员从站点出发，用面包车、三轮车、摩托车进行配送。

京东物流系统分为仓储、运输、终端三大部分，终端是配送站，运输是干支线运输。不同于业内通常的叫法，将跨省运输称作干线，在京东内部，跨大区运输才是干线，而大区内运输统称为支线。

从 2013 年起，京东以"休养生息"为名，开始将物流从单纯讲究数量、速度过渡到讲究物流运营成本。2013 年，京东开发了 JIT(及时生产系统)和 AIMS(劳动力管理系统)，关注人效和坪效(每平面积上生成的营业额，1 坪约等于 3.3 平方米)，追求每人每天的产能量最大化以及单位面积产能最大化。信息化建设由总部掌控，通过信息化对标准化体系实现有效的监控，保证作业过程不走样。如果仓储存量刚好能够满足所有订单，那么成本摊薄的数据就会非常漂亮。但因为京东始终处于高速发展中，业务量不断提升，仓储存量常常不够，所以储量新增、面积新增能够得到足够的新增业务量的保证。京东商城运营体系的负责人说，规划匹配是关键，要做好前置性建设，使资源正好能承接新增业务量。

京东就是这样以一地库存全国发货，令京东物流成为穿梭如织、四通八达的网络。截至 2014 年 12 月 31 日，京东在全国七大物流中心建有七大中心库，在另外的 40 座城市运营 123 个大型仓库，拥有 3 210 个配送站和自提点，覆盖全国 1 862 个区县，且全部自营。今天京东提供当日送达的县达 134 个，在全国提供次日送达的县达 866 个。

(资料来源：http://www.56products.com/Technology/2015-11-29/8C2A2JHEK6079B5612.html.)

思考：

京东是如何进行其物流管理的？

作为第三方物流企业，其存在的意义就是能够提供比客户自身运作更有效率的业务。对于从事制造的企业，物流作业仅仅是企业运作的一部分；而对于第三方物流企业，物流作业就是其全部。第三方物流企业应该在运输、仓储、配送等方面更有效率，客户整合能力更强。本章主要从运输管理、仓储管理、配送管理、项目管理、成本与效益管理和风险管理等方面介绍第三方物流企业的关注点。对这些业务能力的关注将使第三方物流企业明确业务，提高竞争能力。

5.1　第三方物流运输管理

运输是物流活动中最重要的环节。在商业社会中，因为市场的广阔性，商品的生产和

消费不可能完全在同一个地方进行，制造企业出于成本的考虑也会选择运营成本相对较低的地方进行生产制造。所以，一般来说，商品都是集中生产、分散消费的。为了实现商品的价值，完成商品的交易，必须有运输这一环节。有数据表明，在物流活动中，运输成本在整个物流成本中的比重已经占到了 50%甚至更高。所以，对运输的管理是物流企业运作成功的关键。

5.1.1　运输概论

1. 定义

运输，一般解释为人和物空间位置转移的活动。对于本书论及的物流企业运输，则主要是对于物品的空间转移。运输通过空间状态和时间状态的改变，将空间上分割的供应商和需求者联系起来，赋予产品新的价值，这也是"第三利润源"学说关心的重点所在。

【拓展文本】

第三方物流企业的运输管理就是对整个运输过程的各个部门、各个环节以及运输计划、发运、接运、中转等活动中的人力、物力、财力和运输设备进行合理组织、统一使用、实时控制、监督执行，以求用同样的劳动消耗，创造更多的运输价值，取得最好的经济效益[①]。

2. 物流运输的特点

1) 运输生产具有服务性质

运输不生产有形的产品，但使产品增值。作为货物运输的抽象劳动，其创造的新价值追加到所运输的货物原有的使用价值，即它的劳动对象当中去。在商品的总价值中包括形式价值(由制造过程产生)、时间性价值(由存储过程产生)、所有权价值(由销售过程实现)以及场所性价值。其中，场所性价值和时间性价值均由物流过程产生。

2) 运输是一个非常专业的服务过程

首先，运输必须足够专业。运输场所、路线的选择、运输设备的运营和维护、专业的管理和运作人员才能有效完成运输任务，创造竞争优势，创造更大的利润空间。其次，运输还要从系统的高度合理组织和管理。作为组织运营的重要环节，运输效能的提高必须结合现代技术对运输过程、客户管理、项目运作等进行综合管理，以使效益最大化。再次，运输是具有一定的垄断性的资本密集型产业。其资本只包括垫付在劳动资料和劳动者方面的资本，其固定成本所占的比例非常大。

3) 运输是物流的主要功能要素之一

按物流的概念，物流是"物"的物理性运动，这种运动不仅改变了物的时间状态，也改变了物的空间状态；而运输承担了改变空间状态的主要任务，再配以搬运、配送等活动，就能圆满完成改变空间状态的全部任务。在现代物流观念未诞生之前，甚至至今，仍有不少人将运输等同于物流，其原因是物流中很大一部分责任是由运输担任的，是物流的主要部分，因而出现上述认识。

---

① 刘胜春，李严峰. 第三方物流[M]. 大连：东北财经大学出版社，2006.

4) 运输是"第三利润源"的主要源泉

运输是运动中的活动，它和静止的保管不同，要靠大量的动力消耗才能实现这一活动，而运输又承担大跨度空间转移之任务，所以活动的时间长、距离长、消耗也大，当然其节约的潜力也就大。运费通常在全部物流费用中占最高的比例。综合分析计算社会物流费用，运输费在其中占接近 50%的比例，有些产品运费甚至高于其制造成本。所以，运输合理化也就非常必要。

5) 运输是社会物质生产的必要条件之一

运输是国民经济的基础和先行。马克思将运输称为"第四个物质生产部门"，是将运输看成是生产过程的继续。这个继续虽然以生产过程为前提，但如果没有这个继续，生产过程则不能最后完成。所以，虽然运输的这种生产活动和一般生产活动不同，它不创造新的物质产品，不增加社会产品数量，不赋予产品新的使用价值，而只变动其所在的空间位置，但这一变动则能使生产继续下去，使社会再生产不断推进，所以将其看成一种物质生产部门。

3. 运输的功能

运输将空间上相隔的供需系统的各个节点连接起来，克服了产品在生产和需求之间存在的空间和时间上的差异，体现为实现了产品在空间上移动的功能，即产品转移，在运输的同时还可以对产品进行临时性存储。

1) 产品转移功能

运输的主要功能是使产品能在供需环节中来回移动。无论产品出于哪种形式(原材料、零部件、在制品和制成品)，只有通过运输才能进入消费环节，消除产品在空间上的距离，从而实现物质产品的使用价值，满足社会需求。运输的目的就是以最少的时间和费用完成产品的运输任务。如果运输没有按要求完成，其造成的损失可能会非常高昂，如延误生产、客户满意度下降、销售量减少等。

2) 产品临时存储功能

产品由于在运输过程中不仅体现了空间上的转移，还有时间上的改变。这样的改变是以运输设备作为暂时的存储设备的。这些在运输中的产品就形成了所谓的在途库存。从运输单位成本来看，在运输过程中临时储存的成本非常高(因为以运输工具作为储存载体)，但如果考虑到搬运装卸、储存能力限制以及时效性和生产要求等，有时利用运输工具临时存储可能是合理的。

5.1.2 运输方式及其选择

商品运输可以采用不同的运输方式，各种方式有其自身的特点。企业在选择运输方式的时候可以综合考虑各种因素，合理选择。

1. 运输的基本原理

指导运输管理和经营的基本原理主要是规模经济(Economy of Scale)和距离经济(Economy of Distance)，另外，还有一些其他影响因素。

1) 规模经济

规模经济体现在物流系统的各个环节之中。在运输环节中就是随着运输规模的扩大，每单位重量的运输成本下降。这是因为任何运输费用都包括一定的固定费用，如运输管理的费用、运输设备的保有费用等。这些费用只要运输活动存在就必然会发生，而且不随业务量的变化而变化。如果装运的规模越大，按每单位重(数)量分摊的平均费用就越少。例如，整车装运的单位重量成本低于零担装运。

2) 距离经济

距离经济体现在每单位距离的运输成本随着运输距离的增加而减少。同样的道理，运输过程中的装卸及设备使用费用等固定费用随着运距的增加，分摊到每公里的成本就越小，也就使单位距离的总费用最小。

在进行运输管理时，以上两个基本原理是考虑运输问题的出发点。在满足客户要求的前提下，尽量使运输在规模和距离上经济。

3) 运输成本

运输成本的内容很多，从承运人的角度来看，运输成本包括运输货物的在途运费、管理附加费用(如起点的拣货费、终点的卸货费、货物保险费、途中保管费等)，还有各种货物代理费用。物流系统中的运输规划需要考虑如何使系统总费用最低，这也就意味着在某一环节运输费用最低并不一定能得到最低的总运输费用。

4) 运输一致性

运输一致性是衡量运输商能否提供高质量服务的重要指标。运输一致性指在多次运输中某一特定运输活动是否与前几次或者计划要求保持一致。这个要求主要是对于时间要求，也可以是对于数量、重量或者质量的要求。运输一致性是运输可靠性的反映。在生产制造越来越定制化、敏捷性要求越来越高的市场下，如果不能保证一致性就会使整个供应链作业发生严重的问题。

2. 运输方式

1) 基本运输方式

基本的运输方式有公路运输、铁路运输、水路运输、航空运输与管道运输。

(1) 公路运输是配送货物的主要形式。该种方式主要使用汽车或其他车辆(如人力三轮车、电动三轮车等)在公路上进行客货运输。公路运输的主要优点就是在近距离的条件下可以实现"门到门"的服务，而且运输速度较快，时间灵活，对于货运量的大小有很强的适应性。近年来，国内公路运输发展很快，社会运能比较充足。

① 公路运输的优点。

a. 快速。公路运输的运送速度比较快。据国外资料统计，在中短途运输中，公路运输的平均速度比铁路运输快 4～6 倍，比水路运输快 10 倍。

b. 灵活。公路运输具有机动灵活、运输方便的特点。公路运输既可以成为其他运输方式的衔接、辅助手段，也可以自成体系。汽车的载重量可大可小，小的几百公斤，大的可达几十吨、上百吨。而且公路运输对于货物批量具有很强的适应性，既可以单车运输，也可以拖挂运输。

c. 项目投资少，技术容易获得，经济效益高。一般公路运输的投资每年可以周转 1～2 次，而铁路运输则需要 3～4 年。同时，汽车驾驶员及维修人员在社会上都有较大的人力资源市场，获得容易；相对较低的中短途运营成本，也使运费较便宜而且具有较高的经济效益。

d. 可以提供"门到门"的直达运输。汽车除了可以沿公路网运行外，还可深入工厂、矿山、车站、码头、农村、山区等地，空间活动领域大，这一特点是其他任何运输工具所不具备的，因而是诸多运输方式中必不可少的重要组成部分。

e. 能灵活制定运营时间表，运输过程的伸缩性较大。

② 公路运输的缺点。

a. 装载量小。相对于铁路运输和水路运输，公路运输的单位运能较低，不适宜装载重件、大件货物。

b. 运输成本高于铁路、水路运输。

c. 易受气候和环境变化的影响。

d. 易受路况影响。公路运输车辆在运行过程中振动较大，易造成货损货差事故。

(2) 铁路运输是一种陆上运输方式，以机车牵引列车在两条平行的铁轨上行走。但广义的铁路运输还包括磁悬浮列车、缆车、索道等非钢轮行进的方式，又称轨道运输。铁路运输主要承担长距离、大批量的货运，在没有水运条件的地区，几乎所有的大批量货物都是依靠铁路运输的，是我国货运量最大的运输方式。

① 铁路运输的优点。

a. 承运能力大，适合大批量低值商品及长距离运输。

b. 铁路运输不受气候和自然条件影响，准时性较高。

c. 铁路运输可以方便地实现驼背运输、集装箱运输及多式联运。

d. 铁路运输安全性高。

e. 铁路网络发达，可以满足长距离运输的需要。

② 铁路运输的缺点。

a. 成本高，铁路建设项目投资较大，建设周期长。

b. 运输时间稍长。在运输过程中列车需要编组、中转改编等作业，占用时间较长，增加了货物的在途时间。

c. 不能实现"门到门"运输。铁路路网受技术限制，需要依靠其他运输方式配合，才能实现"门到门"运输，完成运输任务。

(3) 水路运输是使用船舶运输的方式。水运作为一种重要的运输方式，与其他运输方式相比，有着不可比拟的优势，如运费低、运量大、对环境污染小等特点。在常用的几种运输方式中，单位运输费用从高到低依次为航空运输、公路运输、铁路运输、水路运输。水路运输为费用最低的方式，它的运量也是其他运输方式比拟不了的。由于水路运输依赖于自然的水力资源，决定了它不必像公路、铁路那样花费巨资和消耗大量资源去建设道路和铺设基础设施，而且水具有良好的流动性，使其能源消耗也最小。

水路运输主要分为两类：内河航运和海洋运输。内河航运是指以船舶为工具，利用天然航道从事水上运输。与海洋运输相比，内河航道的特点是狭窄、弯曲、水浅、流急、风浪小，有的航段设有船闸、桥梁、过江电缆等碍航设施，洪枯水位落差大，不同航道的水深、宽窄、曲率半径和流速均不相同。海洋运输又分为沿海运输(以船舶为运输工具，沿海岸航行，从事货物和旅客的运输)和远洋运输(以船舶为运输工具，从事跨越海洋运送货物和旅客的运输。一般情况下，远洋运输也称为国际航运)。

① 水路运输的优点。

a. 单位运输工具的装载量大，运输能力高，运输距离长。

b. 单位运输成本低。水路运输利用自然河道或稍加改良的航道以及海洋，线路建设成本低，基础投资少，所以运价低廉。

c. 能源消耗少。对各种常见运输方式的能源利用率的研究表明，水路运输单位距离的燃料利用率最高。

② 水路运输的缺点。

a. 运输速度慢，是 5 种运输方式中最慢的一种。

b. 受天气和其他自然条件影响大，如海洋的台风、内河航道的枯水期等会极大地影响水路运输的效率。

c. 可靠性差。由于在行驶过程中受天气、港口等多种因素影响，运输时间难以保证。

d. 货损较多。船舶在行驶过程中受风浪的影响，容易颠簸、摇晃，造成货物受损。

(4) 航空运输是使用飞机或其他航空器进行运输的一种方式。航空运输最大的优点是运输的速度非常快，但其运输成本非常高。因此，主要适合运送客户急需的、价值高的物资(如贵重设备的零部件、高档商品等)和易腐烂、易变质的物品。

① 航空运输的优点。

a. 运行速度快。这是航空运输相对其他运输方式最明显的特征。

b. 灵活、机动性大。飞机不受地理条件的限制，几乎可以飞越各种天然屏障，可以到达其他运输方式难以到达的地方。

c. 航空运输服务质量高，安全可靠。各航空公司对航空飞行有严格的管理，有较好的服务保障。

② 航空运输的缺点。

a. 单位运输成本高。由于飞机造价高，燃料消耗量大，航空运输仍然是最昂贵的运输方式。

b. 运输能力小。飞机的运量有限，对于货物的体积和重量有较多限制，而且对有些物品还有严格的禁运限制。

c. 受天气影响较大，恶劣天气经常造成航班延误或偏航。

(5) 管道运输是用管道作为运输工具的一种长距离输送液体和气体物资的运输方式，是一种专门由生产地向市场输送石油、煤和化学产品的运输方式，是统一运输网中干线运输的特殊组成部分。

① 管道运输的优点。

a. 运输量大。一条输油管道可以源源不断地实现运输任务。一条直径为 1 220 毫米的输油管道，年输油量可达 1 亿吨以上，大于铁路运输量。

b. 占地少。运输管道埋于地下，占用的土地很少。运输系统的建设实践证明，运输管道对于土地的永久性占用仅为公路的 3%，铁路的 10%。

c. 管道运输建设周期短、费用低。国内外交通运输系统建设的大量实践证明，管道运输系统的建设周期与相同运量的铁路建设周期相比，一般来说要短 1/3 以上。费用则比铁路低 60%左右。

d. 管道运输安全可靠、连续性强。由于石油天然气易燃、易爆、易挥发、易泄漏，采用管道运输方式，既安全，又可以大大减少挥发损耗，同时由于泄漏导致的对空气、水和土壤污染也可大大减少。也就是说，管道运输能较好地满足运输工程的环保要求。此外，由于管道基本埋藏于地下，其运输过程受恶劣多变的气候条件影响小，可以确保运输系统长期稳定地运行。

e. 管道运输耗能少、成本低、效益好。发达国家采用管道运输石油，每吨公里的能耗不到铁路的1/7，在大量运输时的运输成本与水运接近，因此在无水条件下，采用管道运输是一种最为节能的运输方式。管道运输是一种连续工程，运输系统不存在空载行程，因而系统的运输效率高，理论分析和实践经验已证明，管道口径越大，运输距离越远，运输量越大，运输成本就越低。以运输石油为例，管道运输、水路运输、铁路运输的运输成本之比为1∶1∶1.7。

② 管道运输的缺点。

a. 专用性强，机动灵活性小。管道运输承运的货物比较单一，也不能随意扩展管线。

b. 管道建设的初期投资建设成本较大。

2) 运输方式的发展

(1) 多式联运。随着运输技术的发展，传统的海、陆、空、江河等互不连贯的单一运输方式在某些情况下已不能适应形势发展的要求，多式联运于20世纪60年代在美国应运而生。多式联运是指根据实际运输要求，将不同运输方式组合成综合性的一体化运输，通过一次托运、一次计费、一张单证、一次保险，由各运输区段的承运人共同完成货物的全程运输，即将全程运输作为一个完整的单一运输过程来安排。多式联运广泛运用于国际货物运输中，称为国际多式联运。多式联运的组织体制一般分为两种：协作式联运(见图5.1)和衔接式联运(见图5.2)。

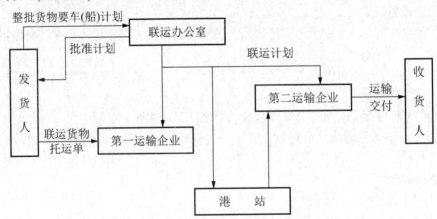

图5.1 协作式多式联运的运输过程示意图

【拓展文本】

(2) 集装箱运输，是指利用集装箱作为运输单位进行货物运输的一种现代化的运输方式。使用集装箱转运货物，可直接在发货人的仓库装货，运到收货人的仓库卸货，中途更换车、船时，无须将货物从箱内取出换装[①]。集装箱运输的优点很多，如密封保存，抗风雨、避光、抗震；整箱搬运，

① 徐天亮. 运输与配送[M]. 北京：中国物资出版社，2002.

装卸方便；铅封号码唯一，货物安全；运输手续简便，工作效率高；容易实现"门到门"运输等。

(3) 驮背式运输(Piggyback)，是铁路和汽车运输相互协作的一种特殊形式的集装箱运输。在驮背运输中，承运人将汽车拖车放在铁路平板车上，由铁路部门通过铁路网运送拖车至指定车站，然后汽车承运人将拖车运送至终点。这种运输服务方式集铁路的长距离运输成本低以及汽车在短途运输上的易用、灵活等特点。

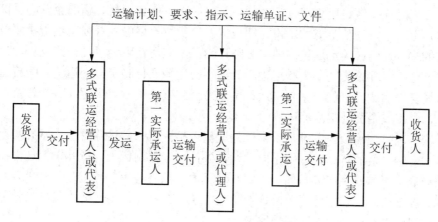

图 5.2　衔接式多式联运的运输过程示意图

5.1.3　运输价格

1. 定义

运输价格简称运价，是指货物运输和旅客运输价格。它属于国民经济价格体系的一个组成部分。

2. 分类

运输价格按运输方式的不同，可以分为铁路运价、水运运价、汽车运价、航空运价和管道运输运价；按货物运载方式和要求的目的不同，可以分为整车运价和零担运价；按运输距离的远近的不同，可以分为长途运价和短途运价；根据国民经济决策和方针政策的需要，有特定运价、优待运价等。此外，依据运输特点和条件不同，还有联运运价、专程运价、特种货物运价以及区域运价等。

3. 构成

运输价格由运输成本、税金与利润构成。运输成本是制定运价的重要依据，一般指完成单位运输产品或旅客应分摊的运输支出。运输成本的特点是不包含原料费，而燃料、工资、折旧以及修理等项支出占的比重较大。在各种不同的运输工具或者运输方式之间，运输成本存在一定的差别，也存在各种比价关系。例如，铁路运输中货运有货物种类、整车、零担和集装箱等运输成本，客运有硬座、硬卧、软座、软卧等运输成本；水运有内河、沿海运输成本，也有按不同的航线计算的拖驳、油轮等运输成本；汽车运输除单车成本外，有的还计算分线路和区域的运输成本；民航除计算各种机型成本外，还计算专业飞行成本。

合理的比价，对于货源分配、货物流向，以及各种运输工具效率的充分发挥，具有十分重要的作用。

运输价格水平的高低，对国民经济其他部门的发展影响很大。特别是货物运费的高低，直接关系到工农业产品的生产和经营费用。如果生产地点远离原料基地，远离销售市场，运输费用就得增加，从而使产品价格升高，使生产者在市场竞争中处于不利地位。

在市场经济条件下，运输价格又是运输业内部和企业相互间竞争的手段。在公路运输尚未充分发展时期，铁路运价在一定条件下是以垄断价格出现的。铁路企业为了谋求本身最大利润，提出按货物负担能力定价，即依据所运货物价格的高低或所运货物发送地区与到达地区的物价差价来确定运价。随着公路运输的发展，铁路为了同公路竞争，在短距离运输上降低运价，并按货物种类和运输距离等不同运输条件制定差别运价。随着通货膨胀与运输市场竞争加剧，有些国家制定运价由原来受到国家干预控制逐渐改为随物价、市场条件变化由国家或企业制定浮动运价。

在我国，国有运输企业运价是国家计划运输价格。国家以运输价值为基础，有计划地运用运价与运输价值的背离，区别不同的运输条件制定差别运价，以此发挥运价在促进生产力合理布局、工农业生产的发展、组织合理运输、经济利用各种运输工具等方面的经济杠杆作用。在全国或在一定地区范围内运价基本统一，并在一定时间内保持相对稳定，从而有利于国民经济有计划、按比例的发展。

5.1.4 运输合理化

运输通过转移物品的空间位置创造了物品的空间效用，但由于其涉及的子系统较多，必须对其进行系统研究，合理优化。在物流理论中，一般认为合理、正确的物流应该是"在规定的时间，规定的地点，以合理的价格，将规定的货物送达正确的人"。基于这样的认识，必须充分思考运输合理化问题。

1. 不合理运输的表现形式

在实际的运输过程中，不合理运输主要有以下几种表现形式。

(1) 对流运输。这是指同类的或可以互相代替的货物的相向运输，它是不合理运输最突出、最普遍的一种。倒流运输是对流运输的一种，指同一批货物或同批货物中的一部分货物，由出发站运至目的地后，又从目的地返回发运站方向的运输。

(2) 迂回运输。由于路网的纵横交错及车辆的机动、灵活，在由某地到另一地之间往往有多条路线可以选择，凡没有选择最优路线的运输都可以称为迂回运输。

(3) 过远运输。不就地或就近获得物品，而舍近求远从别处或远处运来相同物品，从而增加了在运输上的成本，造成运力浪费就称为过远运输。

(4) 重复运输。这是指同一批货物从出发地到目的地，没有经过任何其他作业，也不是为联运和中转的需要，又重新装运到别处的现象。

(5) 启程空载和返程空载。启程空载指在运输过程中，运输车辆需要先空车行驶到某地才能将物品装车运的现象，返程空载则相反，在将物品运输到某地后返程时空车行驶的现象。这两种运输都因为有空车行驶的距离，没有充分利用车辆的运能，也是一种不合理运输。

(6) 运力选择不当。这是未考虑各种运输工具的特点而进行不适当的选择造成的不合理运输。常见的有弃水走陆、铁路短途运输、水运过近运输等。

2. 运输合理化的有效措施

影响运输合理化的因素主要有运输距离、运输环节、运输工具、运输时间、运输费用5个方面。要实现运输合理化，就要充分考虑以上5个因素，选择合理化的途径与方法。

(1) 提高运输工具实载率。充分利用运输工具的额定运能，减少车辆空驶和不满载行驶的公里数，减少浪费，从而求得运输的合理化。

(2) 充分协调社会运能。企业运输能力始终有限，在企业运输能力不能满足需求的时候，可以在成本和效益之间作出权衡，到社会上寻找运输能力。这样，既能够发挥企业的组织能力和专业水平，又能够充分调动社会资源，实现规模效应。

(3) 合理选择运输方式。由于物品对于运输要求的不同，在运输方式的选择上就会有很大的不同。同样的商品，托运人对于运输价格的敏感与否，对于时间要求的紧迫与否，对于货损、货差的要求等都会影响物流企业选择运输方式。合理的运输方式还能够减少承运人的运输成本，协调运输资源，提高服务满意度，如直拨运输、直达运输、配载运输、特殊运输技术和工具使用、流通加工等。

(4) 提高运输计划能力。在运输管理中，先进技术及理论的运用可以提高企业运输服务的能力。如 GPS、GIS 等的使用可以让企业随时掌握运输实况，合理计划运输；计算机及网络技术的使用可以在规划运输路线、处理多品种物品运输以及信息及时掌握上提高效率。

对于运输合理化的理解会指导人们作出正确的运输决策，在运输方式上需要考虑货物因素及环境因素；在运输路线上需要考虑运行路线及运行时间等因素；在运输承包商选择上要比较运输价格和服务质量；最后还要考虑运输过程的优化。

5.2 第三方物流仓储管理

企业为了满足客户的需要，必须在客户指定的时间、地点将商品交付使用。为了实现这个目的，除了需要快速的运输以外，还需要企业拥有一定的商品库存，以便应付顾客的紧急需要。所以，商品储存是企业物流系统不可缺少的组成部分，是物流的中心。

5.2.1 仓储管理概论

1. 定义

所谓仓储，是指在原产地、消费地或者在两者之间存储物品(原材料、部件、在制品、产成品)，并且向管理者提供有关存储物品状态、条件及处理情况等信息[1]。仓储在物流体系中是唯一的静态环节。随着经济的发展，需求方式出现了个性化、多样化的改变，生产

---

[1] 张树山. 物流企业管理学[M]. 北京：中国铁道出版社，经济科学出版社，2007.

方式也变为多品种、小批量的柔性生产方式。仓储的功能也从重视保管效率逐渐变为重视流通功能的实现。储存相当于物流体系的一个节点。在这里，物质实体在化解其供求时间矛盾的同时，也创造了新的时间效益。因此，仓储相对整个物流体系来说，既有缓冲与调节的作用，也有增值的功能。

2. 仓储的意义与作用

产品在从生产领域进入消费领域之前，由于这两个领域往往在时间和空间上是分离的，总要在流通领域停留一段时间，这就形成了商品储存。同样，在生产过程中，各个生产环节之间的产能不同、工艺设计不同等也会形成一定的库存以作为生产缓冲。

1) 仓储是社会生产过程顺利进行的必要条件

商品由生产地转移到消费地，主要是依靠运输及仓储活动来实现的。运输活动解决了生产领域和消费领域在空间上的分离，仓储活动则在这两个领域之间的转换过程中实现了时间价值。在现代化大生产条件下，专业化程度越来越高，社会分工越来越细，生产与消费之间在空间、时间、品种、数量等方面的供求矛盾及差异需要解决。仓储管理已经不是简单地进行物资存储，而需要更深入地考虑如何克服物流环节之间的衔接与同步问题，物流成本与物流效益和效率的问题。具体来讲，仓储活动要从以下几个方面保证社会生产的顺利进行。

(1) 克服生产与消费在地理上的分离。在最早的自然经济里，生产者同时也是消费者，生产地和消费地是重合的。当社会发展、生产力提高后，生产的产品可以满足更多人的需求，生产地和消费地出现了分离。在现代大生产条件下，这种分离已经进一步扩大至地区和世界范围。生产的规模效应和社会分工使极化现象越来越严重，产品的辐射范围越来越宽。这种现状不仅对商品的运输提出了更高的要求，而且也让人们意识到商品储存在平衡供需矛盾及运输调节之中的重要性。

(2) 衔接生产与消费在一致性上的背离。企业的生产规划和消费者需求之间不可能是完全一致的，这也是商品流通领域存在的原因之一。为了满足不同消费者的不同的需要，就必须要求商品在流通领域持续流动，作为缓冲，如产品在进入销售终端之前，必然会有挑选、整理、分装、组配等工作，还要经历如装卸、转运等流转过程，所以商品存储必不可少。

(3) 调节生产与消费方式上的差别。消费者对于产品在品种、质量、功能上的多种要求和生产企业生产能力、水平、专业化程度之间的矛盾是众所周知的。一方面，企业处于成本和效率等方面的考虑专业化程度越来越高；另一方面，不同的消费者对于产品的不同需求则相对分散，所以，就要求流通领域必须将专业化生产的各种产品先汇聚，再按需分散。该过程也必然需要仓储活动的参与。

2) 仓储是保证商品使用价值的重要手段

商品在生产出来，到达消费者之前，由于其本身的性质、所处的条件，以及自然、社会、经济、技术的因素，都可能使产品在使用价值上和数量上减少、质量上降低，必要的仓储管理可以保证商品的质量和数量，保护其使用价值。同时，在物资仓储过程中，努力做到流向合理、周转迅速、工作有效，使商品及时发挥其使用价值。

3) 仓储是加快商品流通、节约流通费用的重要手段

商品在仓库内的滞留，表面上是流通的停止，实际上促进了商品流通的畅通。仓储的发展在调配余缺、减少生产和销售部门的存货压力、调节地区库存总量等方面都起到了积极的作用。

4) 仓储可为商品进入市场做好准备，保证其销售和进一步生产

仓储可以使商品在进入市场前完成整理、包装、质检、分拣、标签等加工，一边缩短后续环节的工作和时间，一边加快商品的销售。承担存储货物的简单加工已成为仓储企业的一项重要业务，也是仓储企业改善服务、强化竞争能力的重要手段。

3. 仓储作业流程

仓储作业的主要内容包括验收入库、商品保管、商品发放、商品盘点、呆废物品处理、退货处理、账务处理、安全维护、资料保管等，具体业务流程如图 5.3 所示。

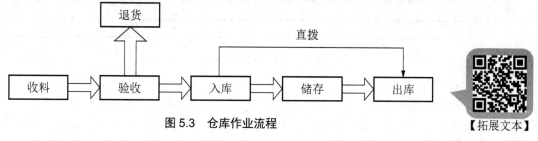

图 5.3　仓库作业流程　【拓展文本】

1) 商品入库管理

商品的入库是以商品的接运和验收为中心开展的业务活动，在接到商品入库通知单后，经过接运提货、装卸搬运、检查验收、办理入库手续等一系列作业环节构成的工作过程。

(1) 商品接运：由于商品到达仓库的形式不同，除一小部分由供货单位直接运到仓库交货外，大部分需要转运。经过转运的商品，均需经过仓库接运后才能进行入库验收。作为商品入库业务流程的第一道作业环节，也是商品仓库直接与外部发生的经济联系，它的主要任务是及时而准确地向交通运输部门提取入库商品，认真检查，分清责任，取得必要的凭据，避免将一些在运输过程中或运输前就已经损坏的商品带入仓库，造成验收中责任难分和在保管工作中的困难或损失。

(2) 商品验收：商品验收是按照验收业务作业流程，核对凭证等规定的程序和手续，对入库商品进行数量和质量检验的经济技术活动的总称。凡商品进入仓库储存，必须经过检查验收。商品验收涉及多项作业技术，如验前人员、资料、器具、货位、设备准备；凭证核对；实物数量和质量检验等。

(3) 入库：在商品验收完成后，就可以将商品入库了。入库方式一般有两种，常见的是产品实体验收合格后入库，成为库存；另一种方式则是产品实体并不进入仓库，在入库手续完成的同时直接出库进入生产或流通环节。商品入库必须有入库单证跟随，如图 5.4 所示。在入库单上需要反映商品的仓储编号、商品名称、入库日期、产品型号或编号、商品数量、单价、单位、总金额、仓位、保管人和可能使用部门等信息。这既是对于商品的详细描述，也便于仓储管理。

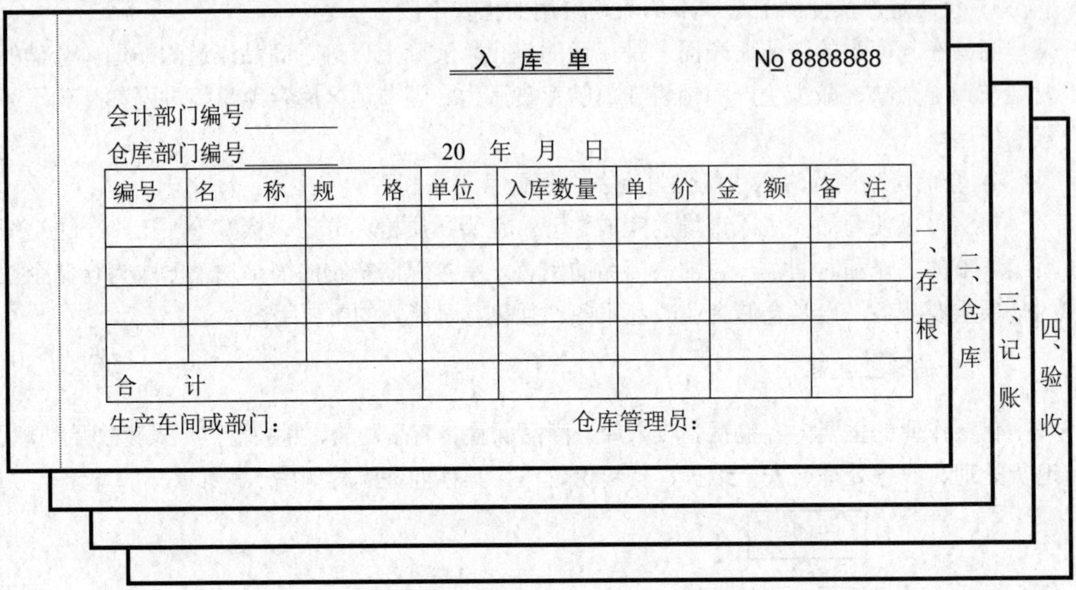

| 入 库 单 | No 8888888 |

会计部门编号_____
仓库部门编号_____　　　　20　年　月　日

编号	名　称	规　格	单位	入库数量	单　价	金　额	备　注
合　计							

生产车间或部门：　　　　　　　　　　　　仓库管理员：

一、存根　二、仓库　三、记账　四、验收

图 5.4　商品入库单示例

2) 商品储存保管规划

物资的生产和消费之间，在时间、空间、数量、品种等方面总是存在一定的差异。为了消除这些差异，必须要建立一定的储备。而商品在仓库保管期间，其自身质量会由于各种因素(如商品本身的物理化学性质、自然的温度、湿度变化)的影响而发生变化。为了保护商品的使用价值、价值不受影响，必须进行合理的商品保管。

商品保管的基本任务是：根据产品本身的特性及其变化规律，合理规划并有效利用现有仓库设施，采取各种行之有效的技术和组织手段，确保库存商品的质量与安全。具体工作包括以下几个部分。

(1) 保管场所的分配：在仓库内，为每一种库存商品分配适当的储存保管地点，如保管区的划分、库房、料场的分配，确定存入统一库房的商品品种等。合理分配保管场所的目的在于做到物得其所、库尽其用、地尽其力。

(2) 保管场所的布置：将各种商品合理地布置到库房、料棚或料场的平面和空间。其基本原则是最大限度地提高保管场所的平面利用率和空间利用率；有利于提高商品保管质量；符合技术作业过程要求，便于日常盘点和收发；便于机械化作业等。

(3) 商品堆垛设计：商品堆垛是一项技术性的工作。一般堆垛要求科学合理、稳固安全、简易方便和整齐美观。在作业中，必须根据保管场所的实际情况、商品本身的特点、装卸搬运条件和技术作业过程的要求，即商品堆垛在垛基、垛型、堆码方式、料垛苫盖、料垛加固等。

(4) 商品保管秩序：一个仓库中，储存保管着成千上万种商品，商品储存规划的主要内容之一就是使这些商品的存放秩序井井有条以便于收发和盘点。如给料位编号和指定料位储料方式。随着计算机技术的发展，用计算机进行料位管理将是非常方便和高效的。

3) 商品养护

仓库中存储着各种各样的商品，它们有着不同的特性。商品养护工作就是针对商品的不同特性积极创造适宜的储存条件，采取适当的措施，以保证商品储运的安全，保证商品质量和品质，减少商品的损耗。由于构成产品的原材料不同，性质各异，受到各种自然因素影响而发生质量变化的规律与物理、化学、生物、机械、电子、金属等多门学科都有密切联系。所以，从事存储工作的企业和人员只有掌握与应用这些专业知识，才能创造各种养护条件，保护好商品的使用价值和价值。具体工作由仓库温湿度管理、金属防锈、商品防霉与防虫及仓库安全管理。

4) 商品出库管理

商品出库是商品储存过程的终止，也是仓库作业管理的最后环节，是仓库根据业务部门或存货单位开具的出库凭证(提货单、调拨单)，按其所列商品的编号、名称、规格、数量等项目，组织商品出库的一系列工作的总称。出库发放的商品必须准确、及时、保质保量地发给收货单位，包装要求完整、牢固、标记正确。

(1) 商品的出库方式。

① 先进先出法：从最先采购进来的货物开始依次出库的方式。这是最常用的商品储存管理中的出库方式。先进先出法经常持有固定保管数量的商品，在货物收发时，如在库存仍有余额的情形下，另有补充入库，则将先入库的物品出库，再将后入库的新货物保存下来。

② 后进先出法：与上一种方法相反，该方法是从最新入库的物品依序出库的方式。实际运用中，一般先将预期一周左右需要出库的物品摆放在出库口附近，以便随时应对出库。如果有余货则将其放回原有货位；如果没有进货而需要商品出库时，就将最近入库的物品先搬出。其最大的问题在于如果长期使用此方法，在剩余库存中往往都是一些储存时间较长的商品，这些商品极容易变质或陈旧。

(2) 商品出库的业务流程。

① 验单：仓库根据相关部门开出的内容、印鉴齐全出库凭证(出库单、调拨单)办理出库业务。出库单如图 5.5 所示。

② 登账：商品出库，保管人员则可按凭证所列项目进行登记，核销储存量。

③ 配货：保管人员根据出库凭证在复核无误后按所列项目和标注进行配货。

④ 包装：在货物出库时，往往需要对货物进行拼装、加固或换装工作，以保证在出库运输过程中不受损坏。

⑤ 交运：包装好的商品经核对无误后集中到理货场所，与理货员办理交接手续，由理货员复核后在出库单证上加盖印鉴，填写货物运单，并通知货运部门提货发运。

⑥ 交付：仓库发货人员在备齐商品并复核后，必须当面向提货人或运输人按单列货物逐件点交，明确责任，最好交接手续。

⑦ 销账：上述发货作业完成后，需核销保管账、卡上的存量，以保证账、卡、物一致。

4. 现代仓储管理

随着科学技术的不断进步，生产力得到高度发展，工业生产规模也不断扩大，自动化水平不断提高，使得货物储运量增加从而使仓库的库容量和流转量增加。为了适应高度发展的生产力水平，仓储管理也必须实现现代化，采用先进的科学技术和管理方法，保质、保量、及时、准确地完成供应任务。

出　库　单							No 8888888	

会计部门编号_____

仓库部门编号_____　　　　20　年　月　日

编号	名　　称	规　　格	单位	入库数量	单　价	金　额	备　注
合　计							

生产车间或部门：　　　　　　　　　　　仓库管理员：

一、存根　　二、记账　　三、结算　　四、发货

图 5.5　商品出库单示例

仓储管理现代化的基本标志，主要体现在货物的实物管理现代化和信息管理现代化两个方面。

1) 实物管理现代化

(1) 现代化仓库。现代化仓库一般以机械化、自动化、立体化高层货架仓库为代表，而随着计算机技术的深入应用，现代化仓库将逐步发展成为由计算机控制的智能型自动仓库。

(2) 仓储作业现代化。仓储作业主要是指装卸、搬运和分拣等。仓储作业现代化的主要标志是作业的机械化和自动化水平，装卸搬运作业现代化的基础是作业设备的现代化。各种起重与运输功能兼具的叉车与托盘的配套使用、集装箱装载与运输功能的使用、管道输送方式的新应用等都是仓储作业现代化的标志。

(3) 检测计量技术的现代化。现代化方法和现代化设备的使用，可以在现代仓储品种多、数量大、流转快的背景下保证检测、计量结果的准确、高效，并实现自动记录。

2) 信息管理现代化

计算机技术的广泛应用是管理现代化的重要标志之一。通过运用先进的计算机技术，如仓库管理信息系统(Warehouse Management System，WMS)，不仅可以存储所有的仓储管理信息，跟踪仓储管理过程，及时地处理各类管理信息(如 EDI 技术、条形码技术、RFID 技术等)，还可与有关部门联网，形成计算机管理信息系统，充分利用信息资源，为决策者提供决策的支持和依据，如物料需求计划(Material Requirement Planning，MRP)、制造资源计划(Manufacturing Resource Planning，MRPⅡ)、企业资源计划(Enterprise Resource Planning，ERP)的运用。

【拓展文本】

5.2.2 库存成本管理

1. 定义

库存成本指存储在仓库里的货物所需成本，它还包括订货费、购买费、保管费。库存是供应链环节的重要组成部分，指一个组织所储备的所有物品和资源，库存成本就是这些物品和资源所需成本。

2. 构成

库存成本一般可分为采购成本、库存持有成本和缺货成本 3 个主要部分。

【拓展视频】

1）采购成本

采购成本是指与采购原材料部件相关的物流费用，包括采购订单费用、采购计划制订人员的管理费用、采购人员管理费用等。

2）库存持有成本

库存持有成本是指为保持适当的库存而发生的成本，它可以分为固定成本和变动成本。固定成本与一定限度内的库存数量无关，如设备折旧、维护费用、职工工资等；变动成本与库存数量的多少相关，如库存占用资金的利息费用、库存物品的毁损和变质损失、保险费用、搬运装卸费用、挑选整理费用等。变动成本主要包括资金成本、服务成本、空间成本、风险成本。

（1）资金成本。也称为利息费用或机会成本，是指将库存占用的资金投至其他途径所能够得到的回报，是库存成本的隐含费用。资金成本反映企业失去的赢利能力。如果资金投入其他方面，就会要求取得投资回报，因此资金占用成本就是这种尚未获得的回报的费用。为了核算上的方便，一般情况下，资金占用成本指占用资金支付的银行利息。资金成本是库存持有成本的一个重要组成部分，通常用持有库存的货币价值的百分比表示，有时可以达到80%以上。

（2）服务成本。库存服务成本由按价计算的税金以及为维持库存而产生的火灾和盗窃保险费用组成。一般情况下，税金总额随库存水平的变化而变化。保险费率通常并不与库存水平保持严格的变动关系。这主要是由于购买保险的主要目的是在一定时期内保护一定价值的库存产品，所以当库存发生小幅度变化时，保险的金额并不立即随之变动。但是，当库存水平未来会发生较大变化时，保险政策就会根据预期的库存水平变化作出调整。因此，从总体上来看，保险费率和库存水平之间还是有十分密切的关系的。保险费用的水平还会受到其他一些因素的影响，如仓储建筑所使用的材料、建成年代以及安装的消防设备类型等。

（3）空间成本。空间成本是指因占用储存建筑物空间所支付的费用。如果是租借的空间，储存费用一般按一定时期内储存产品的重量来计算。如果是自有仓库或合同仓库，则空间成本取决于分担的固定成本或运营成本，这些运营成本都是与储存空间相关的(如供暖和照明)；同时，还取决于与储存量相联系的固定成本，如建筑和储存设施成本。在计算在途库存的持有成本时，不必考虑空间成本。

(4) 风险成本。作为仓储持有成本的最后一个主要组成部分的仓储风险成本，反映了一个非常的可能性，即由于企业无法控制的原因，造成的库存商品贬值、损坏、丢失、变质等损失。库存风险成本一般包括废弃成本、损坏成本、损耗成本、移仓成本。

① 废弃成本是由于商品再也不能以正常的价格出售而必须处理掉的成本。废弃成本是商品的原始成本和残值之间的差额，或者是正常销售价格和为了清除这种产品而降价销售的价格之间的差额。

② 损坏成本是仓库营运过程中发生的商品损毁而丧失使用价值的那一部分商品成本。而在搬运过程中发生的损坏应被看成是一种产量成本，与库存水平无关，不应计入库存持有成本。

③ 损耗成本则多是因为盗窃造成的商品缺失而损失的那一部分商品成本。这部分也是因保持库存而产生，因此应计入库存持有成本。

④ 移仓成本。商品在一地销售不畅，并不意味着它在所有的地区都销售不好。当企业在销售不畅的地区保存了过多的库存时，为了避免库存过期，往往需要将库存从该地的仓库转运到畅销地的仓库，以便销售该商品，这时，移仓成本便产生了。

移仓成本之所以被算做是库存持有成本，主要是由于该成本是由企业对库存水平控制不当、拥有的库存过多所引起的。

3) 缺货成本

缺货成本是指由于库存供应中断而造成的损失，包括原材料供应中断造成的停工损失、产成品库存缺货造成的延迟发货损失和丧失销售机会的损失(还应包括商誉损失)。

如果发生外部缺货，将导致以下情况的发生。

(1) 延期交货。延期交货可以有两种形式：一是缺货商品可以在下次规则订货时得到补充；二是利用快速延期交货。如果客户愿意等到下一个规则订货，那么企业实际上没有什么损失。但如果经常缺货，客户可能就会转向其他供应商。

如果缺货商品延期交货，那么就会发生特殊订单处理和运输费用，延期交货的特殊订单处理费用要比普通处理费用高。由于延期交货经常是小规模装运，运输费率相对较高，而且，延期交货的商品可能需要从一地区的一个工厂仓库供货，进行长距离运输。另外，可能需要利用速度快、收费较高的运输方式运送延期交货商品。因此，延期交货成本可根据额外订单处理费用的额外运费来计算。

(2) 失销。由于缺货，可能造成一些用户会转向其他供应商。也就是说，许多公司都有生产替代产品的竞争者，当一个供应商没有客户所需的商品时，客户就会从其他供应商那里订货，在这种情况下，缺货导致失销。对于企业来说，直接损失就是这种商品的利润损失。因此，可以通过计算这批商品的利润来确定直接损失。

(3) 失去客户。第三种可能发生的情况是由于缺货而失去客户，也就是说，客户永远转向另一个供应商。

如果失去了客户，企业也就失去了未来一系列收入，这种缺货造成的损失很难估计，需要用管理科学的技术以及市场营销的研究方法来分析与计算。除了利润损失，还有由于缺货造成的商誉损失。商誉很难度量，在仓储决策中常被忽略，但它对未来销售及企业经验活动非常重要。

缺货造成延迟发货损失和丧失销售机会的损失(还应包括商誉损失)。

5.2.3 库存控制方法

1. ABC 分析法

ABC 分析法又称帕累托分析法、ABC 分类管理法、重点管理法等，是根据事物在技术或经济方面的主要特征，进行分类、排队，分清重点和一般，以有区别地实施管理的一种分析方法。由于它把被分析的对象分成 A、B、C 三类，所以称为 ABC 分析法，如图 5.6 所示。

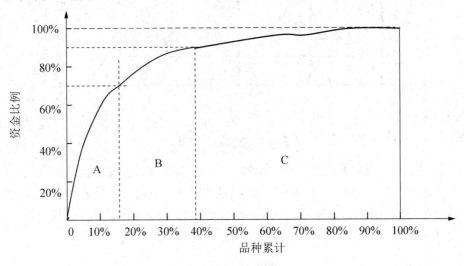

图 5.6　ABC 分类法

ABC 分类法的基本原理：区别主次，分类管理。它将管理对象分为 A、B、C 三类，以 A 类作为重点管理对象。A 类物资，品种约占 15%，占用资金约为 75%；B 类物资，品种约占 30%，占用资金约为 20%；C 类物资，品种约占 55%，占用资金约为 5%。

2. CVA 管理法

CVA 的基本思想是把存货按照关键性分成以下 4 类。

(1) 最高优先级。这是经营的关键性物资，不允许缺货。

(2) 较高优先级，这是经营活动中的基础性物资，但允许偶尔缺货。

(3) 中等优先级。这多属于比较重要的物资，允许合理范围内的缺货。

(4) 较低优先级。经营中需用这些物资，但可替代性高，允许缺货。

3. 经济订购批量法

经济订购批量法简称 EOQ(Economic Order Quality)模型，通过平衡采购进货成本和保管仓储成本，确定一个最佳的订货数量来实现最低总库存成本。基本库存模型有以下两种[①]。

1) 定量订货模型

如图 5.7 所示，定量订货模型要求规定一个特定的订购点 R，当库存水平达到这一点就应当进行再订购且订购批量为 Q。

---

① 齐二石. 物流工程[M]. 北京：高等教育出版社，2006

图 5.7 以及对求解最优订购量的讨论基于以下假设：产品需求是固定的，且在整个时间内保持一致；提前期(从订购到收货的时间)是固定的；单位产品的价格是固定的；储存成本以平均库存为计算依据；订购或生产准备成本固定；所有产品的需求都能满足(不允许延期交货)。

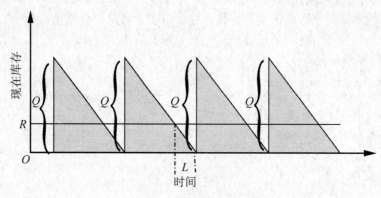

图 5.7　定量订货模型

这些假设虽然与现实不太符合，但提供了一个思考路线，简化了问题。令：D 为需求量(每年)，$\overline{d}$ 为日平均需求量，Q 为订购批量(最佳批量为经济订购批量 EOQ)，S 为生产准备成本或订购成本，R 为再订购点，L 为提前期(天)，H 为单位产品的年平均成本，则经济订购批量的公式为

$$EOQ = \sqrt{\frac{2DS}{H}}$$

再订购点为

$$R = \overline{d}L$$

【例 5.1】某企业是一家经销电脑的零售商。经测算它的最佳订货批量为 240 台，安全库存量为 120 台，每天平均销售量为 60 台，订货提前期为 2 天。求其订货点。

解：

$$订货点 = 60 \times 2 + 120 = 240(台)$$

2) 定期订货模型

如图 5.8 所示，在定期订货系统中，库存只在特定的时间进行盘点，如每周一次或每月一次。在定期订货系统中，不同时期的订购量不尽相同，订购量的大小主要取决于各个时期的使用率，它一般比定量订货系统要求更好的安全库存。安全库存是超出预期需求之外的附加需求，避免由于需求变动造成缺货。在定期订货模型下有可能发生在刚订完货时，由于大批量的需求而使库存降至零，并只有在下一个盘点期才被发现，造成整个盘点期 T 和提前期 L 发生缺货。所以安全库存应当保证在盘点期和提前期内不缺货。

在定期订货模型中，在盘点期 T 进行再订购，此时，安全库存为

$$安全库存 = z\sigma_{T+L}$$

$$订货量 = 盘点期和提前期内的平均需求 + 安全库存 - 现有库存$$

即

$$q = \overline{d}(T+L) + z\sigma_{T+L} - I$$

订货周期的公式为

$$T = \sqrt{\frac{2S}{HQ}}$$

式中，T 为两次盘点的间隔期(也可看做经济订货周期)；L 为提前期(订购与收到货物之间)；z 为既定服务水平下的标准差倍数；σ_{T+L} 为盘点周期与提前期之间需求的标准差；I 为现有库存(包括已订购尚未到达的)；其余符号与前文一致。

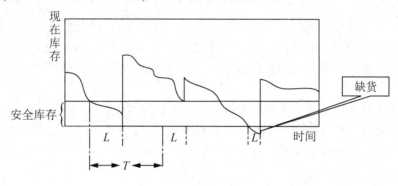

图 5.8　定期订货模型

5.3　第三方物流配送管理

5.3.1　配送管理概论

1. 定义

国家标准《物流术语》(GB/T 18354—2006)对配送的定义为：在经济合理区域范围内，根据客户要求，对物品进行拣选、加工、包装、分割、组配等作业，并按时送达指定地点的物流活动。

从物流角度来说，配送几乎包括了所有的物流功能要素，是物流在小范围内全部活动的体现。配送集装卸、包装、保管、运输于一身，通过这一系列活动达到将物品送达客户的目的。特殊的配送还要以加工活动为支撑，包含的面更广。发展配送，实施集中库存，可发挥规模优势，降低整个社会库存成本；采用配送，批量进货，集中发货，以及将多个小批量集中一起大批量发货，可有效节省运力，实现合理运输，降低物流成本；实行配送，生产企业可以依靠配送中心的准时配送或及时配送，压缩库存，降低生产储备，减少资金占用。完善的配送对于物流系统的提升，生产企业和流通企业的发展，以及整个经济社会效益的提高，具有重要作用。

【拓展视频】

2. 特点

(1) 配送不仅是送货，而是送货、分货、配货等活动的有机结合体。配送是"中转"型送货，而一般送货尤其从工厂至用户的送货往往是直达型；一般送货是生产什么，有什么送什么，配送则是需要什么送什么。

(2) 配送是一种"门到门"服务。物流企业可以将货物从物流节点一直送到用户的仓库、营业所、车间乃至生产线的起点。

(3) 配送是"配"与"送"的有机结合。所谓"合理地配"，是指在送货活动之前必须依据顾客需求对其进行合理的组织与计划。只有"有组织有计划"地"配"才能实现现代物流管理中所谓的"低成本、快速度"地"送"，从而有效满足顾客的需求。

3. 配送模式

配送模式通常可以分为三大类型：第一种是按照配送组织者不同来分，主要包括自营配送、共同配送和第三方配送；第二种是按照配送的产品不同来分，包括生产资料配送和生活资料配送；第三种是新兴的配送方式，主要包括超市配送、跨国配送、电子商务配送和冷链配送等[①]。

基于本书是从第三方物流企业的角度来看，配送模式可以分为两种：一种是企业自营配送；另一种是专业整合配送。作为第三方物流企业，在充分考虑自己的经营优势后，可以参与企业任何形式的配送业务，成为专业整合配送商。

1) 自营配送

自营配送是指企业配送的各个环节都是由企业自身筹建并组织管理，实现对企业内外货物配送的模式，自营配送模式主要为生产流通企业集团或综合性企业集团采用。从理论上来看，自营配送有其产生的基础。一般认为自营配送效率低、成本高，但从专业性和规模经济性角度考虑，如果企业经营达到一定规模，或企业的产品具有较为特殊的专业性，或在信息不完备等情况下，采取自营配送模式是合适的。另外，在实践中，对于风险控制的思考以及现有第三方物流企业能力不足等因素也使许多企业采取自营配送模式。

在我国和国外，较典型的自营配送主要体现在连锁企业的内部配送方面。连锁集团公司基本上是通过自建配送中心来实现对各卖场、门店的统一采购、统一配送、统一结算。

自营配送的优势在于，有利于企业供应、生产和销售的一体化作业，系统化程度相对较高，既可满足企业内部原材料、半成品及成品的配送需要，又可满足企业对外部进行市场拓展的需求；不足之处表现在，企业自有配送体系需要大量的投资，在企业规模较小时，配送的成本和费用较高。

2) 专业整合配送

专业整合配送是指生产企业、商业企业将自己的配送业务部分或全部委托给专业从事配送业务或有一定整合资源可以获得比企业自营配送更高效率、效益的组织的配送行为。专业整合配送的体现方式有很多种，如一对多或多对多的共同配送模式，独立开展配送业务的独立配送模式，对大型集团专业配送的集团配送模式。

(1) 共同配送。按照日本工业标准的解释，共同配送是"为提高物流效率，对许多企业一起进行配送"。其运作形式有两种：由一个配送企业对多家用户进行配送；或在送货环节上将多家用户的待运送的商品混载于同一辆车上，然后按用户的要求分别将商品运送到各个接货点，或运送到多家用户联合设立的配送商品接收点上。此外，还存在另一种共同配送模式：若干配送企业开展协作，在核心企业的统一安排调度下，各个配送企业分工协作、联合行动，共同对某一地区的用户进行配送。

---

① 刘彦平. 仓储和配送管理[M]. 北京：电子工业出版社，2006.

共同配送的优势可以从两方面来分析。从货主的角度，通过共同配送能够提高效率，送货的一方可以实现少量配送，收货的一方可以进行统一的验货，从而达到提高物流服务水平的目的。从物流业者的角度出发，可以不受资金的限制，实现大宗运货，并可通过信息网络提高车辆使用效率，解决往返运货问题，扩大面向客户的多批次、小批量服务。由于共同配送的实质是货主企业之间或配送企业之间的一种协作，因而在实施过程中要坚持功能互补、平等自愿、互惠互利和协调一致的原则。

(2) 独立配送。独立配送是指配送组织依靠自己构建的网络体系独自开展配送活动的运作形式。独立配送的运作方法是：各个行为主体通过各种渠道分头与用户建立业务关系，单独开展配送活动。独立配送有时表现为不同的配送主体各自配送多种类商品，从而呈现出综合配送形态；有时又常常表现为众多配送组织分别、独自配送某一种类的物资，呈现出专业配送形态。

(3) 集团配送。作为一种运作模式，集团配送并不是指某个企业集团内部的供应站或供应公司对所属的各个需求单位运送物资的送货形式，而是专指那种以一定方式聚合专业流通企业，组成相对独立的流通企业集团，集中对大中型生产企业实行定点、定时、定量供货的配送模式，以及那种以商贸集团及其所属物资加工中心为媒介，在生产企业集团相互之间供货、送货的运作模式。由于配送活动的行为主体是有一定规模和经济实力的企业集团，集团配送成为一种典型的规模经济活动。采用集团配送模式进行操作，必须具备良好的外部环境条件，还必须建立起高效率的指挥系统和信息系统。

5.3.2 配送中心管理

国家标准《物流术语》(GB/T 18354—2006)，对配送中心的定义为：从事物流活动的具有完善的信息网络的场所或组织。应基本符合下列要求：①主要面向社会提供公共物流服务；②物流功能健全；③辐射范围大；④存储、吞吐能力强，能为转运和多式联运提供物流支持；⑤对下游配送中心提供物流服务。

对于配送中心，不同的专家学者和不同的国家对其作出的定义不尽相同，但对于配送中心的功能认识是一致的，即配送中心是配送业务活动的聚集地和发源地，其功能和目的是按照客户的要求为客户提供高水平的供货服务，这与物流企业的存在目的正好一致。所以，在中国，大部分的配送中心都是物流企业独立经营或参与经营的。

1. 配送中心的种类

由于服务内容和范围不同，配送中心有多种不同形式，可从不同角度予以分类。

【拓展视频】

1) 按配送中心的经济功能不同划分

(1) 供应型配送中心。专门为某个或某些用户组织供应。其服务对象有两类：一是组装、装配型生产企业，为其供应零部件、原材料或半成品；二是大型超市、连锁企业以及配送网点。其特点是：配送的用户稳定，用户的要求范围明确、固定。因此，配送中心集中库存的品种范围固定，进货渠道稳固，都建有大型现代化仓库，占地面积大，采用高效先进的机械化作业。

(2) 销售型配送中心。以销售为目的，配送为手段的配送中心。主要有 3 种类型：一是生产企业为直接将自己的产品销售给消费者，以提高市场占有率而建的配送中心，如我国的海尔集团所建的配送中心；二是专门从事商品销售的流通企业为扩大销售而自建或合建的配送中心；三是流通企业和生产企业共建的协作性配送中心，这是一种公用型配送中心。这类配送中心的特点是用户不确定，用户多，每个用户购买的数量少，因此不易实行计划配送，集中库存的库存结构比较复杂。销售型配送中心往往采用共同配送，才能取得较好的经营效果。

(3) 储存型配送中心。采用集中库存形式，库存量较大。一些具有较强存储功能的生产企业成品销售配送中心、原材料和零部件供应配送中心以及从事大范围配送的流通企业配送中心均属于这种类型。

(4) 流通型配送中心。它是一种只以暂存或随进随出方式运作的配送中心。其运作方式是成批进货，按用户订单要求零星出货，在进货的同时，货物经分拣机，直接分送至各用户的货位或配送运输工具上，货物在配送中心滞留时间很短。

(5) 加工型配送中心。它是一种根据用户需要对配送物品进行加工，而后实施配送的配送中心。这种配送中心行使加工职能。其加工活动主要有分装、改包装、集中下料、套裁、初级加工、组装、剪切、表层处理等。闻名于世的麦当劳、肯德基的配送中心就是提供加工服务后向其连锁店配送的典型。

2) 按服务范围不同来划分

(1) 城市配送中心。向城市范围内的用户提供配送服务的配送中心称为城市配送中心。由于城市范围一般处于汽车运输的经济里程范围内，这类配送中心通常采用汽车进行配送，并可直接配送到最终用户。城市配送中心所服务的对象大多是零售商、连锁店和生产企业，大多采用和区域配送中心联网的方式运作，以"日配"的服务方式配送。国内外绝大多数的配送中心都是城市配送中心，如北京市的食品配送中心。

(2) 区域配送中心。向跨市、跨省(州)范围内的用户提供配送服务的配送中心称为区域配送中心。这类配送中心有 3 个基本特征：①辐射能力较强，经营规模较大，设施和设备先进；②配送的货物批量较大；③配送的对象大多是大型用户，如城市配送中心和大型工商企业，采用"日配"或"隔日配"的服务方式。虽然它也给批发商、企业用户、商店零星配送，但不是主体对象。例如，加拿大大都会公司(Metro Richelieu)的食品杂货配送中心占地面积 55 000 平方米，层高约 9 米，固定配货对象有 18 家区域批发商、320 家零售商。配送服务半径为 300 公里，每天发货量 10 万箱，自接到用户的订单起，到收到货物，一般不超过 8 小时，实现了"日配"。

(3) 国际配送中心。向区域、国际范围内用户提供配送服务的配送中心称为国际配送中心。其主要特征是：①经营规模大，辐射范围广，配送设施和设备的机械化、自动化程度高；②配送方式采用大批量、少批次和集装单元；③配送对象主要是超大型用户，如区域配送中心和跨国工商企业集团；④存储吞吐能力强。

2. 配送中心规划与设计

配送中心的规划是指以物流学原理为依据，运用系统分析的观点，采用定量与定性相结合的方法，对拟建的配送中心进行总体的长远发展计划的过程。

配送中心的规划既包括对拟建的单个配送中心和由多个配送中心组成的配送网络的新

建规划，也包括对现有物流系统向配送中心转型的改造规划，但不同类型的规划侧重点不同。对新建单个配送中心而言，配送中心的选址问题是整个规划的重点所在；对新建有多个配送中心组成的配送网络而言，系统构造和网点布局则是整个规划的核心问题；至于对现有物流系统的改造，如何充分利用现有设施、通过流程改造和企业重组实现向现代配送中心的转变则是其规划的重点。本书主要对新建配送中心进行讨论。

【推荐文章】

1) 配送中心规划原则

在对配送中心进行规划的过程中要遵循以下几项原则。

(1) 系统工程原则。要把配送中心看做一个开放的系统。通过分析和预测物流量，把握物流的最合理流程以及合理地确定配送中心的选址，使配送中心的各种职能及其与供货商、客户的连接均衡、协调地运转。

(2) 价值工程原则。要以尽可能低的物流成本满足客户对配送的高质量的服务需求。由于配送中心建设需要的投资额巨大，所以必须对其进行可行性研究，通过对多个方案的比较筛选，选择获得最大企业效益的方案。同时，还要保证配送中心在运作的过程中的经济性。

(3) 科学化原则。通过合理设计配送流程，选择、组织、使用先进的设备，采用计算机进行物流管理和信息处理，实现配送中心科学化运作，以充分发挥配送中心多功能、高效率的特点，提高管理现代化水平。

2) 配送中心规划与设计的主要内容

在配送中心规划与设计活动中，主要从配送中心的选址与布局、设施设备规划、信息系统规划与设计、系统总体设计4个方面来考虑。

(1) 配送中心选址与布局。由于配送中心选址与布局是配送中心规划的最重要问题，涉及众多的复杂因素，需要集合定性和定量的数据进行综合分析。其具体包括以下设计过程。

① 选择约束条件分析。这些约束条件有自然环境因素、经营环境因素、基础设施情况、政策情况及其他因素。

② 资料收集整理。选址过程中必须掌握业务量资料、费用资料、客户分布资料、路线资料等。

③ 选址方案设计。在初步收集了资料后，根据配送中心建设目的及企业状况进行初步备选方案设计。

④ 定量分析。基于优化思想对备选选址方案进行评估。

⑤ 结果评价与检验。按照上述几个步骤确定的约束条件及物流节点选址的一般原则进步对选定的地址进行检验与评价，最终选定配送中心的位置。

(2) 设施设备规划。配送中心的设施设备规划包括配送中心的空间布局与建筑物设计以及设备选择等。

① 配送中心空间布局。配送中心的内部作业区域包括验收区、储存区、理货区、发运区、加工区和办公区。配送中心作业区的规划设计主要包括以下环节：设施确认(码头墙体窗口、仓库门、柱跨度、天花板净高、消防设施、排水系统等)、入货口及出货口位置、固

定区域及固定设施确认、主要作业区域及动线确定、高低频作业区域定义、主通道确定、储存方法及副通道确定。

② 配送中心建筑物设计。该过程考虑建筑物形式、仓库楼层净高、地面负荷能力、柱跨度及通道的设计。

③ 配送中心设备选择。配送中心的设备选择与设计包括确定货架的类型及高度、层数、行数、长度、宽度等相关参数，其他设备的具体类型、规格、型号及主要性能参数等。在选择设备的过程中通常要考虑的因素有：配送商品的特性、商品的存储要求、商品的加工需要、出入库数量、设备之间的匹配、建筑结构、投资成本等。

(3) 信息系统规划与设计。在配送中心运作的各个环节，信息流始终伴随着物流活动而存在。能否对配送活动的信息予以准确、及时的反映，并据此改进配送中心的管理工作和提高对客户需求的响应速度，直接关系到配送中心的运作效率和经济效益。为实现配送中心的作业管理、经营管理、决策支持的功能，其管理信息系统应包括现场监控系统(设备实时监控、货物实施跟踪、人员现场管理)、管理信息系统(采购进货管理系统、仓库管理系统、销售发货管理系统、财务会计系统)和经营决策系统(决策支持、资源计划、作业优化、库存合理化)3 部分。

(4) 系统总体设计。配送中心总体设计就是根据配送中心所在位置的地形、地质条件，以及配送中心业务性质、规模大小、设施设备、对外运输方式等确定各建筑物、构筑物之间的相对位置，并合理设置交通运输线路和附属工程的过程。本着安全、适用、经济的原则，布置仓库设施的功能分区，绘制物流流程图，分析各项设施之间的关系，确定设施的相对位置，确定各项设施的面积和防火间距，确定物流路线的面积，绘制仓库的总面积等。

【推荐文章】

5.3.3　配送合理化

1. 不合理配送的表现形式

对于配送的决策优劣，很难有一个绝对的标准。例如，企业效益是配送的重要衡量标志，但在综合考虑企业业务发展时，有可能无法顾及成本效益问题。所以，配送的决策也要纳入企业综合决策之中。在决策时要避免由于不合理配送的出现而造成的损失，但有时有些不合理现象是伴生的，要追求大的合理，就要派生小的不合理，所以，配送合理化不能绝对。其具体表现形式有资源筹措的不合理、库存决策的不合理、价格的不合理、配送与直达的决策不合理、配送中运输规划的不合理、经营观念的不合理等。

2. 配送合理化的判断标志

对于配送合理化与否的判断，是配送决策系统的重要内容，目前国内外尚无一定的技术经济指标体系和判断方法，按一般认识，以下若干标志是应当纳入的。

(1) 库存标志。库存是判断配送合理与否的重要标志。体现在库存总量降低，库存周转加快。鉴于库存商品品种不同，计量单位不同，所以库存标志一般是以库存占用资金计算而不以商品数量来计算。

(2) 资金标志。总之，实行配送应有利于资金占用降低及资金运用的科学化，体现在占用的流动资金总量降低，资金周转加快，资金投向由分散投入改为集中投入。

(3) 成本和效益。总效益、宏观效益、微观效益、资源筹措成本都是判断配送合理化的重要标志。对于不同的配送方式，可以有不同的判断侧重点。例如，配送企业、客户都是各自独立的以利润为中心的企业，所以不但要看配送的总效益，而且要看对社会的宏观效益及两个企业的微观效益，不顾及任何一方，都必然出现不合理。又如，如果配送是由客户集团自己组织的，配送主要强调保证能力和服务性，那么，效益主要从总效益、宏观效益和客户集团企业的微观效益来判断，不必过多顾及配送企业的微观效益。对于配送企业而言，企业利润反映配送合理化程度。对于客户企业而言，在保证供应水平或提高供应水平(产出一定)的前提下，供应成本的降低，反映了配送的合理化程度。

(4) 供应保证标志。其体现在缺货次数、配送企业集中库存量、即时配送的能力及速度。

(5) 社会运力节约标志。末端运输是目前运能、运力使用不合理，浪费较大的领域，因而人们寄希望于配送来解决这个问题。这也成了配送合理化的重要标志。运力使用的合理化是依靠送货运力的规划和整个配送系统的合理流程及与社会运输系统合理衔接来实现的。

(6) 客户企业仓库、供应、进货人力物力节约标志。配送的重要观念是以配送代劳用户，因此，实行配送后，各客户库存量、仓库面积、仓库管理人员减少为合理；用于订货、接货、搞供应的人应减少才为合理。

(7) 物流合理化标志。配送必须有利于物流合理，体现在物流费用降低，物流损失减少，物流速度加快，物流方式有效，有效衔接了干线运输和末端运输，物流中转次数减少，采用了先进的技术手段。

3. 配送合理化的主要措施

国内外企业正在大力推行配送合理化，其中有一些可供借鉴的办法，简介如下。

(1) 推行一定综合程度的专业化配送。通过采用专业设备、设施及操作程序，取得较好的配送效果并降低配送过分综合化的复杂程度及难度，从而追求配送合理化。

(2) 推行加工配送。通过加工和配送结合，充分利用本来应有的这次中转，而不增加新的中转求得配送合理化。同时，加工借助于配送，加工目的更明确和用户联系更紧密，更避免了盲目性。这两者有机结合，投入不增加太多却可追求两个优势、两个效益，是配送合理化的重要经验。

(3) 推行共同配送。通过共同配送，可以最近的路程、最低的配送成本完成配送，从而追求合理化。

(4) 实行送取结合。配送企业与用户建立稳定、密切的协作关系。配送企业不仅成为用户的供应代理人，而且承担用户储存据点，甚至成为产品代销人，在配送时，将用户所需的物资送到，再将该用户生产的产品用同一车运回，这种产品也成了配送中心的配送产品之一，或者代存代储，免去了生产企业库存包袱。这种送取结合，使运力充分利用，也使配送企业功能有更大的发挥，从而追求合理化。

(5) 推行准时配送系统。准时配送是配送合理化重要内容。配送做到了准时，用户才有资源把握，可以放心地实施低库存或零库存，可以有效地安排接货的人力、物力，以追求最高效率地工作。另外，保证供应能力，也取决于准时供应。从国外的经验看，准时供应配送系统是现在许多配送企业追求配送合理化的重要手段。

（6）推行即时配送。即时配送是最终解决用户企业担心断供之忧、大幅度提高供应保证能力的重要手段。即时配送是配送企业快速反应能力的具体化，是配送企业能力的体现。即时配送成本较高，但它是整个配送合理化的重要保证手段。此外，用户实行零库存，即时配送也是重要手段保证。

【拓展文本】

5.4 第三方物流成本管理

现代物流经济效益的直接来源是物流活动的有效运营与管理的成本节约，物流企业管理的目的就是运用规模优势和专业化优势降低物流总成本，提供高质量的物流服务，增强委托企业竞争优势，因此，物流成本管理是物流企业管理的核心。物流既是主要成本的产生点，又是降低成本的关注点。实现物流成本管理，降低物流成本，提高经济效益，对国家与企业都具有非常重要的现实和长远意义。

5.4.1 第三方物流成本管理概论

随着经营环境的改变，物流成本管理的方式和管理理念也在不断发生变化。从初级的成本节约模式到高级的成本改善模式，从日常的质量管理模式到项目投资的成本效益模式，总成本意识已经成为物流成本管理的首要和关键理念。

1. 定义

国家标准《企业物流成本计算与构成》(GB/T 20523—2006)指出："物流成本是企业物流活动中所消耗的物化劳动和活劳动的货币表现，包括货物在运输、储存、包装、装卸搬运、流通加工、物流信息、物流管理等过程中所耗费的人力、物力和财力的总和以及与存货有关的流动资金占用成本、存货风险成本和存货保险成本。"该定义的物流成本包含方面的内容：一方面是直接在物流环节产生的支付给劳动力的成本，耗费在机器设备上的成本以及支付给外部第三方的成本；另一方面包括在物流环节中因持有存货等所潜在的成本，如占有资金成本、保险费等。

2. 特点

1）隐含性

在传统上，物流成本的计算总是被分解得支离破碎、难辨虚实。由于物流成本没有被列入企业的财务会计制度，制造企业习惯将物流费用计入产品成本；流通企业则将物流费用包括在商品流通费用中。因此，无论是制造企业还是流通企业，不仅难以按照物流成本的内涵完整地计算出物流成本，而且连已经被生产领域或流通领域分割开来的物流成本，也不能单独真实地计算并反映出来。任何人都无法看到物流成本真实的全貌，了解其可观的支出。

隐性成本指由于物流运作不畅导致的库存费用增加所形成的资金利息成本、库存资金占用的机会成本、市场反应慢的损失以及管理不善造成的货物损失和损坏的成本，之所以称其为隐性成本，是因为这部分成本很难用定量分析的方法进行估算。

2) 消减的乘法效应

物流成本类似于物理学中的杠杆原理，物流成本的下降通过一定的支点，可以使销售额获得成倍的增长；而其上升一点，也可使销售额成倍地削减。假定销售额为 100 万元，物流成本为 10 万元，如物流成本下降 1 万元，就可得到 1 万元的收益。物流成本的下降会产生极大的连锁效益。

3) 效益背反(交替损益)

物流成本具有效益背反的特征。

【拓展文本】

效益背反定律，是指物流领域某一功能要素的优化和利益发生的同时，必然会存在另一个或几个功能要素的利益损失，反之亦然。这是一种此涨彼消、此盈彼亏的现象。按照"效益背反"定律，客户服务水平的提高必然会导致物流成本的上升，可以说两者的关系适用于收益递减法则，如图 5.9 所示。当服务水平处于较低水平阶段的时候，如果追加 x 个单位的服务成本，服务水平将提高 y 个单位；而当服务水平本身已处在较高水平阶段时，如果再追加同样 x 个单位的成本，此时提高的服务水平只有 y' 个单位($y' < y$)。所以，无限度地提高服务水平，会因为成本上升的速度加快，反而使服务效率变化越来越小，甚至下降。也就是说，投入相同的成本并非可以得到相同的物流服务的增长。一般而言，当物流服务处于低水平阶段追加成本的效果较佳。

物流系统的效益背反包括物流成本与服务水平的效益背反和物流各功能活动的效益背反。

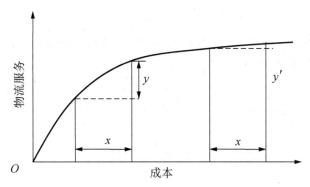

图 5.9　物流服务与成本之间的效益背反

5.4.2　物流成本分类

现代物流成本的范围更广，贯穿于企业经营活动的全过程，包括从原材料供应开始一直到将商品送达到消费者手中所发生的全部物流费用。物流成本按不同的标准有不同的分类，按产生物流成本主体的不同，可以分为企业自身物流成本和委托第三方从事物流业务所发生的费用(即委托物流费)。如果按物流的功能不同，物流成本可做以下分类。

(1) 运输成本。运输成本主要包括人工费用，如运输人员工资、福利等；营运费用，如营运车辆燃料费、折旧、公路运输管理费等；其他费用，如差旅费等。

(2) 仓储成本。仓储成本主要包括建造、购买或租赁等仓库设施设备的成本和各类仓储作业带来的成本。

(3) 流通加工成本。流通加工成本主要有流通加工设备费用、流通加工材料费用、流通加工劳务费用及其他。

(4) 包装成本。包装成本主要包括包装材料费用、包装机械费用、包装技术费用及包装人工费用等。

(5) 装卸与搬运成本。装卸与搬运成本主要包括人工费用、资产折旧费、维修费、能源消耗费及其他相关费用。

(6) 物流信息和管理费用。物流信息和管理费用包括企业为物流管理所发生的差旅费、会议费、交际费、管理信息系统费以及其他杂费。

5.4.3 物流成本影响因素

1. 竞争性因素对物流成本的影响

市场环境变化莫测，充满了激烈的竞争，企业处于这样一个复杂的市场环境中，市场竞争也并非单方面的，它不仅包括产品价格的竞争，还包括客户服务的竞争。而高效的物流系统是提高客户服务的重要途径。如果企业能够及时可靠地提供产品和服务，则可以有效提高顾客服务水平，这都依赖于物流系统的合理化。客户的服务水平直接决定了物流成本，因此，物流成本在很大程度上是由于日趋激烈的竞争而不断发生变化的。企业必须对竞争作出反应，而每一个回击都是以物流成本的提高为代价的。影响客户服务的因素主要有以下几个方面。

1) 订货周期

企业物流系统的高效必然可以缩短企业的订货周期，降低客户的库存成本，提高企业的客户服务水平，增强企业的竞争力。

2) 库存水平

企业的库存成本提高，可以减少缺货成本，即缺货成本与存货成本成反比。库存水平过低，会导致缺货成本增加；而库存水平过高，虽然会降低缺货成本，但是存货成本会显著增加。因此，合理的库存应保持在使总成本最少的水平上。

3) 运输

企业采用更快捷的运输方式，虽然会增加运输成本，但是可以保证运输质量，缩短运输时间，提高企业竞争力。这要建立在对客户服务水平和自身成本的权衡上。

2. 空间因素对物流成本的影响

空间因素包括运输距离、交通运输条件等。运输距离是影响运输成本的主要因素。一方面，运输距离的增加，会使运输总成本上升，因为它直接影响燃料费、维修保养费用和运输人员的补贴费等费用的变化；另一方面，随运输距离的增加，单位距离的运输成本通常会降低。单位运输距离的成本是随运输距离的增加而减少的，运输距离越长，被分摊到每单位距离的固定成本就越少，则运输成本越低。这就是运输的距离经济效益，即短距离的运输比长距离的运输成本高。所以，企业在进行运输活动时应延长长距离的干线运输，缩短短距离的终端运输，降低运输成本，增加企业效益。

3. 运输方式对运输成本的影响

不同的运输方式对运输成本的高低影响很大。总地来说，空运成本最高，水运成本最低。这与每种运输方式的固定成本、管理费用和载重量有关。空运中，购买飞机和相关设备的费用极高，每年运输设备和工具等固定资产的折旧就很高，业务人员和管理人员的工资也很高，因此空运的固定成本很高。但是每架飞机的载重量却很小，如波音 747 全货机最多只能装 100 多吨，所以单位运输量的固定成本就高。水运虽然购买船舶和相关设备的费用很高，每年运输设备和工具等固定资产的折旧很高，业务人员和管理人员的工资很高，固定成本也很高，但每艘船舶的载重量很大，少则几万吨，多则几十万吨，单位运输量的固定成本就低。因此，企业在运输货物时，应根据货物的特性和客户对时间的要求，选择相应的运输方式，降低运输成本。

4. 企业产品因素对物流成本的影响

产品是企业的物流对象，因此是影响物流成本的首要因素。不同企业的产品，在产品的种类、属性、重量、体积、价值和物理、化学性质方面都可能不同，这些对企业物流活动(如仓储、运输、物料搬运)的成本均会产生不同的影响。

1) 产品种类与物流成本的关系

产品种类与物流成本的关系如图 5.10 所示。

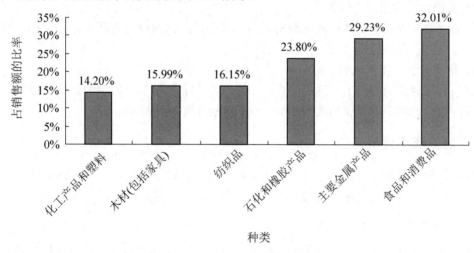

图 5.10　产品种类与物流成本的关系

2) 产品密度对物流成本的影响

通常，密度小的货物每单位所占的运输成本比密度大的要高。在重量和空间方面，单独的一辆运输卡车更多受到空间的限制，而不是重量的限制。即使该货物的很轻，车辆一旦装满，就不可能再增加装运的数量。所以，运输的货物密度大，就可以把固定成本分摊到增加的数量上，使单位货物承担的运输成本降低。货物密度越大，运输成本分摊到单位重量就越小，因此增加产品的密度一般可以降低运输成本，如图 5.11 所示。企业在运输货物时，应根据货物的密度进行搭配，把多种货物混装，进行相互嵌套，充分利用运输工具的空间，降低运输成本。

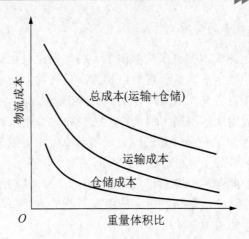

图 5.11 产品密度与物流成本的关系

3) 产品价值对物流成本的影响

随着产品价值的增加，每一领域的成本都会增加。运费在一定程度上反映货物移动的风险，一般来说，产品价值越大，对其所需使用的运输工具要求越高，仓储和库存成本也随产品价值的增加而增加。高价值意味着存货中的高成本，高价值产品过时的可能性更大，在储存时所需的物理设施也越复杂和精密。高价值产品对包装往往也有较高的要求。

4) 易损性对物流成本的影响

易损性对物流成本的影响是显而易见的。易损性产品对物流各环节，如运输、包装、仓储等都提出了更高的要求。

5) 特殊搬运对物流成本的影响

有些物品对搬运提出了特殊的要求，如对长大物品的搬运，需要特殊的装载工具；有些物品在搬运过程中需要加热或制冷等，这些都会增加物流成本。

5.4.4 物流成本分析方法

成本分析方法多种多样，它可以采用会计的方法、统计的方法或数学的方法。在具体的成本分析工作中，使用最广泛的技术方法，主要有指标对比法和因素分析法。

1. 指标对比法

指标对比法又称比较法，是实际工作中广泛应用的分析方法。它是通过相互关联的经济指标的对比来确定数量差异的一种方法。通过对比，揭露矛盾，发现问题，寻找差距，分析原因，为进一步降低成本指明方向。

成本指标的对比分析可采取以下几种形式。

1) 实际指标与计划指标对比

具体进行成本分析时，首先，将实际成本与计划成本进行比较，通过对比，说明计划完成的程度，为进一步分析指明方向。

2) 本期实际指标与前期实际指标对比

通过对比(如上年同期或历史最高水平对比)，反映企业成本动态和变化趋势，有助于吸取历史经验，改进成本工作。

3）本期实际指标与同行业先进水平对比

通过对比，可以反映本企业与国内外先进水平的差距，以便扬长避短，努力挖掘降低成本的潜力，不断提高企业的经济效益。

应当指出，采用指标对比法时，应注意对比指标的可比性，即对比指标采用的计量单位、计价标准、时间单位、指标内容和前后采用的计算方法等都应具有可比的基础和条件。在同类企业比较成本指标时，还必须考虑技术经济可比性。指标既可以用绝对数对比，也可以用相对数对比。

2．因素分析法

因素分析法是将某一综合指标分解成若干个相互联系的因素，并分别计算、分析每个因素影响程度的一种方法。

因素分析法的一般步骤是：第一，确定分析指标由几个因素组成；第二，确定各个因素与指标的关系，如加减关系、乘除关系等；第三，采用适当方法，把指标分解成各个因素；第四，确定每个因素对指标变动的影响方向与程度。

因素分析法的具体计算程序：以成本的计划指标为基础，按预定的顺序，将各个因素的计划指标依次替换为实际指标，一直替换到全部都是实际指标为止，将每次的计算结果与前次计算结果相比，就可以求得某一因素对计划完成情况的影响。

因素分析法是在指标对比法的基础上发展的，可作为指标对比法的补充。

假设成本指标 N 是由 A、B、C 三个因素乘积所组成，其计划成本指标与实际成本指标分别列示如下：

$$计划成本指标 \ N_1 = A_1 \cdot B_1 \cdot C_1$$
$$实际成本指标 \ N_2 = A_2 \cdot B_2 \cdot C_2$$
$$差异额 \ G = N_2 - N_1$$

计划成本指标 $N_1 = A_1 \cdot B_1 \cdot C_1$，则有以下操作：

第一次替换 $A_2 \cdot B_1 \cdot C_1 = N_3$，则 $N_3 - N_1$ 表示 A 因素变动的影响；

第二次替换 $A_2 \cdot B_2 \cdot C_1 = N_4$，则 $N_4 - N_3$ 表示 B 因素变动的影响；

第三次替换 $A_2 \cdot B_2 \cdot C_2 = N_2$，则 $N_2 - N_4$ 表示 C 因素变动的影响。

以上 3 个因素变动影响的总和为

$$(N_3 - N_1) + (N_4 - N_3) + (N_2 - N_4) = N_2 - N_1 = G$$

上式 3 个因素变动的差异之和与前面计算的实际成本脱离计划成本的总差异是相符的，这就确定了各个因素对成本升降的影响程度，并可以确定各个因素所占差异的比重程度，为制定降低成本方案，提供可靠的依据。

5.4.5　物流成本管理内容

物流成本管理的具体内容包括物流成本预测、物流成本决策、物流成本计划、物流成本控制、物流成本核算和物流成本分析等。

【推荐文章】

1．物流成本预测

物流成本预测是根据有关成本数据和企业具体的发展情况，运用一定的技术方法，对未来的成本水平及其变动趋势作出科学的估计。成本预测是成本决策、成本计划和成本控制的基础工作，可以提高物流成本管理的科学性和预见性。

在物流成本管理的许多环节都存在成本预测问题，如仓储环节的库存预测、流通环节的加工预测、运输环节的货物周转量预测等。

2. 物流成本决策

物流成本决策是在成本预测的基础上，结合其他有关资料，运用一定的科学方法，从若干个方案中选择一个满意的方案的过程。从物流的整个流程来说，有配送中心新建、改建、扩建的决策，装卸搬运设备、设施的决策，流通加工合理下料的决策等。进行成本决策、确定目标成本是编制成本计划的前提，也是实现成本的事前控制、提高经济效益的重要途径。

3. 物流成本计划

物流成本计划是根据成本决策所确定的方案、计划期的生产任务、降低成本的要求以及有关资料，通过一定的程序，运用一定的方法，以货币形式规定计划期物流各环节耗费水平和成本水平，并提出保证成本计划顺利实现所采取的措施。

通过成本计划管理，可以在降低物流各环节方面给企业提出明确的目标，推动企业加强成本管理责任制，增强企业的成本意识，控制物流环节费用，挖掘降低成本的潜力，保证企业降低物流成本目标的实现。

4. 物流成本控制

成本控制是根据计划目标，对成本发生和形成过程以及影响成本的各种因素和条件施加主动的影响，以保证实现物流成本计划的一种行为。从企业生产经营过程来看，成本控制包括成本的事前控制、事中控制和事后控制。成本的事前控制是整个成本控制活动中最重要的环节，它直接影响以后各作业流程成本的高低。事前成本控制活动主要有物流配送中心的建设控制，物流设施、设备的配备控制，物流作业过程改进控制等。成本的事中控制是对物流作业过程实际耗费的控制，包括设备耗费的控制、人工耗费的控制、劳动工具耗费和其他费用支出的控制等方面。成本的事后控制是通过定期对过去某一段时间成本控制的总结、反馈来控制成本。通过成本控制，可以及时发现存在的问题，采取纠正措施，保证成本目标的实现。

5. 物流成本核算

物流成本核算是根据企业确定的成本计算对象，采用相适应的成本计算方法，按规定的成本项目，通过一系列的物流费用汇集与分配，从而计算出各物流活动成本计算对象的实际总成本和单位成本。通过物流成本计算，可以如实地反映生产经营过程中的实际耗费，同时，也是对各种活动费用实际支出的控制过程。

6. 物流成本分析

物流成本分析是在成本核算及其他有关资料的基础上，运用一定的方法，揭示物流成本水平的变动，进一步查明影响物流成本变动的各种因素。通过物流成本分析，可以提出积极的建议，采取有效的措施，合理地控制物流成本。

上述各项成本管理活动的内容是一个互相配合、相互依存的有机整体。成本预测是成本决策的前提；成本计划是成本决策所确定目标的具体化；成本控制是对成本计划的实施进行监督，以保证目标的实现；成本核算与分析是对目标是否实现的检验。

5.5　第三方物流风险管理

【推荐文章】

2006 年我国企业物流外包水平达到 42.6%，但因第三方物流市场尚不规范，物流企业"大而全""小而全"现象严重，加上外包双方之间信息不对称，因此物流外包风险难以避免。如果企业不能对物流外包风险进行有效的控制，则企业物流成本难以降低，企业核心竞争力的提高难以实现。因此，外包企业和物流企业如何识别、评价及控制相关风险具有重要意义。

5.5.1　物流业务外包的委托—代理关系风险研究

委托代理理论是建立在非对称信息博弈论的基础上的。非对称信息指的是某些参与人拥有但另一些参与人不拥有的信息。信息的非对称性可从以下两个角度进行划分：一是非对称发生的时间，二是非对称信息的内容。委托代理理论是制度经济学契约理论的主要内容之一，主要研究的委托代理关系是指一个或多个行为主体根据一种明示或隐含的契约，指定、雇佣另一些行为主体为其服务，同时授予后者一定的决策权力，并根据后者提供的服务数量和质量对其支付相应的报酬。授权者就是委托人，被授权者就是代理人。具体而言，处于信息劣势的业务外包企业属于委托方，物流外包合作中拥有信息优势的第三方物流企业属于代理方。

国内有的学者认为外包双方因信息不对称，会导致"委托—代理"风险。他们主要从物流外包运作的特点(委托—代理机制)、交易费用理论及企业文化差异方面来分析物流外包风险因素。物流外包合作双方由于物流商(代理方)拥有信息优势，同时与外包企业(委托方)的战略目标不一致，从而给外包企业带来风险；并且双方企业文化及管理模式的差异同样也会导致外包风险。中国社会科学院研究员魏众等认为在物流外包过程中，由于双方信息不对称、文化差异，风险日益凸显，如果对外包风险处理不当，将使企业物流外包不能达到预期目的。

国外学者认为委托人建立监控机制可减少代理人的机会主义行为。如建立物流商的确认程序，可降低信息的不对称，减少物流外包风险。马森和斯拉克指出加强监控可使委托人详细审查代理人，发觉代理人的机会主义行为并惩罚欺诈性的代理人。另外，增加代理人的竞争性可减少监控费用。再者，建立激励机制也可减少代理人的机会主义行为，从而降低代理费用。阿米莉亚·C. 里根(Amelia C. Regan)认为，应从建立信息共享机制确定合适的履约目标以及进行客户关系管理，可以降低企业和第三方物流之间的外包风险。陈宝国和卢山提出加强物流外包过程的监控，缩短物流外包链，降低外包链的长鞭效应；建立合理的网络化物流外包机制；降低对物流商的依赖程度，保持在外包过程中的独立性；加强激励合同的严密性和合理性；加强物流外包过程成本的控制；注意物流外包的阶段性总结；利用法律维护切身利益等措施来控制物流外包风险。

5.5.2　委托企业风险管理

1. 委托企业风险识别

委托企业的风险来自多方面，简言之，既有自然灾害这种不可抗力的因素，如地震、火灾、暴风雨(雪)等，也有人为因素，主要有以下几个方面。

(1) 委托—代理机制所固有的信息风险。由于信息不对称和信息不完全，委托人(货主企业)往往比代理人(第三方物流企业)处于更不利的位置，从而不可避免地给委托人带来一定的信息风险，主要是常见的两种代理人问题：①逆向选择，即货主企业(委托人)在选择第三方物流企业(代理人)时，第三方物流企业掌握了一些货主企业所不知道的信息(如第三方物流企业自身内部管理问题、业务专长与缺陷等)，而这些信息可能对货主企业是不利的，第三方物流企业因此与货主企业签订了对自己有利的契约，致使货主企业受到损害。这种信息不对称的决策导致了"逆向选择"——货主企业误选了不适合自身实际情况的第三方物流供应商。②败德行为。假定第三方物流企业与货主企业在签订契约时各自拥有的信息是对称的，但契约签订后，货主企业无法观察到第三方物流企业的某些行为，或者是由于外部环境的变化仅被第三方物流企业所观察到。在这种情况下，第三方物流企业在有契约保证条件下，可能采取不利于货主企业的一些行为，进而损害货主企业利益。当货主企业集中精力对内部诸如生产管理、销售与服务、产品设计、市场调查进行控制时，它就不可能像原先那样全面、细致地了解第三方物流企业的运作全过程，那么第三方物流企业就可能给货主企业带来不确定性，表现在第三方物流企业服务质量的下降和服务水平的降低。这种隐藏行为导致了"败德行为"——第三方物流企业降低了服务水准，增加了货主企业的潜在费用。

(2) 独家供应商问题。供应链上出现独家物流供应商，由于供应商服务地域和管理能力的有限性，独家物流供应商政策可能在某些地区的物流服务中给货主企业带来物流服务风险。

(3) 物流外包业务范围确定不当，将会导致物流资源支离破碎。如果将紧密联系的物流资源部分外包或分别外包给不同的服务商，则可能会导致严重的沟通协调问题。当出现问题时，不同的服务商容易相互推诿自己的责任，这样容易掩盖问题的真相。当然，与该风险相关的因素较多，但如果选择了合适的外包业务类型，风险会明显减少。另外，物流外包范围确定不当还会导致公司丧失学习和培养核心竞争力的机会。通过不恰当的物流外包环节，有时破坏了作为整体的设计、生产、运输等活动的互动关系，从而影响了公司的核心竞争能力。

(4) 物流外包运作时，企业运营活动的计划组织由企业与第三方物流企业共同完成，所需的人、财、物资源也由双方共同提供。在这种情况下，企业一定要在"控制"与"信任"之间寻找平衡点。如果过于"信任"第三方物流企业，给予其很大的行动空间，缺乏有效的监控，必将造成第三方物流企业的失控，从而不能有效地对资源进行计划控制和组织；如果过于"控制"第三方物流企业，会引起他们的不良情绪，失去对企业的信任，甚至中断与企业的合作关系。

(5) 物流外包的运作过程，不只是物流本身的运作问题，更重要的是在运作过程中企业和第三方物流企业之间需要有效的协商与沟通。但在物流外包过程中，合作双方一方面渴望交流，另一方面又存在一定的文化与观念上的差异，管理风格和行政制度各不相同，各自的价值取向也不相同，这就需要合作双方进行有效的沟通和协调。如果处理不当，甚至在沟通协调中不能正确对待企业之间的文化冲突，就可能导致双方员工互相猜疑，引发双方员工非理性报复，从而致使物流外包合作失败。国外许多管理学研究表明，许多企业之间的合作失败几乎都是因为忽视了企业之间的文化和观念上的差异带来的后果。

2. 委托企业风险规避

为了提高企业基于第三方物流进行物流外包的收益，降低企业物流外包过程中潜在的风险，必须采取相应的风险规避策略，主要从环境、人员、外包业务、信息和机制 5 个方面展开。

【推荐文章】

(1) 营造充分竞争的物流外包环境。物流外包环境是企业物流外包的主要风险，因此在选择物流外包和实施物流外包的过程中，企业要充分考虑外包环境的影响。如果不存在充分竞争的物流外包环境，企业可以考虑将物流业务分拆，分别外包给不同的第三方物流企业，尽量营造充分竞争的物流外包环境，降低信息不对称的程度，从而减少在信息不对称条件下，第三方物流企业的不利选择给外包企业带来的物流外包风险。另外，考虑到物流外包环境的不成熟，物流外包合同期限不宜过长。许多国外成功的外包案例表明，合同期限为两年较为合理。合理的物流外包合同期限有助于保持合作双方的良好合作关系，达到双赢的目标。

(2) 构建有效的物流外包项目管理团队。物流外包实质上是一个项目管理过程，因此外包企业必须构建一支有效的物流外包项目管理团队，重视吸纳物流管理人才加入。企业物流外包之后，必将改变原有的内部作业流程，通过构建物流外包项目管理团队，转变原来从事具体物流运作的人员职能，消除员工的抵制情绪，对外包的物流功能进行持续有效的监控，从而尽量实现无缝衔接基础上的物流业务流程调整。另外，通过构建物流外包项目管理团队，明确团队目标，并与组织物流外包目标相一致，加强项目管理团队的学习能力和管理能力，提高分析物流外包范围的利弊能力和物流外包的决策能力，以及选择物流服务供应商的能力。

(3) 实施有效的物流外包业务的管理方法。物流外包管理的成功离不开有效的物流外包业务的管理方法，该方法主要体现在决策、计划组织和控制方面。在决策方面，物流外包的决策是否能够采用科学的决策方法，直接影响物流外包的实施结果。物流外包决策应从战略层次和战术层次把握。另外，物流服务承包商选择也是一个重要的决策问题。在计划组织方面，发展在物流外包环境下企业物流运作的计划组织控制模式，保证运营信息的保密性，构建物流外包的绩效评价指标，并为物流外包运作过程的管理提供控制依据。

(4) 建立物流外包信息共享机制。在物流外包过程中，最普遍的风险因素是由信息不对称导致的决策风险，因此，应该建立物流外包的信息共享机制。物流外包关系实际上是企业外包方和物流服务承包商之间的委托—代理关系。在签订物流外包合同前，由于服务承包商(代理人)已经掌握了一些外包企业(委托人)所不知道的信息，而这些信息可能是对外包企业不利的，因此服务承包商(代理人)能够签订对自己有利的合同，从而导致"逆向选择"。另外，当签订合同后，由于外包企业(委托人)无法观察到服务承包商(代理人)的某些行动，服务承包商(代理人)在有合同保障之后，可能采取不利于外包企业(委托人)的一些行动，进而损害外包企业的利益，从而导致"道德风险"。通过建立物流外包的信息共享机制，可以大大降低由于信息不对称所导致的风险。

(5) 建立利益共享、风险共担机制。良好的物流外包关系是成功物流外包运营的决定性因素，其本质是合作机制。合作双方利益共享，风险共担，相互信任与尊重，并形成优势互补。对于长期合作关系，企业必须考虑互利互惠。虽然没有特别的制度约束，彼此的共识使长期合作对双方都有利。大多数企业认为，对赢利的预期和回报的分享是建立伙伴关系，保持长期物流外包合作的动力所在。企业与第三方物流企业是否长期合作取决于信任、沟通、承诺、企业文化、物流技术、响应速度、弹性等重要因素。特别是信任、沟通和承诺这些因素，它们是企业与形成战略伙伴关系的基石。然而，建立良好的信任、沟通和承诺是个审慎的过程，是在长期合作中形成的。当然，相互信任并不意味着对服务水平协议(Service Level Agreement，SLA)的忽略，相反，在双方的合同中必须包含 SLA 条款，以可度量的方式对物流服务质量进行定义，规定必须达到的服务水平以及对未达到预期要求的处罚措施、业务增加或减少的调整方法以及终止条款等。SLA 在对服务承包商加以约束的同时，也要求外包企业不得随意要求免费增加服务项目，能起到双赢的作用。

5.5.3 第三方物流企业风险管理

1. 第三方物流企业风险识别

物流业是一个拥有清晰工作流程的行业，因此采用流程图方法可以全面地反映第三方物流企业在各个环节面临的风险。第三方物流企业主要面临以下风险。

1) 自然灾害

自然灾害包括洪水、地震、火山、山体滑坡以及大规模传染病等。这些不可抗力事件的发生会对第三方物流企业的运作产生巨大的影响。

2) 与市场价格相关的风险

追求经济利益最大化是所有企业的根本目标。市场价格的变动必然会影响到第三方物流企业的服务价格。市场结构包括经济、社会政治以及技术发展水平等，市场结构会强烈影响成本结构，市场结构对供应价格的影响直接表现为供求关系。

3) 与运输相关的风险

物流配送是第三方物流企业一切活动正常运行的保障，在物流配送的领域中，运输线路的选择、运输方式的确定、运输时间的控制等多方面的问题都需要慎重的考虑。不然就会产生诸如对流运输、迂回运输、倒流运输、重复运输、过远运输等不合理的运输，给企业造成不必要的资源浪费。

4) 员工人身意外伤害而带来的赔偿风险

只要有人参与的工作就存在员工意外伤害风险。在运输过程中，可能因交通事故而造成驾驶人员致残或致死；在储存、包装、装卸的过程中，由于机器故障、不当操作产生的工伤事故也时有发生。企业不仅要承担员工意外伤害造成的经济赔偿责任，而且员工因伤、因残离岗也会对企业的正常经营造成不利影响。

5) 与信息管理相关的风险

物流信息将供应链上各节点单位都连接在一起，通过现代信息技术的应用，实现整个供应链的高效率。物流系统中的信息种类多，跨地域，涉及面广，动态强，尤其是在运作过程中受自然、社会的影响很大，所以物流信息就有可能出现不准确、不及时，或者是无用信息过多，进而影响供应链的运行。

6) 环境污染和危险品泄漏风险

在物流企业工作的所有环节中都可能出现这两种风险。环境污染风险主要包括运输环节中车辆的燃油泄漏污染和尾气排放污染、不可降解的包装材料、装卸搬运环节的粉尘污染、流通加工产生的边角废料造成的废弃物污染等。根据《中华人民共和国环境保护法》，污染者要承担相应的责任。危险品泄漏风险是指由于包装不当等造成危险品泄漏而给社会公众的生命财产安全造成损失。

2. 第三方物流企业风险控制

第三方物流企业要通过科学管理从根本上降低风险发生的概率，必须做到以下几点。

(1) 加强人力资源管理。员工是企业的核心，我国第三方物流企业雇佣的大部分员工文化素质比较低，在上岗前没有接受过系统的职业培训，因操作不规范导致的人身伤害、因野蛮装卸等造成的货物损失屡见不鲜，第三方给物流企业带来了严重的经济损失。要想从根本上解决"人"的问题，就必须加强对员工的技术培训，切实规范操作方法。

(2) 实行信息化、网络化管理。信息在传递过程中不够及时或发生差错是导致货物错配错送或延迟交货的重要原因。现代大型物流企业的信息体系都非常复杂，涉及客户信息、货物信息、人员信息、运输信息等。如此错综复杂的信息流如果全部依靠手工处理，不仅效率低下，出错率也相当高。现代物流企业要想从根源上降低出错率，就必须依靠信息化、网络化管理，加强物流信息资源的整合能力，实现物流管理的快捷、准确、科学和高效运转。

(3) 制定应急措施，消除风险隐患。首先通过各种风险控制工具，在风险发生之前，尽量消除各种风险隐患，减少风险发生。第三方物流企业要做好风险事件应对工作。提早预测各种风险的损失程度，成立风险事件的应急领导小组，以便在风险难以避免和转嫁的情况下，企业有能力承担最坏的后果，将损失控制在可接受范围内。

(4) 建立委托企业和第三方物流企业管理委员会，确保物流有效运作。双方协商、出资建设这样一个部门，人员由各公司抽调或者从社会上招聘。其主要负责在物流过程中的风险评估及防范、风险信息传递、物流流程分析及改进，确保物流安全、积极有效运作。

本 章 小 结

运输管理是第三方物流企业的核心业务。对于物品的空间、时间改变将使产品的价值提高。主要的运输方式有公路运输、铁路运输、水路运输、航空运输和管道运输。

仓储管理是第三方物流企业的日常重要业务。在运作中不仅要考虑基本仓储决策、设施设备选择与配置、基本的业务(出入库)管理，还要了解现代仓储管理的知识。

从物流角度来说，配送几乎包括了所有的物流功能要素，是物流在小范围内全部活动的体现。配送模式主要有自营配送和专业整合配送，配送中心的规划与设计也是提高物流配送效率的主要手段，如何使企业决策更有效，还要将配送合理化纳入考虑之中。

物流成本管理的内容主要有物流成本分析、物流成本决策、物流成本控制。这三者是互相配合、相互依存的有机整体。

对第三方物流的风险管理是在研究其委托代理机制的前提下，分别从委托企业的风险识别及规避和代理企业的风险识别与控制两个方面来进行思考的。

习　题

一、名词解释

运输管理　仓储管理　配送中心　物流成本管理

二、选择题

1．物流运输的功能体现在（　　）。

    A．产品转移　　　B．临时储存　　　C．价值增加　　　D．简单加工

2．指导运输管理和经营的基本原理主要有（　　）。

    A．规模经济　　　B．距离经济　　　C．运输成本　　　D．运输一致性

3．不合理运输的表现形式有（　　）。

    A．对流运输　　　　　　　　　　B．过远运输

    C．迂回运输　　　　　　　　　　D．启程空载和返程空载

4．在进行有关库存规模的确定时，应考虑的成本有（　　）。

    A．存储成本　　　B．订货成本　　　C．短缺成本　　　D．装卸成本

5．从第三方物流企业的角度来看，配送模式可以分为（　　）。

    A．自营配送　　　　　　　　　　B．专业整合配送

    C．超市配送　　　　　　　　　　D．电子商务配送

6．按经济功能划分，配送中心有（　　）。

    A．供应型配送中心　　　　　　　B．销售型配送中心

    C．区域配送中心　　　　　　　　D．加工型配送中心

三、简答题

1．物流运输的特点是什么？

2．如何实现运输合理化？

3．仓储管理的意义和作用是什么？

4．仓储管理的内容有哪些？

5．从第三方物流企业的角度来看，配送模式可以分为哪两种？

6．配送中心分为哪几种类型？

7．如何实现配送合理化？

8. 第三方物流成本管理的内容是什么？

9. 委托企业如何识别并规避风险？

10. 代理企业如何识别并控制风险？

案例分析

家乐福的集中采购和外包配送管理

法国零售巨商家乐福正加速争夺全球市场，力图成为全球零售业领头羊。其中最大的"战场"之一是巴西。在那里，家乐福将与当地的零售商以及全球最大的零售商之一——沃尔玛一决雌雄。

巴西家乐福最早成立于 1973 年。但这个拥有 175 000 000 人口的国家既为零售商提供了巨大的发展机会，同时也存在诸多艰难挑战。一方面，它拥有巨大的购买力市场；另一方面，又被资源贫乏危机所困扰，缺乏必要的基础设施，经历着永无尽头的经济危机。尽管如此，家乐福努力坚持生存。现在，家乐福已经成为巴西的第二大零售商，仅次于巴西本国零售商 Companhia Brasilia de Distribuicao (CBD)。

然而，当家乐福实施扩张性经营战略之后，它在巴西零售业市场上变得首屈一指。40年前，家乐福引入了高级百货商店这一新型业态，集百货商场和超市于一体，销售从鸡蛋到电子设备的所有商品。

最近，家乐福开始了一项商业系统和全球业务流程标准化的工程。这项工程是在系统开发商 Accenture 的帮助下，采用统一的财政和会计平台以及 PeopleSoft 公司的企业资源计划(ERP)软件模型。该项目的部分内容包括在任一国家创建共享服务中心(SSCs)，用途是组织商品的集中购买和供应。这种思想在巴西激发了一种类似的单个店面订单和配送管理方法。共享服务中心将来自许多零售店的订单分组、汇总，把总需求传达给厂商。但零售店经理仍负责决定商品订购数量和种类。家乐福的执行官说，过量库存和客户服务水平不协调将导致产品积压。

对家乐福而言，任何标准化尝试都是一项艰难的挑战。在欧洲、亚洲、拉丁美洲，家乐福共设有 9 200 个分店。至 1999 年家乐福收购其本国竞争对手普莫德集团(Promodes Group)之后，已成为世界第二大、欧洲第一大零售商。仅在巴西，家乐福就拥有96家高级百货商场、122 家超市、7 家分销中心。1999 年，家乐福试图在巴西普及一种集中采购模型，该模型最初应用于法国。

1. 集中配送

家乐福经营管理者发现 Sao Paolo 地区有建立配送中心的显著需要，但一旦到了选择具有熟练配送经验的设施设备服务商的时候，家乐福却没有很大的选择余地。原因是，巴西没有提供这项服务的市场。据家乐福物流执行官 Marco Aurelio Ferrari 所说，家乐福是巴西唯一一家采用物流服务商的零售企业。因此，巴西几乎没有一家零售商具有丰富零售经验。最终，家乐福选择 Cotia Penske 物流公司经营 Sao Paolo 配送中心。该公司是一个新兴的物流公司，是 Penske 物流公司和 Cotia 贸易公司的结合体。Penske 物流公司本身是 Penske 运输租赁公司的子公司，而 Cotia 贸易公司拥有 25 年的进出口商品运作经验。

据 Penske 的副总裁 Jim Erdman 介绍，Cotia Penske 在巴西的第一个客户是福特汽车公司。它为福特汽车公司经营配送中心，代理销售 340 余种汽车零部件。1999 年 1 月为福特汽车公司配送了第一批货物。5 个月后，家乐福与 Cotia Penske 开始洽谈合作，并于同年 9 月建立了配送设施。据 Cotia Penske 公司信息部经理 Mohamed Nassif 介绍，最初，合同仅应用于 23 家商店和有限的几类商品；随后，合同应用范围迅速扩展，现已包括 96 家高级百货公司、23 家超市和 6 家较小的配送中心。

在 Sao Paolo 的 Osasco，主要配送设施的建设分两阶段：第一阶段用地 45 万平方英尺，随后几年将增长到 80 万平方英尺。Sao Paolo 配送中心经营辐射范围达七八百公里。家乐福高级百货商场除一小部分分布在附近其他州外，绝大多数都围绕着 Sao Paolo。配送中心现在经营 36 000 类产品，包括食品、器械和电子设备，拥有 170 台电动升降机和 220 台无线电频率接收器。随着设施逐渐完善、作业效率提高，Sao Paolo 配送中心的员工由 800 人减少到 600 人。Sao Paolo 配送中心每年处理 3 500 万～4 000 万份货单。依季节不同，Sao Paolo 配送中心平均每天交易货物约 5 500 份。

Cotia Penske 在距 Sao Paolo 东北方向 500 公里的 Vitoria 为家乐福开设了第二个配送中心，拥有 30 名员工和 12 000 平方米的工作场所，配送范围包括 2 家高级百货商场和 15 家超市。由于其规模庞大，家乐福需要的不仅是可储存充足产品的基本仓库，而且需要复杂的仓库管理系统。Cotia Penske 新的物流服务商通过整合 Penske 零售商、世界其他地区消费品配送专业技术，凭借 Cotia 公司对巴西零售市场的掌握与了解，开发自己的仓库管理软件，解决了库存管理系统越来越难以适应家乐福在巴西日益扩展的商业网络需求的难题，同时方便了与当地客户的联系。

2. 经营业绩考核

家乐福在巴西拥有两个配送中心，在经营中这两个中心保持紧密联系。每月家乐福和 Cotia Penske 都要在一起分析评估本月的经营业绩，业绩衡量标准有以下 13 个。

(1) 质量检查：对基本设备和家用电器，家乐福检查所有产品并确定 99.99%合格后才运往商店；对纺织品、玩具、快运食品，检查 20%的产品并确定 99.99%合格后运输。

(2) 生产力：以每人每小时计算。

(3) 配送时间间隔：以每天实际发车量计算。

(4) 规定时间内完成运输任务的能力：实际统计以 24 个小时、48 个小时，或更长时间计量。

(5) 将家乐福企业资源管理系统和 Cotia Penske 仓库管理系统的数据做比较，差错率不高于 0.05%。

(6) 平均每车装载量：以车辆最大容量计。

(7) 货车预计接发货物数量及实际接发货物数量。

(8) 从供应商处得到的货物数量及需求的货物数量。

(9) 运至商店的货物数量及商店的需求量。

(10) 货车装载时间、分货车及货物类型。

(11) 由供应商提供的单一商品和混合商品的数量和比率。

(12) 运至商店的货物为单一商品和混合商品的数量和比率。

(13) 家乐福或 Cotia Penske 拒绝受理商店订单的比率。

3. 库存作业准确率

据主要负责人说，到目前为止，配送中心库存作业准确率非常高。由于采用条形码技术，库存管理准确率达 99.97%，外向物流订单处理准确率达 99.89%。此外，尽管配送中心对商品库存量和商品积压值不能提供确切数字，但库存量和商品积压确实很少。其中最重要的是，由于产品现货供应能力、客户服务水平以及库存管理可见度的提高，商品销售量持续增加。

通过集中配送，家乐福实现了拥有少量库存却增加了存货的项目分类。尤其在那些占地面积很大的商店，这点很重要，所以商品必须被分类存储在各个商品架上。Cotia Penske 的配送中心不经营易腐蚀食物，仅经营标有有效期的干燥食品。通过条形码扫描技术提供的食品信息，能保证供应新鲜产品，并准确除去原有货架上过期产品，而将指定的产品分配到相应的货架上。

此外，家乐福保留了从分销中心到商店运输的垂直管理。Dantas 说，零售商与 5 个运输公司直接合作，而且以后将继续保留这种合作关系。

巴西税法将给消费者带来不便，这使家乐福和 Cotia Penske 在为消费者提供服务时将受到很多限制。此外，家乐福将丧失为控制巴西货物流通精心创造的谈判机会。Ferrari 认为："我们在价格和服务方面具有优势，直到现在一切都运转正常。"最后，家乐福将被迫将物流操作的重任委于那些未经考验的合作者。Ferrari 还认为，假如 Cotia Penske 能使运输商的让步，他将会考虑对未来计划做出调整。

4. 交叉送货

家乐福计划在 Sao Paolo 配送中心增加交叉送货的功能。在这里，零售商引用沃尔玛的例子，仅在巴西开设 10 家高级百货商场，却通过交叉送货中心完成 70%～80%的运输业务。

由于增建换装站，涉及产品接收和运输的物流过程，不再需要长期储存货物，降低了库存成本，同时加快了产品的响应时间。Ferrari 说："过去，我们建立的管理信息系统不具有'交叉送货信息'转换功能，但在 2004 年我们将更改信息系统，新建具有'交叉送货信息'功能的管理信息系统。"

不久以后，Cotia Penske 将与家乐福签署管理巴西新配送中心的合约。设施由 Exel 物流公司经营，负责管理 6 家高级百货商场和 33 家超市的采购与配送业务。Dantas 说，尽管家乐福在 10 月下旬仍未决定由谁负责经营，但建立一个服务于易腐烂商品的配送中心的计划仍将在本年年底实施。

Ferrari 说，在过去，家乐福的第三方物流服务商从不与运输商发生商业关系，直到 6 个月之前，他们之间才第一次建立伙伴关系。它是巴西零售企业、物流服务商、运输商共同制定供应链管理综合决策的开始。在供应链合作中，家乐福仍处于核心地位。下一年，他希望对仓库货架作业流程实现更严格的控制，此外，计划采用仿生仓库储存系统和无线射频识别系统。

5. 经营障碍

对家乐福经营影响最大的因素是巴西破败的基础设施和不稳定的经济因素。巴西高速公路货运量占总货运量的 75%之多，但仅有 2 万辆商业经营性卡车，而且这些经营车辆的驾驶员的驾龄仅 18 年。由于小公司在巴西有免税的优势，所以大型跨国运输公司不愿意在巴西投资。目前，巴西政府开始投资高速公路系统的外包发展和维修，极少数资金充足的私营公司也紧跟其后，增加投资。据 Ferrari 说，现在巴西 85%以上的运输市场份额属于巴西本国公司。

在巴西，像家乐福这样大型的零售商面临的最大问题是巴西有限的购买力。多数巴西人处于贫困线上，90%的人口主要购买最基本的生活用品。假如巴西经济稳定增长并且中产阶级数量能继续扩大，这种困境将可能得到解决。同时，家乐福希望通过明年自行开发的信用卡操作系统能使这种困境有所改善。理论上讲，当利率降低时，这项计划将使家乐福的客户拓宽他们的支付业务。

（资料来源：http://www.chinawuliu.com.cn/cflp/newss/content1/200707/771_24173.html.）

思考：
1. 分析家乐福在巴西零售市场的状况。
2. 家乐福在选择服务提供商时是基于什么样的战略考虑？
3. Cotia Penske 是如何为家乐福服务的？
4. 与中国家乐福相比，巴西家乐福的运作有什么不同？

第6章 第三方物流企业的发展战略

【本章教学要点】

知识要点	掌握程度	相关知识
第三方物流战略设计构思	掌握	概念、市场细分、设计构思
第三方物流与电子商务	理解	电子商务的概念和主要模式、与第三方物流的关系
第三方物流与金融	了解	物流金融的主要概念以及物流金融的主要模式

【关键词】

物流战略设计，电子商务，物流金融

 导入案例

目前，新科技革命和新产业革命已在全球发生。此次革命的核心是信息网络技术，涉及生产、流通、消费、金融、生活等，当然也包括交通物流全面、深入的应用。电商、信息网络技术将与物流业深度融合，这些都对物流业升级和供应链变革带来重大促进作用。未来物流和供应链模式创新将反映信息化、智能化、精细化、个性化、人性化、绿色化和安全化等时代特点。跨境贸易生态圈正在全球蔓延，特别是小微企业也参与全球链接。在全球化网络系统中，仓储、加工、配送、代理、分销、物流金融、供应链管理等增值服务，将会成为物流企业最重要的项目。服务创新将会成为企业竞争力的重要表现。

我国将进入工业化后期，信息时代已经全面展开，全球竞争更加激烈，全球链接要求更高，全球创新更加活跃。中国物流现状又如何？

2013 年我国超过美国成为全球第一贸易大国，我国随着制造业的发展也迅速成为向世界第一物流运输大国迈进。其中，2014 年我国快递量已达到 4 500 万件/天，超过美国成为世界第一。

然而，我国目前尽管是成为物流大国，但存在许多问题。我国物流业整体滞后于工业化、信息化、全球化、市场化，这些痛点也是机遇。物流系统性综合化程度不高，特别是末端网络薄弱，基础设施结构短缺，现代化设施比较少。例如，仓储就是相对薄弱的，中国真正的现代化仓储仅 15%，而美国仓储设备是中国的 4 倍。如果中国要成为制造强国、贸易强国，有两个前提条件：一是产品具有高品质和持续创新的能力；二是具备使产品走向世界的贸易体系、营销体系。目前，制造业、农业、商贸、电商和物流这块联动能力不足，甚至成为瓶颈和短板。同时，我国信息化也相对滞后，存在国际化不强、国际资源整合能力弱等许多问题。由于信息化不到位，很多供求信息无法快速、准确地送达需求方，导致车辆利用率低下，行业内普遍存在车辆空驶、半空驶状态，中小物流企业生存能力前景堪忧。另外，信息壁垒又造成了价格不透明、运输企业利润空间过小等问题。目前没有制定统一的行业信息化标准已成为制约物流业发展的重要瓶颈。各地、各企业信息化建设各自为战，独立运营，使得全国信息化建设进度参差不齐，无法统一。

（资料来源：http://www.56products.com/2015-9-15/5FA2K20H54K5CJJ5538.html.）

思考：

面对广阔的市场及目前物流业的许多问题，我国物流企业应该如何进行战略决策？

毛泽东说："战略问题是研究战争全局的规律性的东西。"身处激烈市场竞争中的物流企业，同样要在总结历史经验、调查现状、预测未来的基础上，为谋求生存和发展而制定长远性、全局性的谋划或方案。

6.1 第三方物流战略设计构思

物流战略(Logistics Strategy)是指为寻求物流的可持续发展，就物流发展目标以及达成目标的途径与手段而制定的长远性、全局性的规划与谋略。在必要的时间配送必要量、必要商品的多频度少量运输或 JIT 运输这种高水准的物流服务将逐渐普及，并成为物流经营的一种标准。

物流战略关系到物流企业的生存与发展，涉及企业全局、长远和根本的利益。第三方物流经营者需要通过战略管理在市场竞争中寻求制胜的途径。较高的赢利将来自那些具有独特技能、技术诀窍并以其作为战略优势的第三方物流企业，它们能及时抢占市场制高点，扩大市场份额。在日趋激烈的竞争环境中，越来越多的没有运用战略管理思想的物流企业不得不为生存而苦斗；而睿智的企业家将会从战略的高度认识到，未来物流企业发展的战略设计构思必须尽早建立在已发生变革的社会技术基础上。

6.1.1　第三方物流企业战略的环境分析

第三方物流企业制定战略物流计划是为了了解影响该战略绩效的内在及外在的因素。对物流战略计划的一项重要投入是评价、控制环境变化，其目的就在于保证该战略能使物流运作减少受企业外部环境的限制，保持一定的灵活性。企业外在力量的考查通常包括以下内容。

(1) 同业竞争者的物流水平。"知己知彼，百战不殆"，了解同行的物流水平，分析自己的优势，是第三方物流企业制定第三方物流战略计划必须要重视的问题。

(2) 技术评价。现代物流技术设施为物流作业带来了革命性的影响，条形码、数据库、卫星定位、机械化仓库等技术，为物流及时、准确、高效地实施提供了技术上的支持。但不是所有技术都适合物流企业，第三方物流企业应结合实际，如企业规模和企业所在具体环境的差异，选择对物流业务活动实用性最强的技术，切不可盲目引进，造成浪费。

(3) 材料—能耗评价。21世纪将会越来越注重能源短缺和环保问题。能源短缺会引起产品价格上升，环保会使原材料和能源的使用受到限制。第三方物流经营者在制定物流战略计划时，要不断评价企业所需要的资源以及潜在的可选择物，并根据经济环境的变化调整物流战略计划。

(4) 物流渠道结构。这里所说的物流渠道是指实现物流功能的途径，不同的物流战略，要求选择不同的实现物流功能的途径。物流企业和生产企业、商业企业合作，采取什么样的配送，如何实现采购、存储、运输、配送的合理安排，物流企业在整个供应链中扮演什么角色，这一切都要进行评估，根据物流效绩和成本核算进行选择。

总之，企业是在环境的约束下生存的，战略及战略计划的制订必须考虑环境因素的影响。

6.1.2　物流企业市场细分与战略定位

任何企业战略选择的根源在于对于市场的认识。第三方物流企业在制定战略时，必须明确地进行物流服务的产品定位，而物流服务的产品定位则以对市场的细分为基础。

在国际上，对于物流市场细分的较为著名的理论有英国著名物流学家马丨·克里斯托弗(Martin Christopher)提出的七边形理论[①]：物流服务的地理范围、物流服务对象的范围、物流的管理、提供物流活动的范围、提供服务的水平、信息技术的采用、提供物流服务的综合程度。从理论上来说，上述7个变量的不同组合就产生了不同的细分市场。但是，该

---

① 骆温平. 第三方物流与供应链管理互动研究[M]. 北京：中国发展出版社，2007.

理论在实践中运用起来过于复杂，在实际中可以适当简化，以公司规模与提供个性化服务的程度细分市场，如图6.1所示。

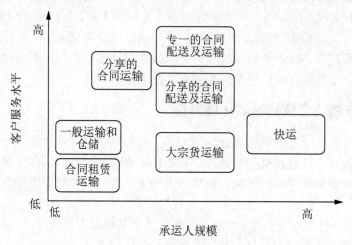

图6.1 物流服务种类的简化模型

根据以上划分，在市场上可以对应以下供应商。

(1) 快运(Express)。大部分的快运服务是具有运输和配送中心的公共服务提供者的升级服务。提供快运服务的公司接受相对较小的货物，提供较高的服务水平，一般是隔天送到。货物的跟踪系统可以提高客户服务的水平。

(2) 大宗货运输(Groupage)。与快运的主要区别在大宗货运输接受大的货运批次，交货较慢，客户服务水平没有快运高。

(3) 一般运输(General Haulage)。它是另一种形式的公共运输服务，只提供运输作业，没有仓储服务。

(4) 一般运输和仓储(General Haulage and Storage)。承运人不仅为各种客户提供运输服务，也提供仓储设施与仓储服务。

(5) 分享的合同配送(Shared Contract Distribution)。当几个客户的需求相同时，客户能够将这些在运输和仓储上有相同服务需求的货物结合起来，从物流服务提供者那边得到规模效益等好处。

(6) 分享的合同运输(Shared Contract Transport)。这种类型的服务和分享的合同配送类似，但仅包括运输。

(7) 专一的合同配送(Dedicated Contract Transport)。这种类型的服务包括运输和仓储，但以客户来划分服务业务，每一个客户针对一个服务项目。某一个客户的需求不会受到有冲突的客户的需求的影响。专一的合同配送实际上是由第三方来代替自营作业。作为针对客户的一种综合性的定制服务，专一的合同配送提供了采用创新的物流概念和运用先进的物流信息系统的机会。

(8) 专一的合同运输(Dedicated Contract Transport)。这类似于专一的合同配送，但仅限于运输服务。

(9) 合同租赁运输(Contract Hire Transport)。运输或配送提供者提供车辆和司机，由顾客支付费用。所有的维护和车辆的更新义务由运输商负责。然而，司机和车辆的组织由顾客自己负责。客户的责任包括货物的配载和运输线路的选择。

对物流服务提供者来说，大部分是从传统的"类物流"公司延伸与改造发展而来的。其基本发展战略之一是扩大服务的范围，改变或延伸当前的服务内容。另外，物流服务提供者也可以扩展服务的地理范围。

6.1.3　物流企业战略设计

1. 第三方物流设计构思

随着科学技术的发展，第三方物流所服务的企业已在逐步缩短生产纵深，这是导致运输企业生产向纵深延伸的原因。工业企业集中于核心业务，缩短生产纵深；参与供应链管理的运输企业也可以参与这一发展过程，并在此过程中使自身得到生存与发展，其中的核心问题是战略的构思设计。

(1) 战略总体设计构思要突出第三方物流的战略优势。第三方物流战略对制造商而言，是利用外部资源，此举可以变用户的固定费用为可变费用，使用户享受物流专家的经验与物流技术革新成果、物流管理职业化的服务水平，也可能为用户提供各类增值服务。

(2) 第三方物流经营要贯彻准时制(JIT)和有效客户响应(Efficient Consumer Response，ECR)的准则。所谓 ECR，是指物流经营者对用户需求变化能作出迅速、有效的响应，以满足用户需要。贯彻 JIT 和 ECR 需要从全面的、以用户为导向的角度审视有关的工商物流过程，包括所有的加工范围和流通过程。

(3) 信息技术支持第三方物流战略的重点在于 JIT 和 ECR 工作区域，主要包括移动通信、EDI、货物及车辆跟踪与供应链专家指导。

(4) 充分发挥市场机制的作用，科学地设计第三方物流战略运行的组织体系。

2. 第三方物流战略的实施要点

对于参与供应链管理的第三方物流的认识与实践，有一个发展过程。在供应链管理运作中，第三方物流经营者必然有强烈的改善、创新愿望，学习技术知识，对用户物流过程进行重新设计。

(1) 全能型企业的物流流程再造。就中国的具体情况而言，大而全、小而全企业数量太多，这些企业与其他企业合作的意识极为淡薄，非核心业务负重过大的企业核心能力也不突出，这不利于参与国际竞争。这类企业改造的基本思路是可将现有运输部门业务或资产独立出去，采用社会公开招标等形式，利用外部资源完成基于供应链管理的第三方物流流程再造。

(2) 第三方物流流程重新设计。第三方物流要真正做到有效响应用户的各种需求。无论是网络或系统物流服务者，一定要改变传统供应链中各个成员不愿与他人分享自己信息的思想弊端。缺乏准确的信息，意味着供应链网络必须保持大量的存货，以应付市场变化，也无法将永久性的库存场地和安全库存量减少或减全最少。这样就造成了物流成本居高不下的现状。

(3) 重视客户需求是流程重新设计的出发点。流程重新设计理论认为，最有效的组织设计是按流程流动进行组织设置，并围绕着流程实现集中相关方面人员及活动的过程。流程的流动是根据客户的需求而形成的。客户需求的不断变化也是流程重新设计的动力。所以，重视客户需求是流程重新设计的出发点。以此出发，以企业供应链管理过程为基本线索，按物流流程、流向进行组织设计和技术设计。

(4) 注重综合集成管理。第三方物流战略与供应链管理思想的共性，是将关注焦点从物流流程某一职能扩展到跨职能、跨行业的物流流程，以信息技术和组织调整，作为整个流程变化的推动器，努力追求物流管理流程绩效获得巨大改善。

(5) 重视电子信息技术的综合应用。结合计算机、信息网络和数据库等的综合应用，企业流程的功能应当展现物流各个活动之间的关系，实现分工基础上的集成化管理。明确任务、时间和阶段，界定活动的执行者与接受者的相互关系。采取根本性的改革措施以产生效果，并巩固新流程。

(6) 重视联运代理的组织功能。第三方物流经营者打破传统的部门运输、物流管理的界限，利用联运代理或第三方物流服务的代理功能，能够按供应链管理要求组织联运，包括多式联运。那种根据不同运输方式分别建站、分别运营的方式急需改变。改善的途径是通过合作改变传统流程，实施双赢策略。

3. 第三方物流战略要按市场规律运作

参与供应链管理的第三方物流战略设计的核心是强化创新，需要从意识开始，渗透到技术、组织和运营方式及过程中。第三方物流企业参与供应链管理，进行第三方物流战略设计，开展物流服务，包括物流增值服务，这往往使一些制造生产过程缩短，资源更集中于其核心能力。

供应链管理的第三方物流战略设计，在机制上，要向部门的狭隘意识挑战，将不同行业的活动联成无缝的物流管理系统；在意识上，要强调用户导向的 ECR 准则，向自我中心挑战，形成协同运作体系；在组织上，要建立和保持团队精神，追求供应链管理系统整体最优；在服务上，要向传统标准模式挑战，以多样化、可变方式满足用户特殊需要；在经营行为上，向协同合作努力，利益上力求实现双赢。总之，第三方物流战略需要真正融于市场经济之中，按市场规律运作。

4. 我国第三方物流企业的集中经营发展战略

物流企业战略按相关性可分为集中经营发展战略和多样化经营发展战略两种。集中经营发展战略是指物流企业将全部资源使用在某一特定的市场、服务或技术上。多样化经营又称为多角化经营或多元化经营，它的理性动因是主导业务所在行业的生命周期已处于成熟期或衰退期，物流长期稳定发展潜力有限；主导业务已发展到规模经济，并占有较大的市场份额，市场竞争已处于均衡状态，不易消灭对手，即投资的边际效益递减效应已初步形成，再继续扩大业务规模反而会不经济。这显然与中国现阶段物流发展的状态不符。

因此，我们认为第三方物流企业应采用集中经营发展战略，这基于以下几点。

(1) 第三方物流企业在现阶段规模小，技术落后，多样化经营只会分散企业提高竞争优势所需的有限资源，虽然遍地开花，结果却是到处亏损。第三方物流企业千万不要单纯为扩大企业规模而采取多样化经营发展战略，更不要随波逐流，做其他物流企业已经在做的业务。

(2) 第三方物流企业现阶段融资能力弱、管理经验不足以及营销渠道少等，应采取区域市场内的集中经营战略。在此期间，企业可以通过增加业务量、扩大市场份额以及建立信誉等措施来改变实力弱小、竞争地位低下的局面。

(3) 集中经营发展战略可使第三方物流企业有明确的发展目标，组织结构简明，易于管理。只要有技术和市场优势，就能集中力量，并随着品牌形象的形成而迅速成长。因此，只要第三方物流企业能及时捕捉到市场的有利时机，就有可能通过集中经营在短期内获取较大的发展。

(4) 集中经营发展战略的具体实施可以通过物流企业自身扩大再生产的形式，又可通过资本集中(兼并或联合)的形式实现横向一体化来减少竞争对手、降低成本。兼并和联合，是物流市场整合的主要形式。鉴于我国第三方物流市场目前的小、散、弱的状况，在激烈的市场竞争中，整合将成为第三方物流未来几年内最重要的战略发展思路。

当然，第三方物流企业的集中经营发展战略也存在一定的风险，最主要的就是物流企业完全被行业兴衰所左右。当某一行业由于需求变化等原因出现衰退时，集中经营的物流企业必然受到相当大的冲击。因此，集中经营发展战略适合于在未完全饱和市场中占相对竞争优势的第三方物流企业。只有优势第三方物流企业才能以最高的经济效益和最低的价格提供高质量的管理和服务。而且，优势第三方物流企业的资金、技术、渠道、管理以及品牌优势容易通过资本运作实现同业内的低成本扩张，迅速占领市场。整体市场竞争型行业里，在当今市场全球化的趋势下，选择此战略的企业愈发趋向于在行业内的国际公司；对于那些属于区域市场竞争型的物流行业(竞争只在不同局部市场中进行，如市内运输)，则可针对众多不同地域的细分市场来实施集中经营发展战略。对于中小型第三方物流企业来说，由于整体实力弱小，其集中经营绝对不能与大物流企业直接对抗，而应该找出大物流企业尚未涉及的市场，包括地域市场和产品市场。靠降价竞争和大做广告不是第三方物流企业的优势所在，也是极少能成功的。

任何商品的市场容量都是有限的。当市场已趋饱和，占有相对竞争优势的物流企业的增长速度肯定会放缓，这会影响物流企业的长期稳定发展。如果这时发现了新的商机，集中经营的物流企业就应向多样化经营方向作战略转移。

【拓展视频】

6.2 第三方物流与电子商务

随着因特网的迅速发展，电子商务作为一种新的运作模式受到越来越多企业和个人的关注，逐渐成为提高运营效率的主要手段。

所谓电子商务(Electronic Commerce)是利用计算机技术、网络技术和远程通信技术，实现整个商务(买卖)过程中的电子化、数字化和网络化。人们不再是面对面地看着实实在在的货物、靠纸介质单据(包括现金)进行买卖交易，而是通过网络，通过网上琳琅满目的商品信息、完善的物流配送系统和方便安全的资金结算系统进行交易(买卖)。

事实上，整个交易的过程可以分为3个阶段。

第一阶段是信息交流阶段。对于商家来说，这一阶段为发布信息阶段，主要是选择自己的优秀商品，精心组织自己的商品信息，建立自己的网页，然后加入名气较大、影响力较强、点击率较高的电子商务网站中，让尽可能多的人们了解。对于买方来说，该阶段是去网上寻找商品以及收集商品信息，主要是根据自己的需要，上网查找自己所需的信息和商品，并选择信誉好、服务好、价格低廉的商家。

第二阶段是签订商品合同阶段。对于 B2B(Business to Business，商家对商家)来说，这一阶段是签订合同、完成必需的商贸票据的交换过程。要注意的是：数据的准确性、可靠性、不可更改性等复杂的问题。作为 B2C(Business to Customer，商家对个人客户)来说，该阶段是完成购物过程的订单签订过程，顾客要将选好的商品、自己的联系信息、送货的方式、付款的方法等在网上填好后提交给商家，商家在收到订单后应发来邮件或电话核实上述内容。

第三阶段是按照合同进行商品交接、资金结算阶段。这一阶段是整个商品交易很关键的阶段，不仅涉及资金在网上的正确、安全到位，而且涉及商品配送的准确、按时送达。在该阶段有银行业、配送系统的介入，在技术、法律、标准等方面有更高的要求。网上交易的成功与否就在该阶段。

6.2.1 电子商务的概念

电子商务的概念有广义和狭义之分。

广义的电子商务是指使用各种电子工具从事商务或活动。这些工具包括从初级的电报、电话、广播、电视、传真到计算机、计算机网络，到 NII(National Information Infrastructure，国家信息基础建设，即信息高速公路)、GII(Global Information Infrastructure，全球信息基础设施)和因特网等现代系统。而商务活动是从商品(实物与非实物、商品与非商品化的生产要素等)的需求活动到商品的合理、合法的消费除去典型的生产过程后的所有活动。

狭义的电子商务是指主要利用因特网从事商务或活动。电子商务是在技术、经济高度发达的现代社会里，掌握信息技术和商务规则的人，系统化地运用电子工具，高效率、低成本地从事以商品交换为中心的各种活动的总称。这个分析突出了电子商务的前提、中心、重点、目的和标准，指出它应达到的水平和效果，是对电子商务更严格和体现时代要求的定义；它从系统的观点出发，强调人在系统中的中心地位，将环境与人、人与工具、人与劳动对象有机地联系起来，用系统的目标、系统的组成来定义电子商务，从而使它具有生产力的性质。

6.2.2 电子商务的特点

电子商务通过因特网和局域网运作，其主要具有以下几个特点。

(1) 更广阔的运作环境。人们不受时间的限制，不受空间的限制，不受传统购物的诸多限制，可以随时随地在网上交易。

(2) 更广阔的销售市场。在网络上，这个世界将会变得很小，商家可以面对全球的消费者，而消费者可以在全球的任何一家商家购物。

(3) 更快速的流通和低廉的价格。电子商务减少了商品流通的中间环节，节省了大量的开支，从而也大大降低了商品流通和交易的成本。

(4) 更广泛的交互性。各种信息交互协议决定了数字化信息在计算机网络中具有双向沟通的功能，而电子商务正是基于这种网络环境中的商务活动，因此，在电子商务过程中，可以轻松完成商务信息的双向沟通，实现商务交易主体之间的信息交互。这是电子商务与传统商务相区别的重要方面，它预示着电子商务可以采用网络重复营销、网络软营销、数据库营销、一对一营销等现代营销的方式和手段，从而提高营销的效率和效益。

6.2.3　电子商务的主要模式

电子商务可以分为企业(Business)对终端客户(Customer)的电子商务(B2C)、企业对企业的电子商务(B2B)、终端客户(Customer)对终端客户(Customer)的电子商务(C2C)等主要模式。

1．B2C

提起 B2C，人们可能更为熟悉一些，它是从企业到终端客户(包括个人消费者和组织消费者)的业务模式。今天所谈的电子商务时代的 B2C 是通过电子化、信息化的手段，尤其是网络技术把本企业或其他企业提供的产品和服务不经任何渠道，直接传递给消费者的新型商务模式。因为它与大众的日常生活密切相关，所以被人们首先认识和接受。

现在，仿佛一夜之间，涌现出无数 B2C 电子商务公司，其中有网上商店、网上书屋、网上售票等，甚至还有一些什么都做、什么都卖的电子商务网站，人们戏称为"千货公司"。但无论怎样，这些新模式企业的出现，使人们足不出户，通过因特网就可以购买商品或享受咨询服务。这无疑是时代的一大进步。在这些新涌现的网络企业中，亚马逊公司可以说是最具代表性的一例。

亚马逊最初是一家通过因特网售卖图书的网上书店，就在几乎谁都没有搞清它的店面在哪里的时候，它在短短的两年间一举超过无数成名已久的百年老店而成为世界上最大的书店，其市值更是远远超过了售书业务的本身。通过亚马逊的 Web 网站，用户在购书时可以享受到很大的便利，如要在 100 万种书中查找一本书，传统的方法可能要跑上几个书店，花费很

【拓展案例】

多的时间，但在亚马逊，用户可以通过检索功能，只需单击几下鼠标，不久就会有人把想要的书送到家里了。亚马逊吸引人的另一个方面是提供了很多增值服务，包括提供了众多的书籍评论和介绍；而在传统销售方式下，这些增值服务会变得非常昂贵。在"成功"地将自己发展成超越传统书店的世界最大规模书店之后，今天亚马逊的业务已扩展到音像制品、软件、各类日用消费品等多个领域，成为美国最大的电子商务网站。但亚马逊的"成功"现在还是要画引号的，人们质疑它在建立起自己的市场空间和客户群的同时，给投资人所留下的巨额亏损。

人们在反思亚马逊的亏损原因时意识到，也许不应该将建立起电子商务时代 B2C 的任务全都寄托于这些白手起家的网站上，传统行业自觉地进行因特网和电子商务革命也许会更经济、更实惠，也更有必要，不至于给投资人、给股民带去那么多的压力和担忧。也许，只有当这两股力量都齐齐奔向同一个山顶时，这样的电子商务世界才更精彩，真正的电子商务时代也才会更快一些到来。

传统企业成功向因特网和电子商务转型最成功的例子是 Dell。Dell 一开始还只是一家通过电话直销电脑的公司，尽管也很成功，但当网络革命开始之时，它毫不犹豫地选择了把握机遇，将自己的全部业务搬到了网络上去，并按照因特网的要求来对自己原有的组织和流程进行梳理，开发了包括销售、生产、采购、服务全过程的电子商务系统，并充分利用了网络手段，为用户提供个性化定制和配送服务，大大提高了客户的满意度，奇迹般地

保持了多年 50%以上的增长，成为今天世界最大的电脑厂商之一，也对其他转型较慢的竞争对手造成了巨大的威胁和挑战。

B2C 的这两种实现方式还有一点很大的不同，由网站起家的 B2C 较难发展起自有品牌的产品、实业，因此它们更像是百货商店。当然与百货商店最不同的就是百货商店是用户上门的，而 B2C 网站是送货上门的。而由传统企业改造而来的 B2C 更可能像是专卖店，专营自己品牌的产品；与传统专卖店不同的是，这里用户和厂商互动性更强，可以量身定做，同时由于省去了建设实体店的开销，成本可能会降低。

2. B2B

电子商务 B2B 的内涵是企业通过内部信息系统平台和外部网站将面向上游的供应商的采购业务和下游代理商的销售业务都有机地联系在一起，从而降低彼此之间的交易成本，提高满意度。实际上面向企业之间交易的 B2B，无论在交易额和交易领域的覆盖上，其规模比起 B2C 来都更为可观，其对于电子商务发展的意义也更加深远。

与 B2C 相似，B2B 在企业之间的应用也有两种主要实现形式。

B2B 的一种实现方式，是其在传统企业中的应用。一些传统企业的实质性业务，正在逐步向 B2B 转变，更多地以 Web 方式来传递信息和实现网上订单，但物流方式就和以前没什么变化，依然是供应商到本企业，本企业再到代理商或最终客户。以通用汽车为例，通用汽车建立了一个 B2B 电子商务网站——TradeXchange，计划将其每年高达 870 亿美元的采购业务完全通过该网站进行。而且这个网站不仅满足通用汽车自身的采购业务，其 30 000 多家供应商也将在该系统上进行交易，它将对通过 TradeXchange 进行的电子商务交易收取 1%的手续费，专家估计这将为通用汽车带来每年 50 亿美元的收入。

B2B 的第二种实现方式，是对营销模式和管理模式带来变革。该类 B2B 公司并不是为自身企业的采购或销售服务，它自身可能不生产任何产品，但它通过建立统一的基于 Web 的信息平台，为某一类或某几类的企业采购或销售牵线搭桥，此时物流的方式就与上一类有很大不同了，它是由供应商直接到代理商。例如，一家销售计算机零部件的电子商务公司，它搭建了计算机零部件这一类商品卖家和买家的桥梁，因此它没有厂房，甚至没有库房，而只是通过信息系统来调配、组织供货与销售，并提供一些增值服务，从而获得佣金或增值服务收入。当然这一类公司成功的关键是它要能聚拢该类产品的卖家和买家，通过特色服务吸引人们来交易，如阿里巴巴。

3. C2C

从客户到客户，买卖双方都是个人，就是个人之间的直接交易，一些拍卖网站，如淘宝网，当然上面也有网店，网店属于 B2C。C2C 商务平台就是通过为买卖双方提供一个在线交易平台，使卖方可以主动提供商品上网拍卖，而买方可以自行选择商品进行竞价。

4. O2O

线上与线下相结合的电子商务(Online to Offline，O2O)。O2O 通过网络导购机制，把因特网与地面店完美对接，实现网络落地，使消费者在享受线上优惠价格的同时，又可享受线下贴心的服务。

乐村淘农村电商平台立足村镇市场，利用网络技术将线上与线下资源重新优化配置，在村镇零售商与城市供应商之间搭建一条"最短高速公路"。乐村淘农村 O2O 模式具体表现为线上围绕农村电子商务、农村创业、农村劳动输出、农村金融服务等板块为农民提供服务和线下农产品、劳动力、农业信息的双向供需平台。

【拓展视频】

5. BOB

BOB 是供应方(Business)与采购方(Business)之间通过运营者(Operator)达成产品或服务交易的一种电子商务模式。其核心目的是帮助那些有品牌意识的中小企业或者渠道商能够有机会打造自己的品牌，实现自身的转型和升级。BOB 模式是由品众网络科技推行的一种全新的电商模式，它打破以往电子商务固有模式，提倡将电子商务平台化向电子商务运营化转型，不同于以往的 C2C、B2B、B2C、BAB 等模式，其将电子商务以及实业运作中品牌运营、店铺运营、移动运营、数据运营、渠道运营五大运营功能板块升级和落地。

6. B2Q

B2Q(Enterprise Online Shopping Introduce Quality Control，企业网购引入质量控制)是指交易双方网上先签订意向交易合同，签单后根据买方需要可引进公正的第三方(验货、验厂、设备调试工程师)进行商品品质检验及售后服务。

6.2.4　电子商务与第三方物流的关系

电子商务既具有虚拟的部分，又具有现实的部分。人们通过因特网，在主页中搜寻各种信息(信息流)，并按 Enter 键予以确认，即完成了网上订货(商流)。同时，在网上进行电子支付(资金流)也非常容易。当人们耐心地等待着快递员的到来，但货却迟迟没有出现(物流的滞后)时，这才感到物流对电子商务方案的实施如此重要。有人事先已经预料到了这种结果，但

【推荐文章】

也只有真正有人"挨饿"时，才促使更多的人去认真地思考这样一个问题，即电子商务的目的是实现交易，因特网、ISP、ICP 是交易方式的变革和交易内容的宣示，物流才是完成交易的物质条件，才是交易的终结。一方面，信息流、商品流、资金流均可以在网上完成，一些无形商品，如书报、音乐、软件等，可以在网上直接进行交易；另一方面，绝大多数有形商品，还必须通过物流进行交易，因此，"电子商务"既有虚拟的一面，也有现实的一面，而物流则是虚拟变为现实的桥梁与纽带，是电子商务过程的终结。由此可见，在电子商务实施过程中信息流、商流、资金流和物流同样重要。

电子商务与物流之间存在你中有我、我中有你、相互依存、相互促进、不可分割的关系。

可以说，电子商务的发展极大促进了第三方物流的发展；反过来，第三方物流在降低电子商务运营成本、扩大销售范围、提高客户服务质量等方面发挥着巨大作用。

1. 电子商务对第三方物流的作用

1) 提高了物流业的地位

物流与电子商务的结合使电子商务时代的物流具备了信息化、网络化的特征。它把商务、广告、订货、购买、支付、认证等实物和事务处理虚拟化、信息化，使它们变成脱离

实体而能在计算机网络上处理的信息，又将信息处理电子化，强化了信息处理，弱化了实体处理。这必然导致产业大重组，原来的一些行业、企业将逐渐压缩乃至消亡，而另外一些行业、企业出现并不断扩张。

产业重组的结果，可能使社会上只剩下两类行业：一类是实业，包括制造业和物流业；另一类是信息业，包括服务、金融、信息处理业。在实业中，物流业会逐渐强化。

物流企业不仅要把虚拟商店的货物送到客户的手里，而且要从生产企业及时进货入库。物流企业既是生产企业的仓库，又是用户的实体供应者。物流企业成了代表所有生产企业及供应商对客户的唯一最集中、最广泛的实物供应者。物流业成为社会生产链条的领导者和协调者，为社会提供全方位的物流服务。可见电子商务把物流业提升到了前所未有的高度，为其提供了空前发展的机遇。

2) 配送地位进一步提高

配送在发展初期，主要是作为促销的一种手段。而在电子商务时代，配送已成 B2B 和 B2C 的主要供货形式。对于电子商务交易方式本身来说，买家可以轻松地完成购买，卖家势必要把货物配送到买家，否则买家选择这种交易方式就毫无意义了。没有了配送，电子商务物流就无法实现。因此，从某种程度上说，电子商务时代的物流方式就是配送方式。同时，电子商务使制造业与零售业实现的"零库存"实际上是把库存转移给了配送中心。因此，配送中心成为整个社会的大仓库，成为商流、信息流和物流的汇集中心。可见，在电子商务环境下配送的功能和作用进一步得到了加强，配送业的地位大大提高了。

3) 供应链管理的优化

在传统的供应链渠道中，产品从生产企业到消费者手中要经过多个环节，流程长、成本高。电子商务缩短了生产企业与最终用户之间的距离，企业可以通过网络与客户直接沟通，不需要设置多层分销网络，从而缩短了物流路径，减少了流通时间，降低了物流成本。同时，在传统的供应链中，由于供销脱节，供应商难以得到及时准确的销售信息，对存货管理只能采用计划方法，缺乏灵活性。销路好的商品，会造成库存缺货；销路不好的产品，又容易造成积压的情况。而在电子商务环境下，供应链实现了一体化，供应商与零售商、消费者通过因特网连在了一起，供应商可以及时准确地掌握产品销售情况和顾客需求信息，并由此合理地组织生产和供货，有助于实现产品生产和销售的"零库存"。

2. 第三方物流对电子商务的作用

1) 第三方物流有效降低电子商务的运营成本

目前，物流已成为制约电子商务发展的瓶颈，而第三方物流企业可以利用信息咨询能力和业务整合能力与企业的电子商务相结合而创造新价值，将其规模优势和专业优势转化为新的生产力资源，融入企业电子商务之中，在提供物流服务时以企业客户满意为中心，真正地领会企业的意图，一切以企业的物流需求为出发点，紧密配合企业的电子商务流程，提高企业客户服务水平，降低企业电子商务的物流费用。第三方物流企业的规模化经营将使其运营成本较电子商务企业自营物流有较大幅度的降低。

2) 第三方物流有助于电子商务大范围地销售商品

第三方物流企业通过其网络化的组织和配送体系，对电子商务中的商品进行合理有效的管理，做到准确即时送达消费者的手中。特别是对于大范围内的电子商务活动，第三方物流的优势更是明显，如中国邮政物流的转型。最能体现中国邮政物流实力的就是邮政覆盖全国、四通八达的邮政实物运输传递网络。中国邮政可以利用其网络、专业、品牌和政策等方面的优势，进行准确即时的跨区域配送，大力深化和提高企业电子商务中物流环节的服务附加值，增加物流的利润，扩大企业的赢利空间。

3) 运用第三方物流可更好地完成客户服务，并及时有效地反馈客户信息

电子商务成功与否，很重要的指标是客户满意度。第三方物流企业可以运用自己成熟的第三方物流管理经验和强大的资本实力，为客户提供高质量的服务，保证物流作业快速、准时、高质、高效地完成，实现客户的满意度最大化。同时，由于第三方物流企业和客户有着最直接的接触，它们可以比较清楚地了解客户的信息，将这些信息有效地反馈给电子商务企业，也将对电子商务企业的运作起到非常大的作用。

4) 运用第三方物流可减少投资、集中精力于主业、降低经营风险

外协物流所推崇的理念就是"如果在企业价值链的某一环节上不是世界最好的，如果还有不是核心竞争优势，如果这种活动不至于把客户分开，那么就应该把它外协给世界上最好的专业公司去做"。也就是说，在企业资源有限的情况下，把企业的人力资源与脑力资源全部集中于企业知识和技术依赖性强的高增值部分，其他的辅助性活动全部外包给专业公司去做。把电子商务物流配送业务外包给第三方物流公司，可以使得电子商务企业的固定成本转化为可变成本。电子商务企业只需要向第三方物流企业支付服务费用，而不需要自己投资建设物流基础设施来满足这些需求。尤其对于那些业务量呈现季节性变化的电子商务企业来讲，外包物流对企业赢利的影响就更为明显了。

电子商务物流系统不仅投资大，而且专业化程度要求高。对于大多数电子商务企业而言，是没有能力去自己组建的，即使有能力组建，也要面临巨大的风险，而且由于精力的分散及组建完善的物流系统需要较长的周期，不利于企业业务的迅速扩展。尤其是新兴的电子商务企业，仅依靠其自身的力量很难在短期内打通物流渠道，迅速扩大市场份额。通过专注于自己的核心竞争力，把电子商务下的物流运作外包给第三方物流企业，电子商务企业不仅能够节省大量人力、财力和物力，迅速顺畅流通渠道，在竞争中占据有利的地位，降低经营风险，还能够通过第三方物流企业的科学化管理，有效降低商品的库存水平和在途时间，提高商品的周转速度，从而提高企业利润水平。

6.3　第三方物流与金融

【推荐文章】　【拓展视频】

现代物流发展离不开金融服务的支持。物流金融作为一种全新的理念，超越了金融行业与物流企业之间单纯金融服务的联系形式，大大提高了两者的整体效率，对金融业、物流业及其他企业都产生了深刻的影响。

6.3.1　物流金融的概念

物流金融是指在面向物流业的运营过程中，通过应用和开发各种金融产品，有效地组

织和调剂物流领域中货币资金的运动。这些资金运动包括发生在物流过程中的各种存款、贷款、投资、信托、租赁、抵押、贴现、保险、有价证券发行与交易，以及金融机构办理的各类涉及物流业的中间业务等。

物流金融是为物流产业提供资金融通、结算、保险等服务的金融业务，它伴随着物流产业的发展而产生。在物流金融中涉及3个主体：物流企业、客户和金融机构。物流企业与金融机构联合起来为资金需求方企业提供融资，物流金融的开展对这三方都有非常迫切的现实需要。物流和金融的紧密融合能有力支持社会商品的流通，促使流通体制改革顺利进行。物流金融正成为国内银行一项重要的金融业务，并逐步显现其作用。

物流金融是物流与金融相结合的复合业务概念，它不仅能提升第三方物流企业的业务能力及效益，还可提升企业融资及资本运用的效率。对于金融业务来说，物流金融的功能是帮助金融机构扩大贷款规模，降低信贷风险，在业务扩展服务上，能协助金融机构处置部分不良资产、有效管理 CRM 客户，提升质押物评估、企业理财等顾问服务项目。从企业行为研究出发，可以看到物流金融发展起源于"以物融资"业务活动。物流金融服务是伴随着现代第三方物流企业而生，在金融物流服务中，现代第三方物流企业业务更加复杂，除了要提供现代物流服务外，还要与金融机构合作，一起提供部分金融服务。

物流金融是近几年才在我国流行起来的。关于物流金融的概念，目前主要有以下几种。

(1) 物流金融从广义上讲就是面向物流运营的全过程，应用各种金融产品，实施物流、商流、资金流、信息流的有效整合，组织和调节资金运行效率的一系列经营活动；从狭义上讲就是物流供应商在物流业务过程中向客户提供的结算和融资服务，这类服务往往需要银行的参与。

(2) 物流金融是指在供应链业务活动中，金融工具使物流产生的价值增值的融资活动。

(3) 物流金融是指物流业与金融业的结合，是金融资本与物流商业资本的结合，是物流金融的表现形式，是金融业的一个新的业务领域。

从供应链的角度，物流金融的概念可以分为广义和狭义两种[①]。

(1) 广义的物流金融是指在整个供应链管理过程中，通过应用和开发各种金融产品，有效地组织和调剂物流领域中货币资金的运动，实现商流、物流、资金流和信息流的有机统一，提高供应链运作效率的融资经营活动，最终实现物流与金融融合化发展的状态。

(2) 狭义的物流金融是指在供应链管理过程中，第三方物流供应商和金融机构向客户提供商品和货币，完成结算和实现融资的活动。

6.3.2　物流金融的主要模式[②]

1. 代客结算业务

【推荐文章】

代客结算业务又可以分为垫付货款和代收货款两种模式。垫付货款模式常见于规模实力比较雄厚的大型第三方物流公司，它们在资金运作的过程中获得资金的沉淀期，等于拥有不用付息的资金，可以继续投入到物流业务运作中，这样不仅加快了客户的流动资金周转，有助于改善客户的财务状况，而且自身也提高了资金流转率，合理调

---

① 莫智力，邵丹萍.物流金融发展模式探析[J]. 物流科技，2008，31(8)：56-58.

② 张臻竹. 物流金融的发展分析[J]. 中国物流与采购，2008(6)：89-91.

度资金走向而获得利润；垫付货款模式常见于 B2B 业务中，而代收货款模式常见于 B2C 业务，并且已经在发达地区的邮政系统和很多中小型第三方物流供应商中广泛开展。

简要业务流程如图 6.2 所示。

(1) 物流公司依照供应商和采购方签订的购销合同，取得货物承运权。

(2) 物流公司代采购方先预付一定比例货款，获得质物所有权。

(3) 采购方支付物流公司所有货款并取得货物。

(4) 物流公司在一定的期限后将剩余货款扣除服务费后支付给供应商。

图 6.2　代客结算业务模式

2. 融通仓业务

融通仓是一个以质押物资仓管与监管、价值评估、公共仓储、物流配送、拍卖为核心的综合性第三方物流服务平台，它不仅为银企间的合作构架新桥梁，而且很好地融入企业供应链体系之中，成为中小企业重要的第三方物流服务提供者。

运用物流公司的物流信息管理系统，将银行的资金流与企业的物流相结合，向企业提供融资、结算等服务于一体的银行综合服务业务；或者根据融通仓物流企业的仓储中心的规模、经营业绩、运营现状、资产负债比例以及信用程度，授予融通仓仓储中心一定的信贷额度，融通仓仓储中心可以直接利用这些信贷额度向相关企业提供灵活的质押贷款业务，由融通仓直接监控质押贷款业务的全过程，金融机构则基本不参与该质押贷款项目的具体运作。仓单的直接作用是提取委托寄存物品的证明文件，间接作用则是寄托品的转计及以此证券向银行等金融机构借款的凭证，因此，是一种公认的"有价证券"。

融通仓业务主要有仓单质押和保兑仓(买方信贷)两种操作模式，两者最大的区别是仓单质押业务先有货再有票，保兑仓业务先有票再有货。在仓单质押业务中，金融机构或者以企业中市场畅销、价格波动幅度小、处于正常贸易流转状态而且符合要求的产品抵押作为授信条件。

1) 仓单质押业务

仓单是保管人(物流公司)在收到仓储物时向存货人(借款企业)签发的表示收到仓储物的有价证券。仓单质押贷款是仓单持有人以所持有的仓单作为质押，向银行等金融机构获得资金的一种贷款方式。仓单质押贷款可在一定程度上解决中小企业尤其是贸易类企业的融资问题。

仓单质押模式包括以下业务流程(见图 6.3)。

(1) 借款企业将产成品或原材料放在物流公司指定的仓库(融通仓)中，由物流公司获得货物的所有权。

(2) 物流公司验货后向银行开具仓单，仓单须背书质押字样，由物流公司签字盖章。

(3) 银行在收到仓单后办理质押业务，按质押物价值的一定比例发放贷款至指定的账户。

(4) 借款企业一次或多次向银行还贷。

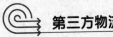
(5) 银行根据借款企业还贷情况向借款企业提供提货单。

(6) 物流公司的融通仓根据提货单和银行的发货指令分批向借款企业交货。

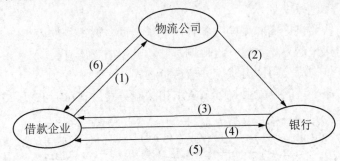

图 6.3　仓单质押模式业务过程

2) 买方信贷业务

买方信贷模式包括以下业务流程(见图 6.4)。

(1) 借款企业根据与供应商签订的《购销合同》向银行提交一定比率的保证金。

(2) 第三方物流公司向银行提供承兑担保。

(3) 借款企业以货物对第三方物流公司提供反担保。

(4) 银行开出承兑汇票给供应商。

(5) 供应商在收到银行承兑汇票后向物流公司的保兑仓交货，物流公司获得货物的所有权。

(6) 物流公司验货后向银行开具仓单，仓单须背书质押字样，并由物流公司签字盖章。

(7) 银行在收到仓单后办理质押业务，按质押物价值的一定比率发放贷款至指定账户。

(8) 借款企业一次或多次向银行还贷。

(9) 银行根据借款企业还贷情况向借款企业提供提货单。

(10) 物流公司的融通仓根据提货单和银行的发货指令分批向借款企业交货。

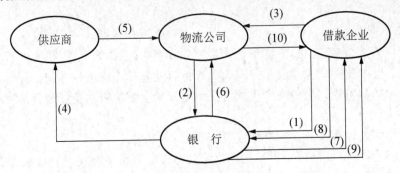

图 6.4　买方信贷业务流程

3. 授信融资业务

授信融资模式包括以下业务流程(见图 6.5)。

(1) 银行根据物流公司的实际情况授予物流公司一定的信贷额度。

(2) 借款企业将货物质押到物流公司所在的融通仓库，由融通仓为质物提供仓储管理和监管服务。

(3) 物流公司按质押物价值的一定比率发放贷款。

(4) 借款企业一次或多次向物流公司还贷。

(5) 物流公司根据借款企业还贷情况向借款企业提供提货单，物流公司的融通仓根据提货单分批向借款企业交货。

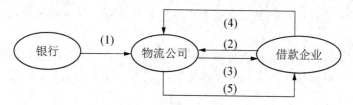

图 6.5　授信融资业务过程

4. 海陆仓业务[①]

银行联合第三方物流企业，实现商品的货权控制，将未来物权与银行操作成熟的现货质押、现金流控制等手段相联系起来，通过内部作业组织重组、流程优化来替代企业的重复作业环节，实现对大宗商品的未来货权的有效控制。货物未到前，提供将未来货权质押融资服务；货物到港后，银行委托第三方物流企业提供代理报关、代理报检、物流等服务，进一步转为"现货监管"方式继续提供融资；货物进入仓库内至销售，仍可提供融资。全流程满足企业的资金需求，直到该笔货物销售款项回笼，打破了单个业务环节融资的局限，极大地便利了客户。海陆仓业务模式所提供的授信可以覆盖客户的开证(信用证方式)、到单、通知、报关、报检、货物运至仓库内至销售的全过程，将未来货权质押开证、进口代收项下货权质押授信、进口现货质押授信集合在一起，极大地延伸了银行对企业融资需求的服务周期。

海陆仓模式具体包括以下业务流程。

(1) 进口商与出口商签订进出口购销合同，银行、第三方物流企业、进口商签订《进口货物监管和质押协议书》，确定三方权利及义务，第三方物流接受银行委托，根据协议内容承担监管责任。

(2) 进口商向银行提交相关资料，申请授信额度。经银行有关审批部门核定授信额度，与进口商签订《授信协议》，同时进口商提交一定金额的保证金，申请开立信用证。

(3) 进口商银行向出口商开立以出口商为受益人的信用证。

(4) 国内第三方物流企业需与其国外装货港代理公司联系，国内银行也该与国外通知行保持联系。

(5) 国外出口商将货送至港口，按信用证要求发货，国外物流代理公司进行装货，装完船后，出口商向进口商银行寄送全套单据，第三方物流企业便开始进行在途监管。

(6) 进口商银行收到并持有全套单据，经进口商确认后，银行签发《单据交接通知》并通知第三方物流企业签收，信用证项下，银行办理付款。

---

① 罗娟娟. 新型物流金融模式：海陆仓模式探析[J]. 中国集体经济，2008(15)：24-25.

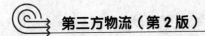

（7）货物在途监管过程中，第三方物流企业需确保货物的安全。在船舶抵港前，船代需进行船舶进港申报，等船舶靠岸后由货代安排船舶卸货、换单、进口清关和商检等事宜。

（8）进口商银行在进口商需要时，向其提供一定量的贷款，以作为通关缴税的费用。

（9）收到货物后，第三方物流企业履行货物报检及通关手续，将货物运至指定仓储地点。

（10）第三方物流企业签发以银行作为质权人的《进仓单》，银行与进口商共同在第三方物流企业办理交接登记，由第三方物流企业按照合同规定监管质押货物，进入现货质押流程。

（11）进口商根据其生产、销售计划安排提货，在提货前必须归还银行相对应的货款，第三方物流企业在审核银行签发的《出库单》无误后，放行相应货物。整个业务在进口商还清贷款后结束。

6.3.3 物流金融的风险分析

【推荐文章】

发展物流金融业务虽然能形成物流公司、融资企业和银行三方"共赢"的效果，但同样存在各种各样的风险。有效地分析和控制这些风险是物流金融能否成功的关键之一。作为一种物流和金融创新，它所面临的风险主要有以下几种。

1. 来自质押货物的风险[①]

在物流金融业务中，质押货物的风险主要来自以下几个方面：一是质押货物品种的选择。并不是所有的货物都可以用来质押，质押物品选取得恰当与否直接关系到物流金融业务的风险大小。在确保质押物品是动产的大前提下，质押物品的选取主要以好卖、易放、投机小为原则，即物品的市场需求量大而稳定，市场流动性好、吞吐量大；物品的质量稳定，容易储藏保管；物品的市场价格涨跌不大，相对稳定。二是市场价格变动。由于市场价格的变动，尤其是质押物品价格的下跌，会造成质押物品价值缩水，形成一定的物流金融风险。三是质押物品价值评估。在对质押物品进行价值评估过程中，物流金融提供商因缺乏足够的技术支持，如价值评估系统不完善，或评估技术不高，网络信息技术落后，造成信息不完整、业务不畅等，造成各种评估方法和标准的不统一，使得存货的价值也难以和信贷资金相一致，贷款回收的隐性风险非常大。

2. 来自融资企业的风险

在物流金融业务中，来自于融资企业风险主要是融资企业的信用风险，包括货物的合法性、客户的诚信度等。物流金融业务能否顺利开展，最大的风险取决于合作企业是否具有诚信经营的素质和意识。在出质人进行货物质押时，第三方物流企业要严格考核该货物是否合法，是否为走私货物，或是否为合法渠道取得，避免风险。同时，有的客户资信不好，在滚动提取时有提好补坏和以次充好等动机，会形成一定的质量风险。因此，在选择客户时要谨慎，在合作前要对其业务能力、业务量及货物来源的合法性全面了解和考察。

---

① 周明. 物流金融价值及风险分析[J]. 商品储运与养护，2008，30(7)：1-4.

3. 来自物流企业的风险

我国的物流企业多为中小物流企业，这些物流企业与大型物流企业相比，其本身仍有许多不利于融资的因素，具体表现在以下几个方面：一是财务制度不健全，企业信息透明度差，导致其资信不高。据调查，我国 50%以上的中小物流企业的财务管理制度不健全，许多中小物流企业缺乏足够的经财务审计部门承认的财务报表和良好的连续经营记录。二是中小物流企业缺乏可用于担保抵押的财产。中小物流企业的资产负债率一般都较高，大部分财产都已抵押，导致申请新贷款抵押物不足。三是一些中小物流企业管理水平和经营者素质较低，信用意识淡薄，当经营出现困难时，不是在改变产品结构、加强经营管理、开辟市场上下工夫，而是设法拖欠贷款利息，这不仅给金融机构信贷资金安全造成很大的威胁，而且极大地降低了企业的信誉度，加剧了中小物流企业贷款难度。

4. 来自金融机构的风险

由于我国银行开展物流金融信贷时间短，在风险管理方面经验不足，又受到各种制度、法律的瓶颈制约，操作疏漏和失误在所难免，主要问题有贷款资金渠道狭窄，筹资方式少；贷款工具缺乏灵活性；银行风险管理手段受到外部环境限制；内部监控系统还不完善等。因此，在物流金融业务中，银行内部存在操作风险。

本 章 小 结

> 物流战略是物流企业立足市场、获取竞争优势的来源。在对环境分析、市场细分之后，就可以进行第三方物流战略设计构思。
>
> 在第三方物流与电子商务部分介绍了电子商务的概念及特征，以及电子商务与第三方物流的相互关系。
>
> 在物流金融部分主要介绍了物流金融的概念和主要运作模式。

习　　题

一、名词解释

物流战略　电子商务　物流金融

二、选择题

1．企业外在力量的考查通常包括(　　)。
　　A．同业竞争者的物流水平　　　　　B．技术评价
　　C．材料—能耗评价　　　　　　　　D．物流渠道结构

2．物流企业的总体物流战略，从客户企业角度可以划分为(   )。

    A．过程战略   B．市场战略   C．客户战略   D．信息战略

3．物流企业战略划分为哪几个层次? (   )

    A．全局性的战略   B．结构性的战略

    C．功能性的战略   D．基础性的战略

4．用户在因特网上的名称是(   )。

    A．用户地址   B．网址

    C．用户密码   D．注册电子名称

5．加密技术应用在电子商务中的作用是(   )。

    A．防止企业商业秘密泄露

    B．防止非本公司人员使用公司计算机

    C．礼貌禁止非本公司人员使用本公司网站

    D．对公司一切商务活动进行保密

6．以银行卡为支付工具的是基于(   )的支付方式。

    A．客户资金   B．非 SET 协议

    C．银行信用   D．客户的存款

7．电子商务中的瓶颈是(   )。

    A．信息技术   B．管理方法

    C．配送体系   D．商务标准

8．(   )是电子商务的最大信息载体。

    A．因特网   B．电信

    C．配送网   D．管理系统

9．关于现代物流对电子商务的作用，下列说法正确的是(   )。

    A．提高电子商务的效率和效益，协调电子商务的目标

    B．扩大电子商务的市场范围，支持电子商务的快速发展

    C．集成电子商务中的商流、信息流和资金流

    D．实现基于电子商务的供应链集成

    E．使电子商务顺利完成

10．电子商务网络主要有两种网络组成是(   )。

    A．电子商务商流和信息流网络   B．因特网

    C．配送网络   D．增值网

    E．客户网络

11．电子商务中的"四流"是(   )。

    A．商流   B．物流

    C．资金流   D．电子流

    E．信息流

三、简答题

1．简述物流服务种类的简化模型。

2．如果以公司规模与提供个性化服务的程度细分市场，在市场上可以对应哪些物流服务供应商？

3．简述第三方物流战略的实施要点。

4．简述第三方物流对电子商务的作用。

5．简述电子商务的主要模式。

6．简述物流金融的主要模式。

7．简述物流金融的主要风险

案例分析

电商混战，物流企业路在何方

近日来，随着京东商城进行疯狂店庆，频频爆出各样新闻，苏宁易购也于 2012 年 7 月 5 日正式发布了自己的开放平台战略。京东商城来势汹汹，苏宁易购蓄势待发，电商竞争日益激烈。2010 年，美国华尔街的投资者开始把目光转向中国的电子商务，麦考林和京东商城成为华尔街热捧的对象。那时的中国正处于通货膨胀期。美国的金融泡沫尚未灭掉，麦考林、京东商城也未能逃离经济衰弱带来的影响，为什么在 2010 年下半年却受到华尔街的热捧呢？

一切经济活动都是由生产、物流、消费三部分组成，通货膨胀也由生产、物流和消费组成。根据 2011 年物流市场数据显示，中国物流仓库租金同比增长了 30%～50%。随着物流成本的提高，企业不得不把成本转嫁到消费者身上。因物价上升，导致消费下降，因消费不足，引发生产恶化，这一恶循环必将导致通货膨胀的推高。

2010 年下半年，麦考林成为在美国成功上市的中国 B2C 第一股，京东商城也得到巨大融资，当当网紧随其后，也成功赴美上市。电商的融资上市给中国企业带来的就是新一轮的价格战、服务战和圈地战。物流作为电子商务中的一环首当其冲，没有拿到注入资金的物流企业也必须加入价格战，或者倒闭。参与这场 B2C 大战的中国企业除了互联网公司麦考林、京东商城、当当网等，还有苏宁、国美，甚至海尔、海信这样的传统品牌企业。

一方面是美国资金渗透，电商产业竞争恶化；另一方面是通货膨胀快速走高，传统的中国物流企业陷入了两难的境地。再加上运输成本难以下降，产业管理落后，不能降低管理成本，电商圈地又促进仓储资金上升，中国物流企业可谓步履维艰。

从电子商务来讲，电商的任何一笔交易都包含信息流、商流、资金流、物流。但是电商的本质是卖东西，而不是物流，在整个交易过程中，物流实际上是以服务的方式出现的。没有现代化的物流，任何轻松的商流活动仍会退化成一纸空文。虽然物流不是电商的主体，但是传统的物流企业在电子商务中仍然占有一席之地。

现代电子商务是一个高速化、信息化、全面化的进程，为了适应这个趋势，传统物流企业必须对传统模式进行改革。物流企业信息化能够满足电子商务的需求，不仅能够优化企业管理模式，而且还能缓解电商格局下的困境。

一方面，物流企业时时在寻找减少物流成本的方法，但少有突破。众所周知，物流需要仓储，对传统物流企业来讲，仓储成本一直居高不下。当仓储成为信息化中间的一个环节时，它将获得特别大的压缩空间。在整个的选货过程中，产品在仓库里放置的时间缩短，就能加快货物流通速度，降低物流成本，从而提高市场竞争力。

另一方面，在电子商务的环境下，物流系统中的信息变成了供应链运营的环境基础。网络是平台，供应链是主体，电子商务是手段。信息环境对供应链的一体化起着控制和主导的作用。信息化可使物流实现网络的实时控制。传统的物流活动在其运作过程中，其本质都是以商流为中心，从属商流活动的，因而物流的运作方式是紧紧伴随着商流来运动。而在信息化的作用下，物流的运作是以信息为中心的，信息不仅决定了物流的运作方向，而且也决定着物流的运作方式。在实际运作过程中，通过网络上的信息传递，可以有效地实现对物流的实时控制，实现物流的合理化。

同时，在电商环境的作用下，客户对产品的可得性心理预期加大，以致企业交货速度的压力变大。因此，物流系统中的港、站、库、配送中心、运输线路等设施的布局、结构和任务将面临较大的调整。

而信息共享的即时性，使物流企业对客户的需求进行更快的反馈，也使物流这个"以顾客为中心"的理念得以真正实施，即保证企业与客户之间的即时互动及客户服务个性化。

总之，电子商务的发展加快了市场信息化的进程，电商的崛起也宣告了物理企业信息化势在必行，物流企业迫切地需要对传统物流模式进行改革，选择更效率更合理的信息化，来应对电商混战下的格局。

(资料来源：http://www.chinawuliu.com.cn/xsyj/201207/11/184802.shtml.)

思考：

(1) 电商竞争日益激烈，这将给传统的中国物流企业带来什么影响？

(2) 在这个电子商务飞速发展的今天，中国物流企业又该如何应对？

第7章　我国物流产业发展分析

【本章教学要点】

知识要点	掌握程度	相关知识
我国物流产业发展现状	了解	我国物流产业发展概况、取得的成效及面临的挑战
我国物流产业发展趋势	掌握	《物流业中长期发展规划(2014—2020 年)》、我国物流产业发展的趋势
我国物流区域布局	掌握	我国物流区域布局现状及发展趋势
我国物流产业结构分析	了解	我国物流产业结构现状及发展趋势

【关键词】

物流产业，发展趋势，区域布局，产业结构

 导入案例

自建物流与第三方物流，企业的路到底该如何选择？

随着业务的不断发展和公司壮大，出于对物流成本控制和物流服务升级的需求，许多制造业和贸易公司开始着手考虑自建物流，而技术设备更新、信息平台无法兼备、人才匮乏，使许多企业又对自建物流仍有忧虑。因此，如何提高中小企业的物流效率，降低物流成本，选择适合企业实际的物流模式，对企业下一步发展起着举足轻重的作用。

1. 企业物流模式分析与比较

1) 企业自建模式

企业自营物流是指企业自身经营物流业务，组建全资或控股的子公司完成企业物流配送业务。例如，海尔集团成立自己的物流公司，实现本公司和社会双重服务。对于有自营物流能力的企业来说，企业物流系统自营不仅可以对企业内部一体化物流系统运作的全过程进行有效的控制，还可进一步延伸到供应链物流管理过程中，即通过内部信息系统与因特网，使企业内部产供销物流协同及其与上下游企业的物流协同，以较快的速度解决物流活动管理过程中出现的问题，在完成配送业务的同时降低物流成本。

(1) 优点。

① 对供应链各个环节有较强的控制能力，易与生产和其他业务环节密切配合，全力服务于本企业的经营管理，确保企业能够获得长期稳定的利润。对于竞争激烈的产业，有利于企业对供应和分销渠道的控制。

② 可以合理地规划管理流程，提高物流作业效率，减少流通费用。对于规模较大、产品单一的企业而言，自营物流可以使物流与资金流、信息流、商流结合更加紧密，从而大大提高物流作业乃至全方位的工作效率。

③ 可以使原材料和零配件采购、配送以及生产支持从战略上一体化，实现准时采购，增加批次，减少批量，调控库存，减少资金占用，降低成本，从而实现零库存、零距离和零营运资本。

(2) 缺点。

不是每一个工业企业都适合自营物流模式，企业自营物流也存在许多缺点。

① 增加了企业投资负担，削弱了企业抵御市场风险的能力。企业为了自营物流，就必须投入大量的资金用于仓存设备、运输设备以及相关的人力资本，这必然会减少企业对其他重要环节的投入，削弱企业的市场竞争能力。对于一些规模较小的企业，甚至会出现对物流的投资比重过大而导致企业无法正常运转的情况。

② 企业配送效率低下，管理难以控制。对于绝大多数企业而言，物流部门只是企业的一个后勤部门，物流活动也并非为企业所擅长。在这种情况下，企业自营物流就等于迫使企业从事不擅长的业务活动，企业的管理人员往往需要花费过多的时间、精力和资源去从事辅助性的工作，结果是辅助性的工作没有抓起来，关键性业务也无法发挥出核心作用。

2) 第三方物流模式

第三方物流是指由供方和需方外的物流企业提供的物流服务、承担部分或全部物流运作的业务模式，在特定的时间段内按照特定的价格向使用者提供的个性化的系列物流服务，是专业化、社会化和合同化的物流。

(1) 优点。

① 企业集中精力于核心业务。由于任何企业的资源都是有限的，很难成为业务上面面俱到的专家。为此，企业应把自己的主要资源集中于自己擅长的主业，而把物流等辅助功能留给物流公司。

② 灵活运用新技术，实现以信息换库存，降低成本。当科学技术日益进步时，专业的第三方物流供应商能不断地更新信息技术和设备，而普通的单个制造公司通常一时间难以更新自己的资源或技能；不同的零售商可能有不同的、不断变化的配送和信息技术需求，此时，第三方物流公司能以一种快速、更具成本优势的方式满足这些需求，而这些服务通常都是制造商一家难以做到的。同样，第三方物流供应商还可以满足一家企业的潜在顾客需求的能力，从而使企业能够接洽到零售商。

③ 减少固定资产投资，加速资本周转。企业自建物流需要投入大量的资金购买物流设备，建设仓库和信息网络等专业物流设备，这些资源对于缺乏资金的企业特别是中小企业是个沉重的负担；而如果使用第三方物流公司不仅减少设施的投资，还解放了仓库和车队方面的资金占用，加速了资金周转。

④ 提供灵活多样的顾客服务，为顾客创造更多的价值。为顾客带来更多的附加价值，使顾客满意度提高。

(2) 缺点。当然，与自营物流相比较，第三方物流在为企业提供上述便利的同时，也会给企业带来诸多的不利。企业不能直接控制物流职能；不能保证供货的准确和及时；不能保证顾客服务的质量和维护与顾客的长期关系；企业将放弃对物流专业技术的开发等。除此之外，还有以下几个缺点。

① 服务质量不高。第三方物流公司的内部管理水平较低，服务质量不高影响了外包业务的开展。

② 工作范围划分不明确。工作范围即对物流服务要求的明细，它对服务的环节、作业方式、作业时间、服务费用等细节作出明确的规定，工作范围的制定是物流外包最重要的一个环节。

2. 从企业实际出发选择物流模式

现如今，中小企业毕竟为数众多，企业内部情况与大型企业环境差别巨大，因此企业在进一步发展的同时，物流模式的选择要适应企业的实际与社会环境。要根据企业自己的具体情况，选择适合自己的物流模式，达到经济效益与社会效益的最大化。随着企业发展阶段的不同，以及整体经济形势的变化，对自己的物流模式要进行调整，以适应自身和外界环境的变化。要科学地推进企业物流管理的建设与企业物流的重组，必须按照企业物流发展的一般规律，认真分析企业生产、经营、管理现状，以科学的物流理念指导思维转变和物流重组——根据企业的物流实际，参考企业长远发展目标，合理选择企业物流改造切入点，循序渐进推进企业物流建设。而从近年来第三方物流在我国得到快速发展，第三方物流企业的成本也不断降低，因此从发展的角度来看，选择第三方物流将成为未来广大中小企业物流模式的最佳选择。

（资料来源：http://www.chinawuliu.com.cn/zixun/201606/24/313117.shtml.）

思考：

企业应如何在自营物流和第三方物流之间做出选择？

7.1 我国物流业发展概况

近些年我国物流产业飞速发展，取得了显著成绩，但同时还存在不少问题。

7.1.1 我国物流业发展现状[①]

1. 物流业明确为国民经济基础性、战略性产业

【拓展文本】

2014年6月11日，国务院常务会议讨论通过了《物流业发展中长期规划(2014—2020年)》，把物流业明确为"基础性、战略性产业"。其基础性主要是指物流业对国民经济发展的贡献度。2016年，物流业总收入为7.9万亿元，同比增长4.6%。其战略性，主要是指物流业对国民经济发展的引领度，国民经济的发展，物流必须先行，用现代物流特别是供应链管理去提升与改造传统工业、农业、流通业。提升我国供应链绩效指数关系到我国的国际竞争力。

2. 我国成为全球最大、最具潜力的物流市场

从2013年开始，我国成为世界第二大经济体，第一大货物进出口国，也是物流总量第一大国。按美国供应链调研与咨询公司统计分析，从物流的宏观统计来看，2016年全国社会物流总额229.7万亿元，同比增长6.1%。2016年社会物流总费用11.1万亿元，保持低速增长同比增长2.9%，明显低于GDP增长。近10年我国的物流总额与总费用发展趋势如图7.1所示。

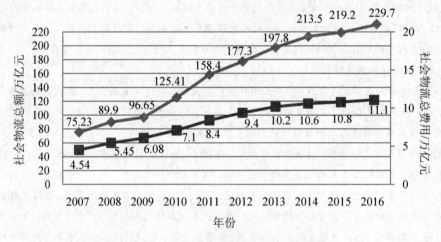

图 7.1　近 10 年我国物流总额与总费用趋势

注：◆—— 表示社会物流总额；■—— 表示社会物流总费用。

社会物流总额是由工业物品物流总额、农产品物流品额、进口货物物流总额、单位与居民物品物流总额与再生资源物流总额构成的，代表了我国物流市场的总需求。

物流总费用是我国物流市场的总规模，按国际惯例是由运输费用、管理费用与保管费用构成。在2016年11.1万亿元的市场中，运输市场是大头，占54.1%。以海运来讲，无论港口货物吞吐量还是集装箱吞吐量都占世界第一，在全球最大集装箱港前十位中，我国占了七位，即上海、深圳、香港、宁波—舟山、青岛、广州和天津。保管费用占比33.3%，管理费用占比12.6%。

---

① 改编自《我国"十二五"物流业发展的十大进步》。

3. 我国物流业市场化程度进一步提高

现代物流要求整合社会资源，实行多功能一体化运作，其前提条件是物流资源市场化，只要有需要，所有的企业，特别是物流企业都可以在市场上通过等价交换，取得这些资源的使用权，从而实现用最合理的路线、最合理的运载工具、最合理的时间、最安全的措施满足用户的要求。所以《物流业调整和振兴规划》明确提出，我国物流业必须走"市场化、专业化、社会化的发展道路"，充分发挥市场优化配置资源的作用，打破部门间和地区间的分割和封锁，创造公平的竞争环境，促进物流服务的社会化和资源的市场化。

【拓展文本】

物流市场化程度主要有三个的衡量标准：一是物流资源是否通过市场进行交易；二是价格是否按市场的需求波动自由定价；三是物流服务的运作主体是否是自负盈亏的法人实体。目前，我国的实际情况是，除《中华人民共和国邮政法》规定的公务文件，部分铁路、管道与航空资源以外，其他资源都已进入市场；除邮政、铁路货运、管道运输、航空货运中的重要服务项目仍由国家作出指导价以外，其他价格都已放开；物流服务的运作主体都已公司化，铁路企业最后一个与政府脱钩，走向市场。

2014 年 9 月 24 日，国务院常务会议决定，全面开放国内包裹快递市场，对符合许可条件的外资企业按核定业务范围和经营地域发放经营许可。同年 11 月 15 日，国务院常务会议部署加快推进价格改革，明确放开港口集装箱装卸、铁路散货快运、铁路包裹运输价格，放开社会资本投资控股新建铁路的货运价格，全面放开民航国内航线货物运输价格。到 2015 年，物流领域凡可以开放的，特别是向世界贸易组织承诺的，均已向民营企业和外资企业开放。

4. 第三方物流企业集中度有所提升，功能有所强化

在全国物流市场中，物流运作主体主要有两类：一是物流企业；二是企业自营物流。据国家统计局第二次经济普查，在工商登记注册的物流公司已达 13.2 万家，加上有些运输公司、货贷公司、快递公司实际已转型为物流公司，全国从事第三方物流服务的企业超过 20 万家。这些企业按所有制划分为公有企业、民营企业、外资企业与混合所有制企业四大类；按功能划分为运输型、仓储型与综合服务型三大类；按规模大小划分为 1A、2A、3A、4A、5A 五大类。到 2016 年，我国 A 级物流企业超过 4 000 家，其中 5A 级近 200 家。据我国物流与采购联合会 2015 年 50 强排列，第一位中远，营业收入为 1 247 亿元人民币，第 50 位年营业收入超过 22 亿元人民币。近五年，涌现了一批领军企业，如快递中的"三通一达"，邮政速递、中铁快运等；城际快运中的顺丰、德邦、卡行天下、安能、天地华宇等；冷链中的荣庆、众品等；电商物流中的菜鸟网络、日日顺、京东快递、苏宁易购等；物流地产中的中储、普洛斯、宝湾等；钢铁物流中的浙江物产、天津物产、中铁股份、五矿等；汽车物流中的安吉、长久、长安、风神、一汽国际等；供应链平台中的怡亚通、创捷、一达通、卓志、嘉诚等；国际物流中的中远、中外运长舱、中海运等。不少物流企业是在金融资本涌入，通过股份收购、股权投资、重组等方式做大做强自己。未来 5~10 年，我国物流业可能出现一个新的组合。

5. 物流基础设施总体水平有较大提升

根据国家综合运输体系的总体规划，国家加大了五大运输方式的基础设施建设力度，年投资增长率超过 20%。到 2016 年年底，铁路营业里程 12.4 万公里，其中高速铁路 2.2 万公里；公路里程 469.04 万公里，其中高速公路 13 万公里；内河航道 12.71 万公里；定期航班航线里程 531.70 万公里；管道输油(气)里程 12 万公里。近些年，国家对交通、仓储、邮政等基础设施投入年增长率大大超过国家基本建设的年增长率。根据国家各专业物流规划与各省(区、市)物流规划，由多元化主体投资的物流园、物流中心、配送中心以及冷库也加大了投入。根据世界银行 2014 年发布的全球供应链绩效指数排名，我国综合排名 28 位，但对我国在物流基础设施方面的改善给予了积极的评价，排名 23 位。他们认为，物流的基础设施建设水平，特别是综合运输体系建设，是供应链绩效指数的基础。

【拓展文本】

6. 创新驱动成为物流业发展新动力

社会、经济、文化的发展都离不开创新，从计划经济到社会主义市场经济是一种创新，从产业革命到第三次科技革命是一种创新，从传统物流到供应链管理是一种创新，创新是一个国家、一个民族、一个行业、一个企业前进的永恒动力。"十二五"期间，是我国物流业创新的 5 年，无论是组织形式、功能运作、物流技术、信息化、物流金融、专业分工等，我国物流企业勇于实践，大胆探索，取得了可喜的成绩。特别是"互联网+物流"、智慧物流成为目标，信息化技术大量应用，平台思维改变传统模式，园区基地平台、电商物流平台、供应链集成平台、协同采购平台、供应链金融平台风起云涌。产业联动、跨界经营、线上线下、联盟互助、转型升级层出不穷。

【拓展文本】

【拓展视频】

自 1978 年我国从日本引进物流概念开始，从引进、消化吸收到积极探索、快速发展，取得了很大的成绩，但我国的物流业大而不强，缺少的是创新，是自主知识产权，是软实力。从"十二五"开始，我国物流业有所突破，主要体现在以下几个方面。

(1) 理论创新。我国物流理论界已经起步，如徐寿波的"大物流论"、何明珂的"物流系统论"、宋华的"供应链金融"、王宗喜的"军事物流"、汪鸣的"复合产业论"等。

【推荐书籍】

(2) 模式创新。进入 21 世纪，发达国家集中力量研究并推出了供应链管理模型，即计划、资源、制造、交付、回收五大流程，再加上执行，作为五大流程的支持系统。我国不少企业根据自身的特点已在供应链管理模式上有所创造、有所发明，如香港利丰、青岛海尔、杭州阿里巴巴、深圳怡亚通、深圳创捷、上海安吉、北京京东商城等。

(3) 企业创新。我国物流企业大力推行现代企业制度，推进职业经理人制度，实施混合经济，兼并重组上市，跨界经营，众筹合伙，平台转型。根据经济发展的需要，物流企业分类评估制度在"十二五"期间得到了进一步规范与完善。

【拓展视频】

(4) 技术创新。物流的技术与装备是物流业的基础，涉及物流业的效率与效益。"十二五"期间，中国物流与采购联合会科技发明奖与科技进步奖数量增加，水平提高。物联网、移动互联、大数据、云计算、智慧物流得到应用。物流装备特别是自动化立体仓库、输送分拣设备、运输透明化等都有所创新发展，标准化水平进一步提高。

7. 物流市场细分不断涌现新亮点

随着国民经济的发展，产业分工越来越细，不同产业对物流服务提出了不同的个性化要求，所以，物流业形成了不同的细分行业，从而形成了不同的物流市场。

按区域不同划分，有国际物流市场与国内物流市场，城市物流市场与农村物流市场，全国物流市场与区域物流市场；按服务领域不同划分，有运输物流市场、仓储物流市场与管理物流市场；按服务对象不同划分，有钢铁物流市场、汽车物流市场、能源物流市场、粮食物流市场、生鲜农产品物流市场、医药物流市场等；按服务功能不同划分，有冷链物流市场、城市配送物流市场、电商快递物流市场、危化品物流市场等；按物流要素不同划分，有物流装备市场、物流技术市场、物流人才市场、物流金融市场、物流地产市场等。充分分工是社会进步的表现，带来的是劳动生产力的提高。特别要提出的是电商物流的发展，形成物流新亮点。我国电子商务交易市场从 2011 年的 6.4 万亿元到 2016 年的 22.97 万亿元，增加了 3.6 倍，预计到 2020 年，将超过 35 万亿元。其中零售网购交易额从 2011 年的 0.78 万亿元猛增到 2016 年的 5.2 万亿元，增加了 6.6 倍。电子商务的发展，使快递业超高速发展，2016 年的快递业务量已从 2011 年的 23.4 亿件增加到 312.8 亿件，超过美国，位居世界第一。

8. 我国物流逐步迈入供应链管理新阶段

2005 年，美国物流协会更名为美国供应链管理专业协会，标志着全球物流开始进入供应链管理时代。2009 年，国务院发布《物流业调整和振兴规划》，一方面要求"推动物流企业与生产、商贸企业互动发展，促进供应链各环节的有机结合"；另一方面要求"向以信息技术和供应链管理为核心的现代物流业发展"。2014 年，国务院发布的《物流业中长期发展规划(2014—2020 年)》中，推动与发展供应链管理列为十二大工程之一。2015 年国务院批复的《国内贸易流通体制改革发展综合试点方案》中，明确指出，创新批发与零售业的供应链管理，改造传统流通业。特别是习近平总书记在亚太经合组织会议上，明确提出打造全球价值链、全球供应链、全球产业链，我国的供应链管理已在国家、产业、城市、企业展开，"一带一路""京津冀协同发展""长江经济带"、四大自贸区、"互联网+""中国制造 2025"等，为供应链管理发展创造了巨大空间。优秀供应链企业不断涌现，特别是珠三角与长三角，已成为供应链管理推动的主力军。

9. 物流人才红利得到显现

人才是我国经济社会发展的第一资源，人才短缺一直是物流业发展的瓶颈，经过"中国物流人才教育工程"实施 10 年，到 2015 年，全国共有 518 所本科院校、954 所高职高专院校、900 多所中职学校开设了物流专业。十余年共培养本科生 50 多万，大专生 170 多万，中专生 30 多万。自 2003 年以来，物流师系列培训人数超过 50 万。这为"十二五"期间物流业发展打下了坚实的人才基础，为物流企业中高级管理人员做了大量补充，人才红利得到有效释放。在"十二五"期间，根据物流业发展的新要求，物流教育又有了新的创新，特别是产学研结合进一步推进，受到企业的欢迎。

7.1.2 我国物流业发展面临的挑战[①]

总体上看，我国物流业已步入转型升级的新阶段。但是，物流业发展总体水平还不高，发展方式比较粗放。主要表现在以下几个方面。

(1) 物流成本高、效率低。2016 年我国物流总费用占 GDP 比率为 14.9%，同比下降了 1.1 个百分点，但较 2006 年的 18.20% 仅下降了 3.3 个百分点，体现了我国近年来物流效率逐渐提高，但整体仍然面临成本高、效率低的问题。这一比率高于发达国家水平 1 倍左右，也显著高于巴西、印度等发展中国家的水平。

(2) 条块分割严重，阻碍物流业发展的体制机制障碍仍未打破。企业自营物流比重高，物流企业规模小，先进技术难以推广，物流标准难以统一，迂回运输、资源浪费的问题突出。

(3) 基础设施相对滞后，不能满足现代物流发展的要求。现代化仓储、多式联运转运等设施仍显不足，布局合理、功能完善的物流园区体系尚未建立，高效、顺畅、便捷的综合交通运输网络尚不健全，物流基础设施之间不衔接、不配套问题比较突出。

(4) 政策法规体系还不够完善，市场秩序不够规范。已经出台的一些政策措施有待进一步落实，一些地方针对物流企业的乱收费、乱罚款问题突出。信用体系建设滞后，物流业从业人员整体素质有待进一步提升。

7.2 未来我国物流业的发展展望

《物流业中长期发展规划(2014—2020 年)》明确提出，到 2020 年，基本建立布局合理、技术先进、便捷高效、绿色环保、安全有序的现代物流服务体系，物流的社会化、专业化水平进一步提升，物流企业竞争力显著增强，物流基础设施及运作方式衔接更加顺畅，物流整体运行效率显著提高，物流业对国民经济的支撑和保障能力进一步增强。

1. 物流向社会化专业化发展

制造企业将进一步分离外包物流业务，促进企业内部物流需求社会化。制造业、商贸业集聚区物流资源配置进一步优化，各中小微企业公共物流服务平台的构建，便于提供社会化物流服务。第三方物流得到快速发展，传统仓储、运输、国际货代、快递等企业将采用现代物流管理理念和技术装备，提高服务能力；从制造企业内部剥离出来的物流企业将发挥专业化、精益化服务优势，积极为社会提供公共物流服务。物流企业不断进行功能整合和业务创新，不断提升专业化服务水平，定制化物流服务得到发展，满足日益增长的个性化物流需求。物流组织模式进一步优化，共同配送、统一配送不断发展，多式联运比重不断提高。

2. 物流向信息化智能化发展

北斗导航、物联网、云计算、大数据、移动互联网等先进信息技术将在物流领域得到广泛应用。随着企业物流信息系统建设，核心物流企业整

【拓展文本】

---

① 《物流业中长期发展规划(2014—2020 年)》。

合能力得到发挥，打通物流信息链，实现物流信息全程可追踪。随着物流公共信息平台建设，全社会物流信息资源的开发利用进一步推进，运输配载、跟踪追溯、库存监控等有实际需求、具备可持续发展前景的物流信息平台进一步发展。随着交通运输物流公共信息平台的发展，铁路、公路、水路、民航、邮政、海关、检验检疫等信息资源可得到有效整合，物流信息与公共服务信息有效对接，促使区域间和行业内的物流平台实现信息共享，互联互通。

物流核心技术和装备的研发，促使关键技术装备实现产业化。随着食品冷链、医药、烟草、机械、汽车、干散货、危险化学品等专业物流装备的研发，物流装备的专业化水平将得到提升。标准化、厢式化、专业化的公路货运车辆不断发展，栏板式货车逐步淘汰。铁路重载运输技术装备将得到推广，铁路特种货车、专用货车以及高铁快件等运输技术装备不断发展，物流安全检测技术与装备的研发和推广应用不断加强。

【拓展视频】

3. 物流向标准化发展

《物流业中长期发展规划(2014—2020 年)》中将物流标准体系的建立和实施作为主要任务和重点工程，规划要求完善物流标准体系。按照重点突出、结构合理、层次分明、科学适用、基本满足发展需要的要求，完善国家物流标准体系框架，加强通用基础类、公共类、服务类及专业类物流标准的制定工作，形成一批对全国物流业发展和服务水平提升有重大促进作用的物流标准。注重物流标准与其他产业标准以及国际物流标准的衔接，科学划分推荐性和强制性物流标准，加大物流标准的实施力度，努力提升物流服务、物流枢纽、物流设施设备的标准化运作水平。调动企业在标准制修订工作中的积极性，推进重点物流企业参与专业领域物流技术标准和管理标准的制定与标准化试点工作。加强物流标准的培训宣传和推广应用。随着标准体系的完善和实施，物流各职能环节间、各经营主体间将打破连接障碍，实现无缝对接。

【推荐文章】

4. 物流向区域协调化发展

全国性物流节点城市和区域性物流节点城市的辐射带动作用进一步显现，推动区域物流协调发展。按照建设丝绸之路经济带、海上丝绸之路、长江经济带等重大战略规划要求，重点物流区域和联通国际国内的物流通道建设将进一步推进，打造出面向中亚、南亚、西亚的战略物流枢纽及面向东盟的陆海联运、江海联运节点和重要航空港，建立起省际和跨国合作机制，物流基础设施实现互联互通和信息资源共享。

东部地区发展趋势是适应居民消费加快升级、制造业转型、内外贸一体化的趋势，商贸物流、制造业物流和国际物流的服务能力得到提升，不断探索国际国内物流一体化运作模式。按照推动京津冀协同发展、环渤海区域合作和发展等要求，商贸物流业一体化进程得到加快。

中部地区发展趋势是发挥承东启西、贯通南北的区位优势，加强与沿海、沿边地区合作，加快陆港、航空口岸建设，构建服务于产业转移、资源输送与南北区域合作的物流通道和枢纽。

西部地区发展趋势是结合推进丝绸之路经济带建设，打造物流通道，改善区域物流条件，积极发展具有特色优势的农产品、矿产品等大宗商品物流产业。

东北地区发展趋势是加快构建东北亚沿边物流带，形成面向俄罗斯、连接东北亚及欧洲的物流大通道，重点推进制造业物流和粮食等大宗资源型商品物流发展。

5. 物流向国际化发展

随着国际竞争日趋加强，跨境电子商务的不断发展，要求物流向着国际化发展。基础设施方面需要加强枢纽港口、机场、铁路、公路等各类口岸物流基础设施建设；物流体系方面需要结合边境贸易发展，加强与周边国家和地区的跨境物流体系及走廊建设，加快物流基础设施互联互通，形成一批国际货运枢纽，增强进出口货物集散能力及在口岸管理方面需要加强境内外口岸、内陆与沿海、沿边口岸的战略合作，推动海关特殊监管区域、国际陆港、口岸等协调发展，提高国际物流便利化水平。建立口岸物流联检联动机制，进一步提高通关效率。在贸易体系方面需要积极构建服务于全球贸易和营销网络、跨境电子商务的物流支撑体系，为国内企业"走出去"和开展全球业务提供物流服务保障。物流企业运作方面需要加强优势物流企业联合，构建国际物流服务网络，打造具有国际竞争力的跨国物流企业。

【推荐文章】

6. 物流向环保绿色化发展

随着国家和社会对生态环境重视程度的提高，绿色低碳物流成为发展趋势。环境承载能力达到或接近上限，国家应对气候变化的力度加强，还将出台更加严格的节能环保政策，环境对行业发展的约束力加大，倒逼绿色低碳循环物流体系建设。物流业的发展需要不断优化运输结构，合理配置各类运输方式，提高铁路和水路运输比重，促进节能减排。大力发展甩挂运输、共同配送、统一配送等先进的物流组织模式，提高储运工具的信息化水平是发展趋势。低能耗、低排放运输工具和节能型绿色仓储设施将得到推广。能耗和排放监测、检测认证制度将得到完善，快速建立起绿色物流评估标准和认证体系。回收物流将得到大力发展，构建起低环境负荷的循环物流系统。

【推荐文章】

7. 物流组织向大型化、集群化和平台化发展

随着供应链管理模式的发展，物流服务的需求逐渐呈现出"打包式"的一体化特征，对物流服务组织的运作实力提出了极大挑战，要求物流服务组织的规模、服务范围、服务效率有质的提升。在最近的二三十年，全球物流巨头和大型企业加快发展，这些巨头在整合全球的物流资源，促进全球一体化供应链网络形成方面有非常大的贡献，对物流效率的提升和创新发展也起到引领作用。更多的专业化物流服务领域，靠大量的中小企业来为整个社会提供更加全方位的物流服务。

【推荐书籍】

围绕中小企业的发展和物流行业资源的整合，中介性或者平台性大型物流组织快速发展。有代表性的是美国的罗宾逊公司，他们自身不是具体的物流服务者，没有一辆车，但是他们为大量的中小物流和中小客户体提供供应链的整合与物流服务的对接。国内类似的像传化、卡行这样一些平台性的大型物流组织，为未来行业组织化程度的提高有非常重要的影响。所以，未来中国在这方面也会出现很多创新性的发展，对整合国内物流产业组织、

提升产业集中度和组织化程度有非常大的助推作用。

随着"互联网+"时代的到来，资源的广泛整合更加容易，我国物流面向平台化整合是必然趋势。从国内物流平台格局来看，比较典型的例子：2013 年安能物流启动了中国零担物流的首个加盟平台；阿里巴巴的菜鸟物流形成"电商物流仓储+配送+系统"于一体的供应链服务平台；物流园区、公路港逐步整合等，都可看做平台整合模式。物流平台经济不是单一的业务模式，是以生态为基础的新型商业模式，具有长远的战略价值。物流平台表面看是实体整合，实际上内在是商业模式的融合，同时也是战略思路的协同，一般的企业做不好，也不是用一套 IT 系统就能实现的。

【拓展案例】

7.3　我国物流业的区域布局与产业结构分析

7.3.1　我国物流业的区域布局分析

2009 年，国务院提出了《物流业调整和振兴规划》，重点考虑根据产业布局、商品流向、市场需求、交通条件、区域规划和资源环境等合理布局物流业(见图 7.2)，在此基础上我国基本形成了九大物流区域、十大物流通道、21 个全国物流节点城市、17 个区域物流节点城市。

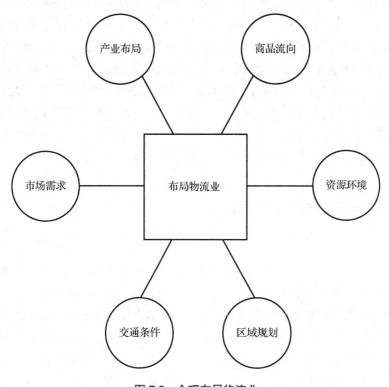

图 7.2　合理布局物流业

九大物流区域分布：以北京、天津为中心的华北物流区域，以沈阳、大连为中心的东北物流区域，以青岛为中心的山东半岛物流区域，以上海、南京、宁波为中心的长江三角洲物流区域，以厦门为中心的东南沿海物流区域，以广州、深圳为中心的珠江三角洲物流区域，以武汉、郑州为中心的中部物流区域，以西安、兰州、乌鲁木齐为中心的西北物流区域，以重庆、成都、南宁为中心的西南物流区域。

十大物流通道：东北地区与关内地区物流通道，东部地区南北物流通道，中部地区南北物流通道，东部沿海与西北地区物流通道，东部沿海与西南地区物流通道，西北与西南地区物流通道，西南地区出海物流通道，长江与运河物流通道，煤炭物流通道，进出口物流通道。

全国性物流节点城市包括北京、天津、沈阳、大连、青岛、济南、上海、南京、宁波、杭州、厦门、广州、深圳、郑州、武汉、重庆、成都、南宁、西安、兰州、乌鲁木齐共21个城市。区域性物流节点城市包括哈尔滨、长春、包头、呼和浩特、石家庄、唐山、太原、合肥、福州、南昌、长沙、昆明、贵阳、海口、西宁、银川、拉萨共17个城市。

总体来说，我国物流产业布局形成了全国性、区域性和地区性物流中心和三级物流节点城市网络、层次合理、功能健全、覆盖全面，能够较好促进区域之间、城市之间以及大中小城市物流业的协调发展。

从各区域物流的发展情况来看，我国物流业法人单位分布呈现东部密集中西部地区稀疏的特征。西藏、青海、宁夏、海南、贵州、甘肃西部省份物流业规模小，法人单位通常在1 000家以下，而山东、江苏、上海、广东等物流业发达省份物流企业规模很大，通常在10 000家以上，东西部地区相差10倍之巨。外资物流企业注重区位、经济和交通优势。从整体上看，外资物流业法人单位的数量并不具备明显优势，只有3 593家，仅占全国的2.71%。外资物流企业集中程度具有明显差异，主要集中在沿海地区。珠三角、长三角和环渤海地区是物流业开放程度最高的地区，凭借区位、交通和经济优势成为物流业发展最快的地区，是物流业人力、财力最集中的地区。这些地区的物流企业汇集了全国六成以上的就业者，但是大部分物流企业属于劳动密集型，缺乏有效的资金和技术投入，不具备核心竞争力。

7.3.2 我国物流业的产业结构分析

1. 运输物流

2016年全年货物运输总量440亿吨，同比增长5.7%，完成货物周转量185 295亿吨公里，同比增长4%。从不同运输方式来看，全年水路完成货运量63.6亿吨，占比14.4%，同比增长3.7%；公路完成货运量336.3亿吨，占比76.4%，同比增长6.8%；铁路累计完成货运量33.3亿吨，占比7.6%，同比下降0.8%；民航累计完成货运量666.9万吨，占比0.2%，同比增长6%；管道运输完成货运量7亿吨，占比1.6%，同比增长5.3%。

"十三五"规划纲要草案列出了"十三五"时期高速铁路、高速公路、"四沿"通道、民用机场、港航设施、城市群交通、城市交通、农村交通、交通枢纽、智能交通十大方面的交通建设重点工程。今后5年，高铁营业里程将达到3万公里、覆盖80%以上的大城市；新建改建高速公路通车里程约 3 万公里；基本贯通沿海高速铁路、沿海高速公路和沿江高速铁路，加快建设沿边公路和沿边铁路；新增民用运输机场 50 个以上；新增城市轨道交通运营里程约 3 000 公里；实现具备条件的建制村通硬化路和班车，实现村村直接通邮。

2．仓储物流

我国仓储业发展呈现以下趋势。

1）仓储资源深度整合与网络优化

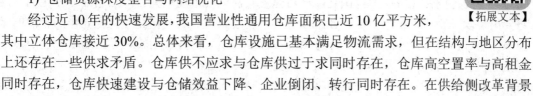

经过近 10 年的快速发展，我国营业性通用仓库面积已近 10 亿平方米，其中立体仓库接近 30%。总体来看，仓库设施已基本满足物流需求，但在结构与地区分布上还存在一些供求矛盾。仓库供不应求与仓库供过于求同时存在，仓库高空置率与高租金同时存在，仓库快速建设与仓储效益下降、企业倒闭、转行同时存在。在供给侧改革背景下，仓储业今后将进入一个大调整、大整合、大重组的时期。

2）仓储业信息化与电商仓储融合

仓储业的信息化是仓储业转型升级的目标之一。近年来，我国仓储业的信息化正在向深度(智能仓储)与广度(互联网平台)发展，电子商务特别是网络零售的发展，催生了海量单品、海量订单的专业性、网络化电商仓储的发展，出现了许多仓储互联网平台、仓储 O2O 平台以及大宗物资线上交易与线下仓储的互动平台。但从整体看，我国仓储业信息化发展很不平衡，30%左右的仓储企业信息化水平仍然较低，其中许多仓储企业至今还没有运用 WMS，一些基于互联网的仓储平台基本上处于探索阶段，还没有成熟的商业模式，电商仓储的水平与规模远远不能适应网络零售快速发展的物流需求。

在国家"互联网+"发展战略的推动下，仓储业信息化有望在三个方面取得重大进展：其一，以中仓网、城市共同配送互联互通平台为主的行业综合平台将覆盖越来越多的节点城市的标准化仓库资源，形成网上订仓、网上支付及其质量认证、风险保障的仓储互联网运营平台，以担保存货管理公共信息平台、中药材物流信息公共管理系统为主的专业仓储平台，将吸引越来越多专业监管企业使用统一的 WMS，防范存货融资风险，保障中药材物流信息的全程追溯。其二，随着行业标准《电子商务物流服务规范》(SB/T 11132—2015)的实施，电商仓储将会取得新进展。电商平台、品牌电商以及实体零售企业与专业电商仓储企业，围绕电商专用仓库建设、库内智能设备技术的应用、仓储管理与服务水平提升等方面，都会加大投资、整合资源、优化网络与流程，围绕跨境电商发展，海外仓的布局、保税仓的商业模式创新，都

会出现新的亮点。其三，移动互联网与物联网等技术的应用，必将促进仓储信息化与电商仓储的融合发展，促进仓储互联网平台与各类商品电子交易平台的对接、仓储 O2O 与商品交易 O2O 的融合。

3）仓配一体化与城乡共同配送升级

仓配一体化是仓储业转型升级的重要任务。近年来，我国大中型仓储企业不同程度地

【拓展文本】

开展配送业务，有的企业仓配一体化率达到60%以上。商务部在22个城市开展了共同配送试点，要求建立城市共同配送信息平台以及城市配送的互联互通平台，并将共同配送纳入托盘循环共用及商贸物流标准化试点。但总体看，我国仓配一体化服务的水平还较低，不仅仓储企业的仓配一体化率平均不足30%，而且社会上还有海量的货物处于分散运输、货主自提的状态，不仅增加了物流成本，而且也造成交通拥堵。

面对工商企业越来越多的物流外包需求，以及供应链物流一体化服务的需求，特别是面对电子商务的快速发展，我国仓配一体化还有巨大的市场空间。今后仓配一体化的发展将会出现以下趋势：第一，从企业主体看，不仅越来越多的仓储企业将配送作为仓储的延伸服务、增值服务，通过仓配一体化增强其核心竞争力，专线运输、零担运输、快递运输等企业也会利用其车辆及其网络优势，转型开展以仓配一体化为主要内容的合同式物流。第二，从配送的货物看，不仅连锁零售门店还有很大的统一配送需求，各百货店、品牌店的"商圈配送"、O2O的统一配送、零担货物集货与末端配送、各类批发市场的统一配送等，都将是仓配一体化服务的重点领域。第三，从配送的区域看，既包括城市共同配送，也包括跨城市的区域配送、城乡一体化的深度配送。

4) 仓储配送与包装的绿色化发展

"绿色发展"是中共十八届五中全会确定的五大发展理念之一。大力发展绿色物流是《物流业中长期发展规划》的重点内容。仓储与配送是现代物流业最核心领域，在节能减排与

【拓展文本】

绿色发展方面有巨大潜力。自2013年中国仓储协会提出《中国绿色仓储与配送行动计划》以来，得到广大生产、流通与仓储企业积极响应，取得可喜成效。绿色仓储与配送工作2015年正式列入商务部流通司的工作计划，中国仓储协会完成了《仓储配送与包装绿色化发展指引》研究课题与绿色仓库的行业标准。但总体看，我国仓储配送与包装的绿色化发展才刚刚起步。

2015年2月6日，中共中央、国务院发布了《关于进一步加强城市规划建设管理工作的若干意见》，提高建筑节能标准，制定分布式能源建筑应用标准，推广应用太阳能发电等

【拓展文本】

新能源技术，完善绿色节能建筑和建材评价体系等意见，即将成为全社会的共同行动。随着商务部《仓储配送与包装绿色化发展指引》与标准的发布实施，中国仓储协会将重点围绕仓库屋顶光伏发电、电商物流绿色包装、绿色仓储与配送技术与产品推广应用3项工作主抓落实，供应链各环节的企业将推广应用10个方面的绿色节能技术：①仓库屋顶光伏发电；②新能源叉车的节能降耗；③商超对接的物流周转箱循环共用；④标准托盘的循环共用系统；⑤电商绿色包装的技术创新和管理创新；⑥城市物流共同配送；⑦新能源配送车辆推广应用；⑧智能穿梭车与密集型货架系统；⑨仓库LED节能照明系统改造；⑩库架一体化冷库节能技术集成应用。

5) 库存管理与供应链优化

国家实施的供给侧结构性改革既是对长期以来经济高速发展的反思与调整，也为工商企业提出了供应链管理与优化的长期任务。供应链管理的核心是库存管理，通过降低库存、保持合理库存水平，使供应链体系减负、优化。供应链管理与库存控制既是工商企业的任务，也是仓储企业的服务内容。

仓储企业如何融入工商企业供应链管理中，协助工商企业全方位整合库存，完善供应链体系迫在眉睫。纵向整合库存：各类生产、批发(代理、经销)企业、仓储企业、零售企业(实体)都有自己的仓库及库存商品，商品在不同仓库间流转、层层配送实际是重复库存，产生极大的浪费。未来的总趋势是不断优化供应链流程，整合生产、批发、仓储与零售 4 个环节的库存，由四变三、变二，减少全社会的商品库存，加快商品流通。仓储企业在纵向整合中具有天然优势，关键是分析商贸流通企业供应链的物流需求，提供与实施供应链一体化物流解决方案。横向叠加库存：农产品生产与人们消费都有季节性，市场销售也有周期，目前各类产品、各类企业大多分别建库、分别管理库存，造成仓库与人力成本浪费严重。现代物流的总趋势是社会化，从供应链的横向维度进行整合，共同规划仓库布局、叠加商品库存、实现集中仓储与共同配送，从而提高仓库利用率、提高规模效益、节省物流成本。

6) 以托盘循环共用为核心的商贸物流标准化

托盘是单元化立体储存的基础工具，托盘的标准化及其循环共用是商贸物流标准化的核心内容，也是减少物流成本、提高物流效率的根本措施，是发达国家的通行做法。自中国仓储协会 2013 年向商务部提出托盘循环共用体系建设建议方案以来，商务部于 2014 年正式开展托盘循环共用试点，与国家标准化委员会印发了《关于加快推进商贸物流标准化工作的意见》，并印发了中国仓储协会等单位参与编制的《托盘循环共用系统建设发展指引》。在北京、上海、广州等地选取 30 家企业，重点推进以托盘循环共用为核心的商贸物流标准化试点工作，取得显著成效：试点企业装卸货效率提高 50%以上、车辆周转效率提高 1 倍以上、库存周转成本降低 29%以上、供应链协同作业效率提高 10%以上。

【拓展文本】

未来，商务部、国家标准化委员会将继续扩大试点地区范围及试点品种，把物流配送包装纳入专项行动内容，使托盘与包装相衔接，促进物流配送包装减量化、绿色化和循环利用。并于 2016 年 2 月在全国范围内选取第二批 150 家重点推进企业及协会，继续以托盘标准化及其循环共用为切入点，促进相关配套设施设备标准化的升级改造和普及推广，以点带面，辐射带动京津冀、"长三角""珠三角"地区乃至全国商贸物流标准化水平的提升。

托盘循环共用是一个非常复杂的系统工程，也是一个长期的逐步推广实施的过程。国家主管部门的试点工作只是一个行业导向，关键是供应链各环节的企业从自身效率与效益的角度达成共识、协调行动。中国仓储协会已经会同相关机构发起组建全国商贸物流标准化行动联盟，未来将会有更多的企业加入商贸物流标准化行动计划，既可依托专业的托盘运营公司组织封闭式的循环共用，也可由行业组织主导建立公共平台，探索建立开放式循坏共用的途径与平台。

7) 低温仓储与冷链物流系统建设

按国家发改委等三部委发布的农产品冷链物流专项规划，我国冷库与冷藏车辆等基础设施已经甚至超额完成目标任务，到目前为止，冷库容积已超过 1 亿立方米，静态储存能力达 2 700 万吨左右，冷藏车辆已近 6 万辆。与发达国家相比，我国冷藏物流能力虽然还有较大差距，但基本能够满足经济发展与人们生活的需要。目前的突出问题是，冷库以"租赁"为主的运营方式太落后、服务功能单一，缺乏全国性网络化的冷链物流公司。冷库、冷藏运输、低温配送等环节集约化程度低，形不成冷链，不能从根本上保障食品在流通中的安全与品质。

近年来，国家高度重视食品安全工作，强调落实"四个最严"的要求，切实保障人民群众"舌尖上的安全"，"十三五"规划也把食品安全上升为国家战略。国务院办公厅 2015 年年底发布了重要产品追溯体系建设的意见。面对国家的总体要求，面对目前的突出问题，今后低温仓储及冷链物流将会围绕以下几个方面发展：第一，冷库制冷技术的创新，兼顾安全与环保、节能，宽温带冷库成为发展方向，大规模的冷库群向网络化布局发展。第二，冷库运营方式由"租赁"向统一集中管理的转变，冷库向低温配送中心发展。第三，对分散的冷链物流资源进行深度整合，企业之间的兼并重组、设施托管，冷链物流的网络化运营。第四，冷库及冷链物流的信息化建设，大型企业或行业组织主导的冷链物流信息平台，食品信息与冷链物流温控信息的全程检查、记录与追溯。第五，面向连锁超市、餐饮饭店、网络零售、机关团体、消费者个人等不同渠道或主体，立足加工食品、冷冻食品、生鲜食品等的不同特点与物流需求，建设针对性、适应性强的各种类型的冷链物流网络体系。

【拓展案例】

8) 中药材仓储网络建设加速

商务部办公厅于 2014 年年底印发了《关于加快推进中药材现代物流体系建设指导意见的通知》，国务院办公厅于 2015 年 5 月转发了 12 个部门《中药材保护和发展规划(2015—2020 年)》。在商务部等主管部门的指导下，中国仓储协会同中国中药协会组织制定了中药材物流各环节及物流质量管理等一系列标准，于 2015 年 7 月召开了首届中国中药材物流大会，提出了全国中药材物流基地建设规划建议，组织开展了中药材物流基地的咨询与评审工作。2015 年经专家评审，通过 6 个中药材物流基地建设方案，全国新建中药材标准化公共仓库近 40 万平方米，在全国 10 多个地区的 72 家企业推广应用中药材气调养护技术。

【拓展文本】

【拓展文本】

按上述规划与意见，2020 年之前需要在全国 25 个地区建设 80 个以上中药材各种类型的物流基地。2016 年，随着商务部《全国中药材物流基地规划建设指引》的印发，中国仓储协会配合各地商务主管部门，通过组织标准培训、召开第二届中药材物流大会、组织基地方案咨询与评审、安装与运营"全国中药材物流信息公共管理系统"等各方面工作，引导医药行业的上市公司、大型企业，重点在安徽、甘肃、河北、四川、河南、湖南、贵州、广西、山西、云南、江西、山东、湖北、宁夏、黑龙江、吉林、辽宁、内蒙古、陕西、浙江等地区，就中药材物流基地的区域规划提出咨询意见，评审通过 20 个物流基地建设方案，评审验收 10 个"中药材物流实验基地"，并统一使用"全国中药材物流信息公共管理系统"。全年新建或改建中药材公共仓库 50 万平方米，5 万吨中药材采用气调养护储存。

9) 金融仓储的规范持续发展

金融仓储即是为存货担保融资服务的仓储，国际上通称担保存货管理。最近几年，中国仓储协会推动我国担保存货管理规范发展取得一定成果：起草并推动《担保存货第三方管理规范》(GB/T 31300—2014)、《仓单要素与格式规范》(GB/T 30332—2013)两项国家标准的颁布实施；依据国家标准对担保存货管理企业进行资质等级评价，建立担保存货管理公共信息平台，公示担保存货管理企业的资质等级信息与不良信用记录，已有 30 多家企业取得相应资质并使用公共平台管理担保存货；推动建立专业责任保险，支持组建保险公估公司，召开担保存货管理国际研讨会及专业培训活动，促进行业交流。

随着我国经济新常态发展，为解决中小企业融资难问题，国家又出台了相关政策，中国人民银行已建立了基于互联网的现代担保物权登记公示系统，存货担保融资与担保存货管理仍具有巨大发展潜力。未来几年，中国仓储协会组织起草的担保存货监管与监控协议示范文本即将发布，担保存货管理公共信息平台将实现与担保物权公示系统对接，并探索建立电子仓单系统，中国仓储协会将与各类银行金融机构直接合作，按国家标准要求对现有金融仓储企业进行梳理、排查、评估，促进银企双方重树信心。有理由相信，无论是作为仓储企业的增值服务还是作为仓储新兴业态，金融仓储必将走上良性发展轨道。

10) 危险品仓储的安全管理与有序发展

针对事故暴露出的问题，国务院调查组提出了 10 个方面的防范措施和建议，其中，"建立健全危险化学品安全监管体制机制，完善法律法规和标准体系；建立全国统一的监管信息平台，加强危险化学品监控监管；严格执行城市总体规划，严格安全准入条件；集中开展危险化学品安全专项整治行动，消除各类安全隐患"等措施，必将对危化品仓储安全管理与有序发展产生重大影响。

【拓展案例】

目前，安全与发展始终是危化品仓储企业的两大主线，关键在于企业对安全要求如何对待。同样的严格监管，对一些企业是考验，对另一部分企业可能就是发展的机会，毕竟我国的危化品行业已经足够庞大，原本就短缺的危险品专用仓库将更加稀缺。一批有资质、有条件、具备管理优势的企业必将利用这次整顿的机会，寻求各区域的仓库资源整合，发展壮大自身的仓储网络，在严格安全管理的基础上寻求大的发展。

3. 快递业

从 1980 年，中国邮政成立 EMS(中国速递服务公司)起，36 年来，快递业得到跨越式发展，现已成为国民经济的一匹"黑马"，在推动我国经济转型、产业结构调整和发展现代服务业中起到不可替代的作用。在 2016 年 5 月 30 日召开的 2016 年中国快递行业(国际)发展大会上，国家邮政局发布了 2015 年中国快递发展指数。2015 年中国快递业发展指数为 386.1，同比提高 36.7%；2010—2015 年，中国快递业发展指数持续走高，年均增长率超过 31%。

数据显示，我国快递业继续处于较高景气区间，高速发展的趋势仍将持续。从 4 个一级指标来看，发展规模指数高速增长。2015 年我国快递业务量首次突破 200 亿件，同比增长 48%，约为同期国内生产总值增速的近 7 倍，增速居现代服务业前列。受快递需求快速增长的影响，快递供给能力明显提升，全国经营快递业务的企业超过 1 万家。快递企业也开始创新业务模式，拓展高端服务市场。服务质量指数稳中向好，2015 年，中国快递服务质量指数为 94.8，同比提高 6.3%。快递业作为服务业的新业态，其发展步入了一个新台阶，成为我国新经济发展的重要行业。随着我国经济和电子商务行业的快速发展，国内快递业进入发展的快车道，成为促进经济发展的新动力。据中国快递协会发布的数据显示："十二五"以来，我国快递业年均增速达到54.6%。2015年完成业务量206亿件，同比增长48%；最高日处理量超过1.6亿件；业务收入完成2 760亿元，同比增长35%。

【拓展文本】

随着我国改革开放的深入发展，加入世贸组织后，特别是经济进入"新常态"，快递业发展一直呈超常规模的发展。中国快递业不再是20世纪80年代初期呈现的垄断局面，现在以顺丰和"四通一达"(圆通、申通、中通、汇通、韵达)为代表的民营快递企业的崛起以及外资快递企业的进入，中国快递业已排名世界第二，仅次于美国。

外资快递企业方面，DHL(德国敦豪)、FedEx(美国联邦快递)、UPS(美国联合包裹)和TNT(荷兰天地)这四大国际快递巨头已在国内扎根布局并展开了激烈的竞争，占据了中国国际快递市场80%的份额。

强劲的电子商务发展势头和国家"一带一路"发展战略的实施，为我国快递企业实施"走出去"战略，提供了前所未有的巨大市场。

4. 冷链物流

近期，我国冷链物流发展呈现以下态势。

1) 冷链物流业市场前景广阔

2016年，中国市场冷链需求约为2 200亿元，同比增长22.3%。冷库总量达4 015万吨，同比增长8.2%。冷藏车保有量月115 000台，同比增长23.6%。生鲜运输和药品运输成为行业两大催化剂：生鲜运输方面，我国每年消费的易腐食品超过10亿吨，其中需要冷链运输的超过50%，但目前综合冷链流通率仅为19%，而欧美的冷链流通率可以达95%以上。因此农产品的腐损率相对较高，仅果蔬一类每年的损失额就可以达到1 000亿元以上。同时近年来，电商已经延伸至生鲜领域，在平均3~4天的运送耗时下，冷链物流成为必然趋势。药品运输方面，自2016年3月，未冷藏"毒疫苗"流入18省和果蔬运输过程严重腐损等事件不断引发国民对冷链关注，冷链发展推广是长期趋势。同年4月25日，国务院发布了《国务院关于修改的决定》，取消了疫苗经营企业的资格，对疫苗运输提出了更为严格的要求。

【拓展文本】

2) 第三方冷链物流正在崛起

据中国电子商务研究中心监测数据显示，虽然我国第三方物流占物流市场的比重不到25%，但第三方冷链物流发展势头迅猛，越来越多的生产商选择将自身冷藏物流业务外包给第三方冷链物流企业。

国内，中国外运股份有限公司作为国内知名第三方物流企业早在2006年就在上海投资兴建了国内规模最大、设施最先进的单体多温度分区冷库，总占地面积超过23万平方米。中粮我买网则在2014年8月获得了1亿美元B轮融资后斥巨资完善全国60城市冷链物流建设。双汇、光明乳业等食品企业加快了物流业务资产重组，设立了独立的冷链物流公司。双汇物流成立于2003年，是国内顶尖专业化公路冷藏物流公司之一。该公司利用GPS、ERP、WMS等现代信息技术多方位、多层次地建立了物流配送管理系统，实现了信息资源共享，提升了企业管理水平。光明乳业每天都有1 200吨乳制品需要送到上海、江苏、浙江等地的2万多个销售网点，为此，企业成立了全资子公司上海领鲜物流有限公司，为光明乳业提供冷藏车共计500余辆，冷链物流车辆机组等日常维护方面每年投入 1 000 万～1 200 万元,并制定了严格的运营规范。山东荣庆和安得物流则是目前主要的民营冷链物流企业。荣庆一直致力于打造中国冷链物流第一品牌,目前拥有冷链车辆 450 余辆,仓储面积达到 66.1 万平方米,年营业额 10 多亿元。安得物流先后投资 1 亿多元,购入 400 多台高端冷藏车辆,并在全国建立了五大冷链配送中心,可以辐射配送中心 800 公里以内业务。

3) 冷链物流基础设施建设不断升级

"十二五"时期,国家加大了对冷链物流基础设施的升级改造。特别是 2010 年国家发改委出台的《农产品冷链物流发展规划》计划增加 1 000 万吨冷藏能力。2014 年,中冷联盟对全国 680 家规模以上(营业收入 1 000 万元以上)的冷链物流企业调研数据显示,我国冷库容量共计 2 047 万吨(5 755 万立方米),冷藏车 29 444 辆。与 2010 年冷库总容量 880 万吨、冷藏汽车 20 000 辆相比,分别增长了 133%和 47%。由于我国农产品冷链物流发展前景良好,不少批发市场、大型农业企业和零售企业开始投资建设低温供应链配送系统。目前,在北京有顺鑫农业、首农集团、快行线冷链等;在上海有中外运上海冷链物流、交荣冷链、领鲜物流;山东有荣庆集团等企业。冷链物流基础设施的不断完善,为农产品冷链流通创造了条件。

4) 冷链物流新技术不断涌现

近年来,农产品物流企业引进了国际先进的 HACCP(危害分析和临界控制点)认证、GMP(良好操作规范)、WMS(仓储管理系统)、虚拟仓储等技术,提升了我国的物流管理水平。HACCP 通过对物流各个环节及相应影响产品品质的因素进行分析,确定物流过程中的关键环节,并建立物流监控程序和标准,当问题出现时找到来源点并采取纠正措施。GMP 认证是指由政府机构组织 GMP 评审专家对物流过程所涉及的所有环节进行检查,评定是否达标的过程。WMS 系统配有温湿度等物流环境追溯系统功能,可以确保物流过程中产品质量的全程监控。虚拟仓储则基于计算机和网络通信技术将在地理上分散的货物进行整合管理,实现不同时空物资的有效调度,可降低仓储成本,避免不合理运输,便于监管,是一种高效的物流管理方法。

5) 冷链物流标准逐步完善

国家高度重视冷链物流发展,近年来的中央一号文件均强调要加快农产品冷链物流系统建设,促进农产品流通。国家发改委发布了《农产品冷链物流发展规划》,推动了冷链物流的国家标准、行业标准和地方标准的出台与完善。目前,我国已经发布了 9 项与冷链物流相关的国家标准。另有冷链运输车辆应用选型技术规范、冷链物流企业服务条件评估等 6 项国家新标准正在申报中。

5. 电商物流

近年来,随着电子商务的快速发展,我国电商物流保持较快增长,企业主体多元发展,经营模式不断创新,服务能力显著提升,已成为现代物流业的重要组成部分和推动国民经济发展的新动力。

(1) 发展规模迅速扩大。2016 年,我国电子商务交易额为 22.97 万亿元,同比增长 25.5%。全国网络零售交易额为 5.2 万亿元,同比增长 26.2%。2016 年,全国快递服务企业业务量累计完成 312.8 亿件,同比增长 51.4%,其中约有 70%是由于国内电子商务产生的快递量。总体看,电子商务引发的物流仓储和配送需求呈现高速增长态势。

(2) 企业主体多元发展。企业主体从快递、邮政、运输、仓储等行业向生产、流通等行业扩展，与电子商务企业相互渗透融合速度加快，涌现出一批知名电商物流企业。

(3) 服务能力不断提升。第三方物流、供应链型、平台型、企业联盟等多种组织模式加快发展。服务空间分布上有同城、异地、全国、跨境等多种类型；服务时限上有限时达、当日递、次晨达、次日递等。可提供预约送货、网订店取、网订店送、智能柜自提、代收货款、上门退换货等多种服务。

(4) 信息技术广泛应用。企业信息化、集成化和智能化发展步伐加快。条形码、RFID、自动分拣技术、可视化及货物跟踪系统、传感技术、GPS、GIS、EDI、移动支付技术等得到广泛应用，提升了行业服务效率和准确性。

6. 智能物流

智能物流是利用集成智能化技术，使物流系统能模仿人的智能，具有思维、感知、学习、推理判断和自行解决物流中某些问题的能力。近几年，我国智能物流有所发展，但进一步发展空间较大。

1) 我国物流浪费严重，原因主要是运输分散和智能化水平低

2016 年我国社会物流费用占 GDP 比率为 14.9% 左右，超过美国近两倍。物流费用高的原因：一是我国经济结构第三产业占比相对较低，第三产业属轻资产性质，单位 GDP 所承担物流费用较低；二是因为我国物流运输分散和智能化水平不高导致物流浪费严重。我国道路货物运输经营主体中，90% 的经营主体为中小型企业，承担了 90% 以上公路货物运输业务。经营模式多为传统的单车货物运输，管理手段简单，货源组织能力差。

2) 第三方物流仍有上万亿元市场空间

我国物流大部分是由企业承担，企业规模小且各自为政，空载率高。我国空载率高达40% 以上，远高于发达国家。2015 年 8 月，国家发改委印发了《关于加快实施现代物流重大工程的通知》，指出到 2020 年基本建立布局合理、技术先进、便捷高效、绿色环保、安全有序的现代物流服务。同时，该通知提出物流业增加值年均增长目标为 8%，第三方物流比重由目前约 60% 提高到 70%，按照 2014 年物流业增加值 3.5 万亿元计算，到 2020 年我国第三方物流仍有上万亿元的发展空间。

3) 物流智能化改造能节约超 2.5 万亿元成本

我国物流业基础设施建设不完善，管理水平和服务质量发展不均，新兴技术应用不足，信息化建设面临很多问题，物流总体水平不高。据不完全统计，我国已经实施或者部分实施信息化的物流企业仅占 39%，全面实施信息化的企业仅占 10%。在供应链中，物流企业的上下游信息流没有打通，形成"信息孤岛"，导致信息化建设层次低。同时，由于缺乏订单管理、货物跟踪、货物分拣和运输管理等物流服务系统，信息阻滞。物流企业现有业务着眼点在运送，缺乏整体统筹规划管理，空载率高，浪费严重。库存和管理水平提升会很大程度上降低物流成本，按照 2016 年我国 74.4 万亿元的 GDP 总量计算，对现有物流进行智能化改造可节约超过 2.5 万亿元成本。

4) 我国智能物流发展处于基础期后期

物联网对物流行业的渗透可分为 4 个阶段：基础期、导入期、成长期和发展期。基础期以 RFID、GPS、GIS 和 GPRS 等技术的推广为基础，建立基于 RFID 的货物可追溯系统。

第二阶段是物体互联时代。在该阶段，传感技术、视频监控技术、移动计算技术、基础通信网络技术和无线网络传输技术等得到发展，物流业务全球化管理信息平台开放互通。第三阶段是半智能化的成长期。在该阶段，执行标签、智能标签、低耗能与可再生新材料逐渐推广，声、光、机、电、移动计算等技术得到应用，物流作业系统与环境实现全自动和智能化。最后是智能化时代。在该阶段，行业标准统一，环境高度智能，实现所有物品的覆盖、远程感知和控制，形成完全智慧的物流运作体系。我国 RFID 技术快速发展，成长为全球第一大市场，但是由于 RFID 部署复杂性，我国还未实现普及。智能物流发展仍处基础期，充满想象空间。

5) 成本重压倒逼流程改革，智能物流推行已是箭在弦上

伴随竞争越来越激烈，物流业利润被严重挤压，利润率低于 5%，部分中小物流企业甚至徘徊在盈亏平衡点边缘。因此，推行智能物流降低成本是必然趋势。

本 章 小 结

近几年，我国物流产业取得的成效包括：物流业明确为国民经济基础性、战略性产业；我国成为全球最大、最具潜力的物流市场；我国物流业市场化程度进一步提高；第三方物流企业集中度有所提升，功能有所强化；物流基础设施总体水平有较大提升；创新驱动成为物流业发展新动力；物流市场细分不断涌现新亮点；我国物流逐步迈入供应链管理新阶段；物流人才红利得到显现。

目前我国物流产业面临的主要挑战包括：物流成本高、效率低；条块分割严重，阻碍物流业发展的体制机制障碍仍未打破；基础设施相对滞后，不能满足现代物流发展的要求；政策法规体系还不够完善，市场秩序不够规范。

"十三五"时期我国物流业发展的主要趋势是：物流向社会化专业化发展；物流向信息化智能化发展；物流向标准化发展；物流向区域协调化发展；物流向国际化发展；物流向环保绿色化发展。

2009 年，国务院提出了《物流业调整和振兴规划》，重点考虑根据产业布局、商品流向、市场需求、交通条件、区域规划和资源环境等合理布局物流业，在此基础上我国基本形成了九大物流区域、十大物流通道、21 个全国物流节点城市、17 个区域物流节点城市。

"十三五"时期，高速铁路、高速公路、"四沿"通道、民用机场、港航设施、城市群交通、城市交通、农村交通、交通枢纽、智能交通十大方面作为交通建设重点工程。

我国仓储业发展呈现以下趋势：仓储资源深度整合与网络优化；仓储业信息化与电商仓储融合；仓配一体化与城乡共同配送升级；仓储配送与包装的绿色化发展；库存管理与供应链优化；以托盘循环共用为核心的商贸物流标准化；低温仓储与冷链物流系统建设；中药材仓储网络建设加速；金融仓储的规范持续发展；危险品仓储的安全管理与有序发展。

"十二五"时期以来，我国快递业快速发展，年均增速达到 54.6%，在推动我国经济转型、产业结构调整和发展现代服务业中起到不可替代的作用。以顺丰和"四通一达"(圆通、申通、中通、汇通、韵达)为代表的民营快递企业的崛起以及外资快递企业的进入，我国快递业已排名世界第二，仅次于美国。外资快递企业占据了中国国际快递市场 80%的份额。强劲的电子商务发展势头和国家"一带一路"发展战略的实施，为我国快递企业实施"走出去"战略，提供了前所未有的巨大市场。

　　我国冷链物流发展呈现以下态势：冷链物流业市场前景广阔；第三方冷链物流正在崛起；冷链物流基础设施建设不断升级；冷链物流新技术不断涌现；冷链物流标准逐步完善。

　　近年来，我国电商务物流呈现出发展规模迅速扩大、企业主体多元化、服务能力不断提升、信息技术广泛应用的发展态势。

　　我国物流浪费严重，原因主要是运输分散和智能化水平低，物流智能化改造能节约超 2.5 万亿元成本；我国智能物流发展处于基础期后期，由于成本重压倒逼流程改革，智能物流推行已是箭在弦上。

习　　题

一、名词解释

传统储运企业　及时服务　电商物流　智能物流　物流基础设施　冷链物流

二、选择题

1. 传统储运企业的战略改变包括(　　)。
　　A. 传统的储运业从过去的"老大"成长为第三方物流的一员
　　B. 传统的储运业逐渐向综合型物流企业转变
　　C. 储运企业扮演"物流接管人"整合角色
　　D. 传统的储运业逐渐退出历史舞台
2. 我国优化物流业的区域布局将重点发展包括(　　)。
　　A. 建设九大物流区域　　　　　　　B. 建设十大物流通道
　　C. 建设一批物流节点城市　　　　　D. 建设一批大型物流企业

三、简答题

1. 简述我国仓储行业发展趋势。
2. 阐述"十三五"时期我国物流行业的发展趋势。
3. 我国物流业发展面临的挑战有哪些？
4. 我国《物流业调整和振兴规划》对物流产业发展是如何布局的？
5. 简述我国冷链物流的发展趋势。

案例分析

中铁快运的发展历程

2003 年 12 月，铁道部成立了中铁行包快递有限责任公司，将铁路行李车、68 个车站行包房、行包作业设备设施划拨给中铁行包快递有限责任公司。该公司从事行李、包裹、邮件铁路运输，国际快递，仓储、分拨、包装、搬运公路运输等项业务。

2004 年 3 月 2 日，为应对外来的冲击，中铁行包公司与邮政部门进行了跨行业、跨部门的战略合作，两家共同出资组建新时速运递有限责任公司，开发以行邮专列为主要载体的运输产品，达到社会快递资源配置最优化，实现由内部改革到社会资源整合的跨越。中铁行包将自己的铁路运输系统与邮政的网络投送系统整合，通过资源互补实现网络规模的扩张，形成覆盖全国的物流服务体系，实现由以运输为主到提供全程物流服务，从而可为客户提供更为全面的服务产品，吸引更多的客户，降低单位产品成本，实现规模经营。

2004 年 5 月 18 日，中铁行包快递有限责任公司在北京、上海、哈尔滨、乌鲁木齐和广州五大城市间首次开行行邮专列，最高时速达 160 公里/时。

2005 年 8 月，中铁行包快递有限责任公司完成铁路行包管理信息系统推广建设，基于因特网组建 VPN 网络，构建了以数据为核心的大集中架构，初步实现信息完整采集、集中存储、全面共享、货物追踪，提供大客户信息交换平台，实现软硬件设备的统一标准、统一品牌。

2005 年 9 月，为整合内部资源，优化资产结构，理顺业务关系，强化经营管理，避免同业竞争，形成优势互补，铁道部决定将中铁行包快递有限责任公司与中铁快运股份有限公司的资产、业务、机构、人员实施合并重组。新公司名称为中铁快运股份有限公司。

2006 年 4 月，铁道部将 18 个铁路车站行包房和 14 对行包专列的资产划拨给中铁快运股份有限公司。

2007 年，公司股东年会通过增加注册资本议案，公司注册资金增至 24.95 亿元。公司在全国设有 18 个分公司和 8 个控股子公司。公司国内经营网络遍及全国 31 个省、自治区和直辖市，在全国 500 多个城市设有 1 700 多个经营网点，门到门服务网络覆盖全国 900 多个城市(含部分县、区)。公司确立包裹快运、快捷货运及合约物流三项核心业务，建立了集运送时限、服务标准和价格于一体，分梯次的服务产品，可以为客户提供货物信息跟踪与查询、包装、仓储、加工、配送、运费到收、物流方案设计与咨询等增值服务。公司拥有铁路客车行李车 2 412 辆、PB 型货车 2 861 辆、公路运输及城市配送汽车 1 290 辆、租用 P65 型货车 1 128 辆、公路运输及城市配送汽车 431 辆。每日定点开行 4 对特快行邮专列、1 对快速行包专列和 14 对行包快运专列，在 661 对铁路旅客列车挂有行李车，形成覆盖全国主要大中城市的运输与配送服务网络。

公司始终秉承"安全、准时、快捷、经济"的服务理念，在为客户提供快运和物流服务的同时，不断提升服务能力和服务水平，打造我国铁路物流优秀品牌。公司入选2008我国企业500强和服务企业500强。

思考：

1. 中铁快运发展第三方物流具有哪些优势？

2. 中铁快运是如何整合其内外部资源的？你认为还需要进一步整合哪些资源？

3. 中铁快运的核心业务定位是否准确？

附　录　金诚物流系统建设方案

项目背景

以客户为主导的现代商业模式正逐渐取代产品主导型的传统商业模式，不断满足客户的个性化需求是企业成功的关键。对于物流企业，准确把握客户需求、根据需求定制产品与服务、通过有效的渠道让种类繁多的商品按需求进行合理的流动成为关注的焦点。

现代商业模式对物流提出了以下更高的要求：①物流过程要畅通；②分销、服务、配送、合作伙伴要纳入一个整体；③物流的时效性要强。

信息是管理的基础，物流信息是物流管理的必然要求。没有物流信息化，就没有先进的现代化物流管理。四川金诚物流实业有限公司，科成商贸集团全资子公司(以下简称"金诚物流公司")作为第三方物流公司，物流信息系统的建设能够产生以下作用。

(1) 缩短从接收订单到发货的时间。

(2) 提高搬运作业的效率。

(3) 提高运输的效率。

(4) 接收订单安全、及时。

(5) 防止发货、配送出现差错。

(6) 规范化物流作业的管理。

(7) 改进服务质量，提高客户满意度。

(8) 为领导提供决策依据。

(9) 提高公司效益。

文档目标

四川省金科成地理信息技术有限公司(以下简称"金科成公司")在进行初步用户需求调查的基础上编写了本文档，为了明确系统建设目标，并提出实现系统建设目标的方案、时间、费用，便于金诚物流公司准确评估。

总体设计

物流是一项服务性行业，其在商品供应链中的位置如下。

由下图可见，物流是一个中间过程，其和上下游的关系非常密切，只有全面、及时、准确地了解上下游信息，并且自己的信息能被上下游全面、及时、准确地了解，才能使信息流畅，最终使物流业务顺畅。

因此，系统的总体目标是在内部业务管理实现信息化的基础上，建立和上下游的连接，构成完整的商品供应链信息网络，实现整个物流业务的信息化。

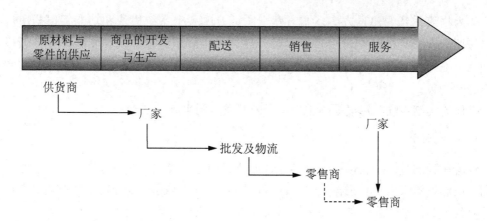

系统架构

　　金诚物流管理系统除了实现公司内部的物流业务管理信息化，同时通过因特网连接实现对外信息查询和服务，实现公司对上下游信息的发布和连接，其系统架构图如下。

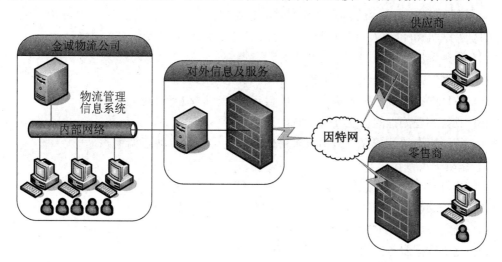

1. 分步实施

基于以下原因，物流管理信息化不可能一蹴而就。

(1) 物流业务是一个新行业，其业务模型正在不断成熟过程中，导致相应的计算机信息模型不能定型。

(2) 金诚物流公司成立不久，需要在实际运作中基于咨询公司设计的运作模式实践总结适合自己的业务模型。

(3) 企业信息化的实施需要一个逐步的过程，人员需要逐步熟悉利用信息技术处理业务，企业也需要逐步投入经费用于信息化建设。

因此，物流系统的信息化需要循序渐进，分步实施。

作为物流系统的建设方案，本方案中所涉及的各个系统模块和功能将根据用户的需要，按照分步实施的原则，有目标、有计划、分步骤地进行开发和实施，并逐渐投入生产使用。在分步实施的过程中，本方案将作为实施标准和规范，对系统的开发和实施进行指导和约束。

具体的实施步骤，将根据与用户签署的开发合同来确定。

2. 系统设计

物流在我国是一个新的行业，各家物流公司的运作模式、业务范围、管理方法均不尽相同。虽然目前市面上有根据某一家或多家物流公司的实际情况开发出来的物流系统，但是针对具体的一家物流公司，必须根据实际情况修改和完善。

目前，信息系统开发中存在的普遍问题是：根据当前的现状修改完投入使用后，由于组织机构的调整、业务运作模式等因素的变化又需要调整软件，而且这将会是一项周而复始、耗费人力财力的无休止工作。

为了解决以上问题，本项目的实施必须达到以下目标。

1) 系统自适应功能

系统能做到以下内容的自定义和实时动态调整。

(1) 组织机构(包括人员及其职务、所在部门)的自定义和实时动态调整。

(2) 各种票据数据项的自定义和实时动态调整。

(3) 各种票据数据项输入界面的自定义和实时动态调整。

(4) 各种票据、统计报表输出格式的自定义和实时动态调整。

(5) 业务办理流程的自定义和实时动态调整。

(6) 各种查询统计条件、输出报表格式的自定义和实时动态调整。

2) 系统扩展接口

(1) 商贸数据自动交互接口。

(2) 系统功能扩充的接口。

(3) 利用外部数据的接口。

(4) 提供数据服务的接口。

3) 灵活的系统构架

(1) B/S 模式客户端。

(2) 客户端免安装、零维护。

因此，本系统的建立采用金科成公司开发的模型驱动工作流协同平台 JKCFlow，在平台上结合金诚物流公司的生产、管理业务模型(包括组织机构模型、数据模型、业务流程模型等)二次开发完成。JKCFlow 具有以下 3 个主要特点：①快速构建系统，在较短的时间内根据现状建立新系统。②无缝升级系统，业务模型变化时平滑升级系统。③预留系统扩充接口，利用已有数据，与已有系统建立接口，共享和交换数据。

3. 系统功能结构

系统功能结构图如下。

查询统计系统　｜　作业信息发布系统　｜　关键业绩指标系统

| 货物入库向导 | 货物智能分仓 | 相似货物查询 | 新货物登记 | 派车单填写 | 货物出库向导 | 派车单填写 | 车辆配载 | 调拨单填写 | 仓位调整审批 | 库存清单审批 | 仓库设备管理 | 自动对账 | 基本费率设定 | 应收款管理 | 应付款管理 | 车辆费用管理 | 客户成本统计 | 返程信息查询 | 返程配送登记 | 监管库房管理 | 监管出库管理 |

| 入库单填写 | 入库单复核 | 仓位清单打印 | 搬运单打印 | 提货单填写 | 调拨单填写 | 出库单填写 | 出库单复核 | 拣货单打印 | 拣货单合并 | 搬运单打印 | 仓库初始设置 | 货物出库要求 | 仓储合同管理 | 货主仓位分配 | 货物盘点 | 搬运费用结算 | 配送费用结算 | 租仓费用结算 | 搬运组费用结算 | 配送费用结算 | 返程车登记 | 返程信息发布 | 返程车动态 | 返程信息登记 | 客户资质管理 | 银行信息管理 | 监管协议管理 | 监管入库管理 |

- **入库作业系统**（直送、提货、调拨、维修）
- **出库作业系统**（自提、配送、调拨、备货、维修）
- **库房管理系统**
- **成本/费用管理**
- **返程车配送管理**
- **监管仓管**

右侧：条形码应用　｜　科成商贸接口　｜　其他应用接口

基础数据管理

| 代管仓业务 | 作业仓业务 | 残次品仓业务 | 货架仓业务 | 零散仓业务 | 监管仓业务 |

金诚物流管理信息系统

金诚物流对外服务网站

4. 系统接口设计

系统接口逻辑图如下。

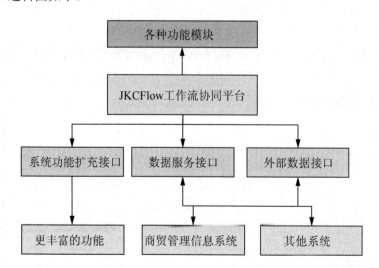

（1）功能扩充接口：在系统处理的特定时间内，对数据或者界面进行操作的接口。

（2）数据服务接口：外部系统读取系统数据和写入数据到系统的接口。

（3）外部数据接口：系统从外部系统读取数据的接口；外部数据只要满足一定规范，其数据就可以被系统所接收。

5. 系统界面设计

1) 消息发布界面

(1) 待处理岗位信息列表。

可根据岗位和人员进行待处理信息的排序、显示和过滤。其显示格式如下。

单据编号	待处理单据信息	日期	待操作岗位	待操作人员

(2) 未完成作业流程列表。

可根据未完成作业流程进行排序、显示和过滤。其显示格式如下。

单据编号	待处理单据信息	日期	待操作岗位	待操作人员

2) 审批流程图

通过审批流程图显示具体审批业务的办理状态和相关信息。

6. 系统功能设计

1) 入库作业系统

入库作业包括从订单、收货、验收、入库等全过程。系统将整个入库过程设计为一个工作流程，流程上的每一个任务将分配相关的执行人员和操作权限，严格让入库作业按照管理过程来进行。

(1) 入库作业流程。

由于入库作业根据订单到达和货物运输的情况不同，可分为直送入库、提货入库、调拨入库、维修入库等类型的入库流程。为了便于每一种形式入库流程的调整、优化，系统将单独设计这几种入库流程。系统同时支持以状态图的方式列示特定作业流程的全过程，以及当前状态，可以查询当前状态的责任人。

入库单以勾单为作业完成，并可以通过列表显示其当前状态和人员。

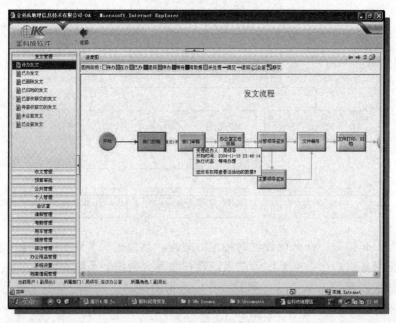

① 直送入库。

任 务	操作者	任 务 描 述	相 关 单 据	相 关 操 作
送货单登记	票据员	根据客户送货单进行登记，填写入库单	客户送货单 入库单	入库单填写
新货品登录	票据员	如果有新货品，由票据员进行新货品信息的登记	客户送货单 入库单 货物登记表	新货物登记
复核入库单	复核员	对入库单信息进行复核	客户送货单 入库单	入库单复核
入库单打印	仓管员	选定货物的搬运小组，打印入库单和搬运单	入库单搬运单	入库单打印 搬运单打印
*卸货	仓管员 搬运组	仓管员指导搬运组卸货	入库单 搬运单	
*货物验收	仓管员	对比客户送货单进行货物验收。手工在入库单上标注货物的质量情况，用户在入库单上签字确认。如果出现差错，在入库单上手工注明差错数量和原因，并将差异情况及时反馈，待客户确认差错情况后，流程才继续处理	入库单	
货物分仓	仓管员	仓管员在系统中登记货物质量情况和差错情况。确定货物入库仓位，打印货物入库仓位清单	客户送货单 入库单 仓位清单	货物入库向导 货物智能分仓 仓位清单打印
*入库	仓管员 搬运组	仓管员指导搬运组根据仓位清单进行入库操作	仓位清单 搬运单	
入库勾单	仓管员	根据货物入库情况，进行入库单勾单，除非特别授权本单据将不可修改	入库单	入库单勾单

注：打*号的任务是手工任务。

② 提货入库。

任 务	操 作 者	任 务 描 述	相 关 单 据	相 关 操 作
派车提货	调度员	根据客户的提货单(传真、电话)进行提货信息登记，填写提货派车单	提货单 派车单	提货单打印 派车单填写 派车单打印
*司机提货	司机	司机根据提货单提货	提货单	
提货单登记	票据员	检查客户回执，确认提货单的有效性，进行入库单的登记	提货单 派车单 入库单	派车单填写 入库单填写
新货品登录	票据员	如果有新货品，由票据员进行新货品信息的登记	提货单 入库单 货物登记表	货物登记
复核入库单	复核员	对入库单信息进行复核	提货单 入库单	
入库单打印	仓管员	选定货物的搬运小组，打印入库单和搬运单	入库单 搬运单	入库单打印 搬运单打印
*卸货	仓管员 搬运组	仓管员指导 搬运组卸货	入库单 搬运单	
*货物验收	仓管员	对比提货单进行货物验收。手工在入库单上标注货物的质量情况，司机在入库单上签字确认。 如果出现差错，在入库单上手工注明差错数量和原因，并将差异情况及时反馈，待客户确认差错情况后，流程才继续处理	入库单	
货物分仓	仓管员	仓管员在系统中登记货物质量情况和差错情况。确定货物入库仓位，打印货物入库仓位清单	入库单 仓位清单	货物入库向导 货物智能分仓 仓位清单打印
*入库	仓管员 搬运组	仓管员指导搬运组根据仓位清单进行入库操作	仓位清单 搬运单	
入库勾单	仓管员	根据货物入库情况，进行入库单勾单，除非特别授权本单据将不可修改	入库单	入库单勾单

注：打*号的任务是手工任务。

③ 调拨入库。

任　　务	操　作　者	任　务　描　述	相　关　单　据	相　关　操　作
派车调拨	调度员	根据调拨信息(传真、电话、系统)进行调拨单登记,根据需要决定是否填写派车单	调拨单派车单	调拨单打印派车单填写派车单打印
*司机提货	司机	司机根据调拨单到其他库房提货	调拨单	
**调拨出库作业	调度员仓管员搬运组	发货方调度员根据调拨单进行发货作业(执行出库流程)	调拨单调拨出库单	
调拨单登记	调度员	检查调拨出库单,确认调拨单的有效性,进行入库单的登记	调拨单入库单	入库单填写
入库单打印	仓管员	选定货物的搬运小组,打印入库单和搬运单	入库单搬运单	入库单打印搬运单打印
*卸货	仓管员搬运组	仓管员指导搬运组卸货	入库单搬运单	
*货物验收	仓管员	对比调拨单进行货物验收。司机在入库单上签字确认。如果出现差错,在入库单上手工注明差错数量和原因,并将差异情况及时反馈,待出库方确认差错情况后,流程才继续处理	入库单	
货物分仓	仓管员	仓管员确定货物入库仓位,打印货物入库仓位清单	入库单仓位清单	货物入库向导货物智能分仓仓位清单打印
*入库	仓管员搬运组	仓管员指导搬运组根据仓位清单进行入库操作	仓位清单搬运单	
入库勾单	仓管员	根据货物入库情况,进行入库单勾单,除非特别授权本单据将不可修改	入库单	入库单勾单

注: 打*号的任务是手工任务; 打 ** 号的任务是引用出库作业流程。

④ 维修入库。

任　　务	操　作　者	任　务　描　述	相　关　单　据	相　关　操　作
维修单登记	票据员	登记维修公司的货物维修单,填写入库单	维修单入库单	入库单填写
复核入库单	复核员	对入库单信息进行复核	维修单入库单货物登记表	入库单复核
入库单打印	仓管员	选定货物的搬运小组,打印入库单和搬运单	维修单入库单搬运单	入库单打印搬运单打印

续表

任　务	操 作 者	任 务 描 述	相 关 单 据	相 关 操 作
*卸货	仓管员 搬运组	仓管员指导搬运组卸货	入库单 搬运单	
货物验收	仓管员	对比维修单进行货物验收。手工在入库单上标注维修后货物的质量情况，维修公司人员在入库单上签字确认。 如果出现差错，在入库单上手工注明差错数量和原因，并将差异情况及时反馈，待维修公司确认差错情况后，流程才继续处理	入库单	
货物分仓	仓管员	仓管员在系统中登记货物质量情况和差错情况。确定货物入库仓位，打印货物入库仓位清单	入库单 仓位清单	货物入库向导 货物智能分仓 仓位清单打印
*入库	仓管员 搬运组	仓管员指导搬运组根据仓位清单进行入库操作	仓位清单 搬运单	
入库勾单	仓管员	根据货物入库情况，进行入库单勾单，除非特别授权本单据将不可修改	入库单	入库单勾单

注：打*号的任务是手工任务。

(2) 入库单填写/打印。

入库单由票据员和仓管员根据各自权限分别进行填写，票据员填写客户信息、送货单、调拨单、提货单等信息以及具体的货物入库信息。

复核员对票据员录入的入库单进行复核和检查。

仓管员检查需要入库的货物清单后，可通过"货物入库向导""货物智能分仓"或手工定义来完成货物的仓位选择，并自动生成仓位清单，仓位清单中的货物品名规格、数量等信息可以自动从入库单中引用，仓管员可以自行调整仓位和相关货物数量，然后勾单。

仓管员允许在同一个入库单上输入任意条数的入库货物，在入库单打印的时候，根据每单打印数量进行自动分单打印。

由仓管员打印填写完成的入库单，仓管员和(送货/提货/调拨)司机签字确认，各执一份。

入库单包括货物入库所需的必要信息。

1. 入库单信息

入库单流水号	自动生成 (对直接、调拨、提货、维修入库单分类编码)
入库日期、时间	自动生成
货物性质	选择：监管货物、作业货物、代管货物

续表

客户名称	提供辅助输入，用于快速选择客户名称
客户单号	
客户单类型	选择：送货单、调拨单、提货单、维修单、其他
库名	提供选择
制单人	
复核人	
仓管员	
搬运组	选择

2. 入库货物

品名规格	提供辅助输入，用于快速选择货物品名规格
商品类别	系统自动生成
合格品数量	
待维修或重新包装的货物数量	这部分可以和合格品货物一并入库，通过维修出库过程来处理
无法修复的货物数量	这部分货物将单独进入残次品仓进行隔离
价格合计	系统根据货物单价自动生成
体积合计	系统自动生成
重量合计	系统自动生成
搬运费用	入库单打印时自动计算生成

3. 仓位清单(自动生成、通过向导生成，可手工修改)

库房编号	可手工选择
库房名称	
楼层	可手工选择
仓位编号	可手工修改
品名规格	自动生成，可手工修改
商品类别	自动生成
数量	自动生成，可手工修改
体积合计	自动生成，体积合计
重量合计	自动生成，重量合计

4. 搬运费用(入库单打印时自动生成，不能修改)

搬运组编号	
搬运费用总计	自动根据各类货物生成总计
搬运工人数	
搬运工清单	包括本次搬运组内的

(3) 入库单复核。

票据员进行入库单输入后，由复核员进行入库单的复核并签字认可。如果认为入库单内容有误，可退回票据员要求重新修改、录入。

(4) 仓位清单打印。

仓管员打印调整后的仓位清单，作为仓管员和搬运组对货物入库的依据。打印的仓位清单首先按照楼层进行分组，然后按仓位编号进行排序，最后列出各仓位需要入库的货物名称和相应的数量。

仓管员和搬运组可以根据仓位清单的信息来决定货物的搬运和入仓顺序。

(5) 搬运单打印。

打印仓位清单(拣货单)的同时，需要打印搬运单，搬运单需要打印以下相关信息。

1. 搬运单信息	
入(出)库单流水号	
日期	
搬运组	
库名	
搬运(组)工名单	
搬运费用总计	自动根据各类货物的出库/入库/转库生成费用总计(可以按重量、数量、体积、天等搬运工结算标准计算)
仓管员签名	留空待签字
搬运组长签名	留空待签字
2. 搬运货物清单	
品名规格	
商品类别	
数量	
体积合计	
重量合计	
搬运费用合计	

(6) 提货单填写/打印。

调度员根据客户电话、传真、邮件等通知，新建并填写提货单信息，同时填写派车单。然后分别打印，并交给提货司机外出提货。

提货单包括以下必要信息。

1. 提货单信息	
提货单流水号	自动生成
日期	自动生成
客户名称	提供辅助输入，用于快速选择客户名称
提货地点	
送货地点	代客户提货，送货
制单人	
派车单流水号	记录派车单的编号

2. 提货清单

品名规格	提供辅助输入,用于快速选择货物品名规格
型号	系统自动生成
数量	
价格	
体积合计	自动生成,体积合计
重量合计	自动生成,重量合计

(7) 调拨单填写/打印。

调度员根据调拨计划或相关通知,新建并填写调拨单信息,同时填写派车单。然后分别打印,并交给调拨司机外出取货。

调拨单包括以下必要信息。

1. 调拨单信息

调拨单流水号	自动生成
日期	自动生成
调拨出库库房	提供选择
调拨入库库房	提供选择
制单人	
审批人	
派车单流水号	记录派车单的编号

2. 调拨货物清单

品名规格	提供辅助输入,用于快速选择货物品名规格
型号	系统自动生成
数量	
价格	
体积	系统自动生成(体积合计?单件体积?)
重量	系统自动生成(重量合计?单件重量?)

(8) 派车单填写/打印。

派车单由调度员根据提货单、调拨单、出库单或其他情况进行车辆的调度。派出司机完成提货、调拨、配送等任务时,需要对方在提货单/调拨单和派车单上签字确认。

根据派车的数量,每一辆车均需要打印单独的派车单。

填写派车单时由系统根据运输线路自动生成预计行驶里程(若系统没有该线路预计里程数据,则以司机填写的实际里程为预计里程),司机根据里程表填写实际行驶里程。在预计/实际里程数据没填写之前,该单据属于未完成单据。派车线路的预计里程数据,将在每个月按平均算法自动更新。

派车单包括以下必要信息。

1. 派车单信息	
派车单流水号	自动生成
日期	自动生成
派车性质	自动生成/选择：提货、调拨、出库、其他等
客户/库房名称	自动生成
相关单号	提货、调拨等单号
配送费	
2. 车辆清单	
车牌号	提供辅助输入，用于快速选择
司机	提供辅助输入，用于快速选择
派车目的地	提供运输线路，用于选择输入
出车时间	
货到时间	客户手工填写，调度员输入
返回时间	调度员输入
预计里程	系统根据收货单位，自动生成
实际里程	调度员输入
客户签字	客户手工填写，调度员输入
3. 随车搬运	
搬运工名称 (搬运组编号)	提供辅助输入，用于快速选择

(9) 新货物登记。

由票据员负责新货物登记，将货物的品名规格、型号、体积、重量等信息进行准确的输入。可提供货物信息的增加、修改和删除等操作。

在输入货物编码和品名规格后，可通过"相似货物查询"功能，通过弹出式窗口显示与该新货物"货物编码"或"品名规格"相同或类似的货物清单。

每一个货物必须登记的信息见"货物信息管理"模块。

(10) 相似货物查询。

根据"新货物登记"表格中输入的"货物编码"或"品名规格"，在已有的货物清单中查询相同或类似的货物，并通过弹出式窗口显示列表，用于避免新货物的录入人员重复登录相同的货物。

(11) 货物入库向导。

仓管员通过货物入库向导提供的信息来对某种货物进行仓位分配。货物入库向导按顺序提供以下功能。

① 显示当前客户仓位图，可显示该客户可用/已用的仓位；显示仓位的所在楼层并支持多楼层仓位同屏显示；显示同类/其他货物已用的仓位；已用、已堆放同种货物、已堆放不同种类货物以不同的颜色显示。显示各个仓位中货物的名称、类型、数量；显示选中仓

位尚可利用的空间面积和使用率(%);自动计算选中仓位可放入当前货物的数量。选中仓位中的某种货物,可显示该货物流量的描述和相关数据。

② 为该货物选择仓位,并输入货物数量(不可修复的残次品货物,将只能分配到残次品仓)。

③ 效验选中仓位的相邻仓位是否有品名规格相近的货物(通过"品名规格相近定义"功能,以手工的方式在系统中定义品名规格相近的货物)。

(12) 货物智能分仓。

为了提高仓管员对货物分仓的效率和准确性,通过遵循货物自动分仓所需要考虑的各种规则的分析和总结,形成货物入库分仓的基本原则和优先顺序。

① 流量大的货物优先安排在底楼、近门仓位。

② 同种品名规格货物在某仓位没有装满不得开新仓位。

③ 同种品名规格货物仓位集中、楼层集中。

④ 拣货频率高的货物尽量放在相邻仓位。

⑤ 型号相近的同种货物的仓位不能相邻。

⑥ 周期性流量差异大的货物的仓位动态调整。

⑦ 不可修复的残次品货物,将被分配到独立的残次品仓。

为了便于实现以上基本原则以及对基本原则的调整和扩充,需要根据现有原则进行模型化分析和整理,并最终通过系统实现货物智能分仓原则的定义、调整和扩展,满足今后更加复杂的分仓情况。

通过运用智能分仓,仓管员只需要在登记了需要入库的货物名称和数量之后,选择"货物智能分仓"功能即可立即完成该批货物的智能分仓,并可对自动分仓后的仓位和货物数量进行调整。

同时提供"智能分仓检验"功能,可以对调整后的智能分仓或手工分仓进行智能分仓检验,根据货物入库分仓的基本原则进行校验、提示和警告。

2) 出库作业系统

(1) 出库作业流程。

出库作业的出库流程可分为自提出库、配送出库、调拨出库、备货出库以及维修出库。为了便于每一种形式入库流程的调整、优化,系统将单独设计这几种出库流程。系统同时支持以状态图的方式列示特定作业流程的全过程,以及当前状态,可以查询当前状态的责任人。

出库单以勾单为作业完成,并可以通过列表显示其当前状态和人员。

① 自提出库。

任 务	操 作 者	任 务 描 述	相 关 单 据	相 关 操 作
提货单登记	票据员	根据客户提货单填写出库单,输入货物清单	客户提货单 出库单	出库单填写
复核出库单	复核员	对出库单信息进行复核	客户提货单 出库单	出库单复核

续表

任　务	操作者	任务描述	相关单据	相关操作
出库备货	仓管员	仓管员打印拣货单。选定搬运小组，并打印搬运单	出库单 拣货单 搬运单	货物出库向导 拣货单打印 搬运单打印
*搬运、验收、装车	仓管员 搬运组	仓管员指导搬运组根据拣货单进行货物搬运、验收、装车等操作	拣货单 搬运单	
出库勾单	仓管员	仓管员填写出库单，如果与提货单出现差错，修正错误，并在出库单上注明差错数量和原因。 打印出库单，客户签收后，保管员勾单。除非授权，勾单后不得修改	出库单	出库单勾单 出库单打印

注：打*号的任务是手工任务。

② 配送出库。

任　务	操作者	任务描述	相关单据	相关操作
提货单登记	票据员	根据客户提货单填写出库单，输入货物清单	客户提货单 出库单	出库单填写
复核出库单	复核员	对出库单信息进行复核	客户提货单 出库单	出库单复核
派车单打印	调度员	根据车辆配载结果，指定配送车辆，并引用出库单中的货物清单打印派车单	出库单 派车单	车辆配载 派车单打印
出库备货	仓管员	仓管员打印拣货单。选定搬运小组，并打印搬运单	出库单 拣货单 搬运单	货物出库向导 拣货单打印 搬运单打印
*搬运、验收、装车	仓管员 搬运组	仓管员指导搬运组根据拣货单进行货物搬运、装车等操作	拣货单 搬运单	
出库签收	仓管员	仓管员填写出库单，如果与提货单出现差错，修正错误，并在出库单上注明差错数量和原因。打印出库单	出库单	出库单填写 出库单打印
*送货/搬运	司机 搬运工	司机送货到客户地点，并根据情况安排搬运随车。需要客户在出库单上、派车单上签字	客户提货单 出库单 派车单	

续表

任　　务	操作者	任务描述	相关单据	相关操作
配送回执登记	调度员	司机返回调度室进行客户回执登记	派车单 出库单	派车单填写 出库单填写
出库勾单	仓管员	保管员勾单。除非授权，勾单后不得改	出库单	出库单勾单

注：打*号的任务是手工任务。

③ 调拨出库。

任　　务	操作者	任务描述	相关单据	相关操作
调拨单制作	票据员	根据调拨指令，制作调拨单	调拨单	调拨单制作
复核调拨单	复核员	对调拨单信息进行复核	调拨单	调拨单复核
派车单打印	调度员	根据需要确定是否派车配送，并根据车辆配载结果，指定配送车辆，并引用调拨单中的货物清单打印派车单	调拨单 派车单	车辆配载 派车单打印
调拨备货	仓管员	仓管员打印拣货单。选定搬运小组，并打印搬运单	调拨单 拣货单 搬运单	货物出库向导 拣货单打印 搬运单打印
*搬运、验收、装车	仓管员 搬运组	仓管员指导搬运组根据拣货单进行货物搬运、装车等操作	拣货单 搬运单	
调拨签收	仓管员	仓管员打印调拨单	调拨单	调拨单打印
*送货/搬运	司机 搬运工	司机送货到指定仓库，并根据情况安排搬运随车。需要目的仓库仓管员在调拨单上、派车单上签字	调拨单 派车单	
配送回执登记	调度员	司机返回调度室进行客户回执登记	派车单 调拨单	派车单填写 调拨单填写
调拨勾单	仓管员	保管员勾单。除非授权，勾单后不得改	调拨单	调拨单勾单

注：打*号的任务是手工任务。

④ 备货出库。

根据客户要求(电话、传真、网上备货订单)的备货品名规格、数量。保管员将货物提前出库，堆放在站台上，一旦客户提货车辆到达，就可以立即装车，提高出货效率。

任 务	操作者	任务描述	相关单据	相关操作
备货单登记	票据员	客户要求(电话、传真、网上备货订单)填写备货单，输入货物清单(包括客户备货要求、预计提货时间等)	客户备货信息 备货单	备货单填写
复核备货单	复核员	对备货单信息进行复核	客户备货信息 备货单	备货单复核
备货单审核	负责人	相关负责人对备货信息进行审核确认	备货单	备货单审核
仓库备货	仓管员	仓管员打印拣货单。选定搬运小组，并打印搬运单	备货单 拣货单 搬运单	货物出库向导 拣货单打印 搬运单打印
*搬运、验收	仓管员 搬运组	仓管员指导搬运组根据拣货单进行货物搬运、验收	拣货单 搬运单	
*验收、装车	仓管员 搬运组	待客户司机到达后，仓管员指导搬运组根据拣货单进行货物验收、装车等操作	拣货单 搬运单	
备货勾单	仓管员	仓管员填写备货单，如果与提货单出现差错，修正错误，并在备货单上注明差错数量和原因。打印备货单，客户签收后，保管员勾单。除非授权，勾单后不得修改	备货单	备货单勾单 备货单打印

注：打*号的任务是手工任务。

⑤ 维修出库。

任 务	操作者	任务描述	相关单据	相关操作
维修单登记	仓管员	登记需要维修的货物清单，填写维修出库单	维修出库单	出库单填写
出库单打印	仓管员	选定货物的搬运小组，打印入库单和搬运单	维修出库单 搬运单	出库单打印 搬运单打印
出库备货	仓管员	仓管员打印拣货单。选定搬运小组，并打印搬运单	维修出库单 拣货单 搬运单	货物出库向导 拣货单打印 搬运单打印
*搬运、验收、装车	仓管员 搬运组	仓管员指导搬运组根据拣货单进行货物搬运、验收	拣货单 搬运单	
验收、装车	仓管员 搬运组	仓管员指导搬运组根据拣货单进行货物验收、装车等操作	拣货单 搬运单	

任　务	操 作 者	任 务 描 述	相 关 单 据	相 关 操 作
出库勾单	仓管员	仓管员填写出库单,如果与提货单出现差错,修正错误,并在出库单上注明差错数量和原因。 打印维修出库单,客户签收后,保管员勾单。除非授权,勾单后不得修改	维修出库单	出库单勾单 出库单打印

注:打*号的任务是手工任务。

(2) 出库单填写/打印。

出库单由票据员和仓管员根据各自权限分别进行填写,票据员根据提货单、调拨单填写提货客户、提货类型以及具体出库货物的信息,仓管员对出库信息进行勾单,并确定搬运组。

票据员允许在同一个出库单上输入任意条数的出库货物,在出库单打印的时候,根据每单打印数量进行自动分单打印。

仓管员确认出库信息并勾单后,可通过"货物出库向导"或手工方式来生成拣货单,仓管员也可以自行调整出货仓位和相关货物数量。

由仓管员打印填写完成的出库单,仓管员和(送货/提货/调拨)司机签字确认,各执一份。

出库单包括货物出库所需要以下必要信息。

1. 出库单信息

出库单流水号	自动生成
出库日期	自动生成
客户名称	提供辅助输入,用于快速选择客户名称
客户单号	客户的单据号
客户单类型	选择:提货单、调拨单等
出库名	提供选择
制单人	
仓管员	
搬运组	选择
备注	根据需要可以填写客户要求或优先级别等信息

2. 出库货物

品名规格	提供辅助输入,用于快速选择货物品名规格
商品类别	系统自动生成
数量	
价格合计	
体积合计	系统自动生成

续表

重量合计	系统自动生成
搬运费用	出库单打印时自动计算生成

3. 拣货单（自动生成、通过向导生成，可手工修改）

楼层	可手工修改
仓位	可手工修改
品名规格	自动生成，可手工修改
商品类别	自动生成
出货数量	自动生成，可手工修改
体积合计	自动生成，体积合计
重量合计	自动生成，重量合计

4. 搬运费用（出库单打印时自动生成，不能修改）

搬运费用总计	自动根据各类货物生成总计
搬运工名单	

（3）货物出库向导。

仓管员通过货物出库向导提供的信息来对需要出库的货物进行分拣单生成。货物出库向导按顺序提供以下功能。

① 显示该需要出库货物的仓位分布图，显示各仓位的货物分布情况和数量以及入库时间和批次。

② 选择拣货原则(先进先出、后进先出、按批次、优先出货、暂不出货)自动生成货物的出库拣货清单(包括楼层、仓位、货物名称、数量等信息)。生成后的拣货清单可由仓管员根据特定需要进行手工修改。

（4）拣货单打印。

仓管员打印生成后的拣货单，作为仓管员和搬运组对货物搬运、出库的依据。打印的拣货单首先按照楼层进行分组，然后按仓位编号进行排序，最后列出各仓位需要出库的货物名称和相应的数量。

仓管员和搬运组可以根据拣货单的信息来决定货物的搬运和出仓顺序。

（5）拣货单合并打印。

为了提高出货效率，可能需要同时对几个客户的多张出库单进行同时出库，因此需要对多张出库单的拣货单进行合并打印。

仓管员选中需要合并打印拣货单的多张出库单，即可按照楼层、仓位、客户来排序和分类，仓管员和搬运组可以根据拣货单的信息来决定各客户货物的搬运和出仓顺序。

（6）搬运单打印。

参考入库作业系统"搬运单打印"模块。

（7）车辆配载。

配载分为分单和合单。

分单将一个大的出库单分成几个派车单完成，合单将几个小的送货单合在一个派车单上完成。

其中合单需要是在一个线路方向上的派车单，还需要指定各个出库单分摊的费用。

(8) 派车单填写/打印。

参考入库作业系统"派车单填写/打印"模块。

3) 库房管理系统

(1) 仓库初始设置。

通过库房档案管理建立系统中的各个仓库后，需要为各个仓库建立多个库房，并设置各库房的名称。允许分别设置各库房的楼层、各楼层面积、每层高度、使用性质等信息。

建立仓库资料后需划分仓库的仓位，自动或手工进行仓位编号，设置各仓位的信息(数量、面积和用途)，并采用图形化方式显示各楼层的仓位图。

将仓库当前的库存情况记录到系统，完成库存初始化工作。

库房的仓位可划分为以下几种性质，空仓时可调整仓位性质。每个仓位还可以根据面积设定其仓位等级(大、中、小)，同时可设定该仓位所属的库区类型。

① 代管仓(仓储业务，提供保管和库房，提供管理)。

② 自管仓(仅提供库房)。

③ 监管仓(业务流程不同，需要有一些额外的审批和管理)。

④ 作业仓(未来的考虑，在仓内作业的时候产生作用)。

⑤ 残次品仓(一个仓分几个小区)。

⑥ 货架仓(能反映每层货架的状况，如已用、可用、存放货物品名、数量等)。

⑦ 零散货物仓位(一个仓分几个小区，一个小区是一个独立货物)。

(2) 设置货物出库要求。

根据客户需要，可分别设置仓位内各类货物的出货要求：暂不出货、优先出货等。可通过列表过滤显示设置特殊出库要求的货物。

(3) 仓储合同管理。

录入和管理仓储合同，管理各个客户的仓储合同。记录每个客户的租仓面积、每平方米单价(自动根据基本费率生成，可调整)、租仓性质、配送性质等。

(4) 货主仓位分配。

根据仓储合同管理中的库位租用情况，分配客户的仓位。此时，系统可提供客户货物历史流量描述，并给出当前闲置库位信息，由人工完成分配，分配完成将记入货主库位分配表。

(5) 货物盘点。

系统生成空白盘点表，盘点人员在盘点作业后录入货物的实存数量和完好状态。将盘点数据录入到系统，可自动生成盘点盈亏信息，盘点数据经最后确认后，打印盘点盈亏报表，并更新当前库存。

系统生成的盘点报表，客户可在网上查询、下载。盘点报表信息包括：品名、规格型号、账存数量、实存数量、差异数量、差异率，差异原因。

(6) 自动对账。

实现与科成商贸系统的出入库商品数量、库存数量、搬运费和配送费的自动对账。同时可导出标准的对账表格，用于和第三方的客户进行手工对账。

（7）仓位调整审批。

完成同一库房内的仓位调整，记录信息包括仓管员、搬运组、调出仓位、调入仓位以及相关货物清单。如果调仓发生费用，则必须审批。

（8）库存冲单审批。

通过库存冲单审批，可以解决货物在调拨、入库过程中出现账面数量和实际数量不符的问题。库存冲单审批可以在库房之间和库房内部进行，必须通过负责人审批后方可正式生效。

调账操作将自动留下调账痕迹，通过审批流程图查阅，并且可以自定义时间段查询调账明细。

（9）仓库设备管理。

对各仓库内的设备进行管理，记录设备的购入、维修和作废等信息。

4）成本/费用管理系统

成本/费用管理的目的在于明确各种业务的收费标准，搬运计费标准，管理应收款、应付款和相关成本。同时，该模块通过对系统数据库中的相关数据的采集，核算成本费用、客户利润率等指标。需要在系统数据库中采集的数据包括客户签约仓储面积、某客户月单据处理量、客户月配送里程、时间等。

（1）客户搬运费用结算。

根据出库单、入库单以及调拨单的搬运记录，每天、每月均可自动根据货物的搬运价格进行各客户的搬运费用的计算，并可打印搬运费用结果报表。同时，根据某些特殊客户的需求，可按指定格式和方法进行搬运费用的结算和报表打印。

（2）客户配送费用结算。

根据派车单的客户配送记录，每天、每月均可自动进行客户配送费用的统计和结算。

（3）客户租仓费用结算。

根据每个客户租仓合同中的租仓面积、单价，每天、每月均可进行客户租仓费用的统计和结算。

（4）搬运组费用结算。

根据出库单、入库单以及调拨单的搬运记录，每天、每月均可自动根据货物的搬运工价格进行各个搬运组的搬运费用的计算。可根据搬运工日贴标准生成随车搬运工的日贴费，并可手工调整。并可打印搬运组费用结果报表。

（5）司机配送费用结算。

根据派车单的车辆配送记录，每天、每月均可自动进行司机配送费用的统计和结算。并可选择费用的结算方式：里程数、配送金额数。

（6）基本费率设定。

用户提供的入库、出库、保管等作业发生的费用均按事先签订的合约执行，合约中约定的收费内容和计费规则需在本模块中预先设定和输入，当进行结算时系统会按照设定的内容和规则对所发生的业务进行计费。当约定发生变化时，需在物流计费中作及时的调整。

按与用户签订的合约内容和计费规则，对货物进、出、装卸、保管、移仓等业务费用进行设定。

同时设定每仓位的使用面积、公摊面积信息。

设定随车搬运工日贴标准。

设定司机配送的每公里费用标准、每配送金额费用标准。

设定每个类型、等级仓位的每平方米的基本结算标准，便于对客户仓储合同录入时自动进行仓储费计算。

(7) 应收款管理。

每日费用清单：统计客户每种货物每天的费用清单。

应收款发票登记：保存应收款相关的各种发票及相关信息。

应收款报表：统计客户一定时间内的费用。

收款登记：记录已经接收的客户付款。

已收款报表：统计已经接收的客户付款。

(8) 应付款管理。

每日费用清单：统计每天产生的费用清单。

应付款发票登记：保存应付款相关的各种发票及相关信息。

应付款报表：统计一定时间内产生的费用。

付款登记：记录每次付款的信息。

已付款报表：统计已经付款的信息。

(9) 车辆费用管理。

记录各车辆的加油、维修等信息以及相关费用。

(10) 客户成本统计。

统计每个客户配送、搬运、仓储的成本和相关利润。

5) 查询统计系统

实现对当前数据的统计和分析功能。

统计是对已有数据的查询和分析，每种统计都可以设置多个条件，统计结果可以转为报表打印输出，可以用报表设计器设计需要的报表格式，另外还提供将统计结果输出为 Excel 等格式的文件。

根据金诚物流公司的管理经验，对数据进行分析，得到对领导和用户在决策时有参考意义的信息。

(1) 入库单查询。

可对入库单根据日期、单号、客户名称、制单人、库房、仓位、货物品名等项目进行多条件组合查询，返回满足条件的单据列表，可进入单据查看详细信息。支持对查询结果的打印并允许导出为 Excel 格式。

具体显示格式如下。

单据编号	作业流程信息	日期	目前状态	操作人员

选择相关单据可进入该单据详细界面进行业务处理。

(2) 出库单查询。

可对出库单根据日期、单号、客户名称、制单人、库房、仓位、货物品名等项目进行多条件组合查询，返回满足条件的单据列表，可进入单据查看详细信息。支持对查询结果的打印并允许导出为 Excel 格式。

具体显示格式如下。

单据编号	作业流程信息	日期	目前状态	操作人员

选择相关单据可进入该单据详细界面进行业务处理。

(3) 派车单查询。

配送、运输业务的单据(派车单)，可通过在派车单列表中显示所有单据作业状态。并且能按单号/客户查询，并支持审批流程图的显示，同时可查询各作业流程的责任人(单据填写人/司机姓名等)。具体显示格式如下。

单据编号	作业流程信息	日期	填写人	审批人	当前状态	客户签收

(4) 出库/入库流水账查询。

根据日、周、月、年、自定义时间段以及按客户分类，查询进库/出库流水账，结果显示指定时间内货物的出库/入库的详细信息。支持按客户、货物、时间进行过滤、排序和分组打印流水报表。包括 3 个列表，其具体显示信息如下。

① 出库流水账。

客户	日期	单据编号	品名规格	数量	小计

② 入库流水账。

客户	日期	单据编号	品名规格	数量	小计

③ 出入库流水账。

客户	日期	单据编号	品名规格	出/入库	目的地	数量	结存

(5) 仓位信息浏览。

通过弹出式窗口，在不影响当前任何单据录入数据的情况下，显示库房中各仓位的详细信息。

显示各个库房中的仓位分布图，支持多楼层仓位的同屏和分屏显示；显示各楼层的仓位利用率；可切换显示可用/已用仓位；允许指定显示某个客户的仓位信息；允许指定显示某类(其他)货物已用的仓位；可显示各个仓位中货物的名称、类型、数量；显示选中仓位尚可利用的空间面积和使用率(%)；提供计算器自动计算选中仓位可放入指定货物的数量；同时可显示某种货物的流量描述和相关数据；可用色彩区分显示各类型的仓位(代管仓、自管仓、监管仓、作业仓、残次品仓、零散仓等)；显示各类型仓位的百分比。

(6) 库存冲单查询。

库存冲单调账操作将自动留下调账痕迹，并且可以自定义时间段查询调账明细列表，具体显示以下内容。

品名规格	调入仓位	调入数量	调出仓位	调出数量	审批人	调账人

如果有品名规格、数量相同、但仓位不同的冲单，根据列示对应的编号来区分。

(7) 库存预警查询。

库存上限预警：查询超出货物库存上限的货物清单。

库存下限预警：查询低于货物库存下限的货物清单。

(8) 货物库存查询。

可根据客户、货物来进行库存货物的查询。通过查询列表还反映出各阶段库龄的货物数量。其具体显示格式如下。

货物品名	总结存量	30天内结存量	50天内结存量	××天内结存量

(9) 货物到期查询。

货物的有效期限查询，查询临近有效期结束的货物清单。

(10) 搬运价目表打印。

按照客户和货物品名规格查询和排序，打印货物的搬运价目表。

(11) 搬运费用查询。

根据日、周、月、年、自定义时间段，并按客户、搬运组分类，查询货物的搬运费用，同时显示各货物的搬运工费和搬运结算费。

(12) 搬运工作量统计。

根据日、周、月、年、自定义时间段，并按客户、搬运组进行搬运工作量的统计。

(13) 入库/出库工作量统计。

根据日、周、月、年、自定义时间段，并按客户、仓管员进行入库/出库工作量的统计。

(14) 车辆使用统计。

① 单车行驶里程统计。

② 单车行驶时间统计。

③ 客户用车时间统计。

④ 客户用车里程统计。

⑤ 单车加油量统计。

⑥ 单车月耗油量统计。

6) 监管仓业务系统

在实现基本仓储管理的基础上，实现对监管仓业务的管理。

监管仓目前考虑以仓单质押业务为重点。仓单流程监控图、责任人、审批人。

(1) 客户资质管理。

管理客户在某些银行的信用资质、客户法人代表资质等信息。

(2) 银行信息管理。

对物流公司的资质已经认可的银行的相关信息管理。包括银行对质押货物的限制、对仓储公司应尽义务的规定等信息。

不同银行提供的仓单质押业务的情况有所不同，这些信息有助于客户根据不同银行的情况进行选择、在入库和签订协议时排除不符合指定银行要求的客户。

(3) 协议管理。

实现对监管仓相关业务所附带协议的有效管理。

对协议正文进行信息化管理；协议新建时可以引用协议模版、对协议修改时保持留痕，可查询、浏览和打印协议内容等。

对协议项下仓单的管理，分别记录各个仓单的信息和状态。

(4) 入库管理。

在实现"入库作业系统"的基础上实现监管仓的入库管理。

在总结各办理质押业务的银行对仓单的要求和了解现行标准质押仓单后，制定仓单格式和内容。一张仓单在被审批后，除非特别授权应仅能打印一次。

可以根据要求对一批货物定制多个仓单，和将多批货物合为一个仓单；以方便三方监管协议生效后，用户提前提取部分货物。

在入库审核时，根据需要加入银行方的审核。

(5) 库房管理。

在实现"库房管理系统"的基础上实现监管仓的库房管理。

接受银行和客户对库房的盘点、对账要求。

根据银行或者客户要求定期或者不定期地生成指定监管协议项下货物的库存台账。

(6) 出库管理。

在实现"出库作业系统"的基础上实现监管仓的出库管理。

出库审核时加入监管协议下银行方的审核，包括仓单的审核和银行方提货通知单的审核。

出库后及时更新协议项下仓单状态，需要及时向银行发出出货通知(可以通过邮件方式)。

(7) 协议/仓单查询。

提供查询监管仓下监管协议信息、协议项下各仓单信息和状态、协议项下库存情况，根据银行和客户需要增加的其他信息查询。

7) 返程车配送管理系统

(1) 返程车登记。

登记返程车辆的基本信息，例如：载重、车牌、司机、联系方式等。

(2) 返程车动态。

登记返程车的动态信息，例如：当前位置、到达时间、返程目标、返程路线、计划返程时间，剩余载重量等信息。

(3) 返程信息发布。

发布返程车辆和线路信息。

(4) 返程信息查询。

提供对外返程车辆和线路的对外信息查询。

(5) 返程配送登记。

登记返程车辆和具体返程货物的详细信息。

8) 作业信息发布系统

提供系统用户在无须登录的情况下，采用消息列表的形式醒目地显示需要办理的信息和相关作业流程办理状态。便于相关岗位的处理人员能够通过该系统快速了解应该处理的业务。

各待处理工作和作业流程的新增和完成，均自动及时更新到该发布系统中。

(1) 显示待处理岗位信息。

可根据岗位和人员进行待处理信息的排序、显示和过滤。

(2) 显示未完成作业流程。

可根据未完成作业流程进行排序、显示和过滤。

(3) 显示系统公告信息。

显示具有公告发布权限人员发布给所有系统中所有人员的公开信息，采用滚动方式进行显示。

9) 关键业绩指标系统

系统应能完成以下业绩指标考核。

(1) 盘点差异率。

计算盘点时发现的货物丢失、损毁率。

(2) 仓位准确率。

提供仓位货物的临时抽查、记录、比较、处理功能，并提供准确率计算。

(3) 提货准确率。

提供仓管员出货与客户提货之间的差错率统计。

(4) 仓容利用率。

通过列表方式，统计出各个仓库、楼层、库区、仓位在当前的仓容利用率。

(5) 每公里成本。

通过车辆的油费和出车情况，按平均算法得出每公里的配送成本。

(6) 客户利润贡献。

统计出仓储、搬运、运输、配送业务中各客户的利润贡献。

(7) 客户利润率。

统计出仓储、搬运、运输、配送的利润率。

(8) 准时发货率。

待定。

(9) 配送准时率。

待定。

(10) 订单完成率。

统计配送、运输、仓储等接入完成和未处理的订单。

(11) 单据差错率。

待定。

(12) 客户投诉率。

被投诉单据的比率。

10) 基础数据管理系统

基础数据管理本系统的所有基础数据。在很多业务处理时，需要参考或者引用基本信息中的数据。

(1) 客户分类设置。

设定客户的类型，例如：临时客户、中期客户、长期客户、合同客户等。

(2) 库区分类设置。

设定库区的类型，例如：家电区、百货区、熟食区等。

(3) 仓位分类设置。

设定仓位的类型，例如：代管仓、自管仓(提供库房)、监管仓、作业仓、残次品仓、零散仓位等。

(4) 承运商分类设置。

设定货物运输单位的类型，例如：汽车承运商、火车承运商、自提等。

(5) 收货方分类设置。

设定收货单位的类型，例如：签约收货方、临时收货方等。

(6) 货物分类管理。

货物的分类管理，可根据货物的类型建立树状的货物分类，便于对货物进行分类查询和统计，包括以下信息。

货物分类信息	
货物分类编码	自动编号生成
分类名称	
分类描述	
上级分类	保存上级货物分类的编码

(7) 客户档案管理。

包括客户所有详细信息和联系人信息，客户信息如下。

1. 客户档案信息

客户编码	自动编号生成
客户名称	
客户简称	
所属地区	弹出区域树状列表选择
客户类型	弹出客户分类列表选择
英文名称	
营业执照号码	
经营范围	
法人代表	
税务许可证号码	
经济性质	弹出经济性质列表选择
主管经理	
注册资金/万元	
注册时间	

续表

注册地址	
开户银行	
银行账号	
银行地址	
联系电话	
传真号码	
电子邮箱	
邮政编码	
通信地址	
公司网址	
合同编号	
主要产品	
销售流向	
签约时间	
销售方式	
物流方式	
备注	

2．联系人信息

联系人	
部门名称	
职位	弹出职位分类列表选择
办公电话	
手机	
电子邮件	
备注	

(8) 货物信息管理。

通过新货物登记功能，将各个客户各种货物登记到系统中，每种货物均需指定客户名称，避免多种货物名称相近而造成统计上的混淆。每一品种规格货物包括以下信息。

1．货物信息

客户名称	
客户简称	
货物编码	根据拼音编码规则进行手工唯一编码
货物品名规格	唯一标识
货物分类	弹出树状货物分类列表选择
货物品牌	
货物条形码	

条形码验证起始位	
条形码验证结束位	
货物单位	弹出计量单位列表选择
货物单价/元	
货物长度/米	
货物宽度/米	
货物高度/米	
占地面积/平方米	自动计算
货物体积/立方米	自动计算
货物重量/公斤	
搬运费结算类别	选择：数量、体积、重量
搬运单价	货物的搬运单价(每立方米、每公斤、每件)
搬运工单价	搬运工结算单价(每立方米、每公斤、每件)
有效期	
最小库存	
最大库存	
装卸要求	
运输要求	
存储要求	
堆放要求	每占地单位堆放数量
备注	

2. 货物单位明细(提供货物的多种计量单位，根据比率自动换算)

货物单位	
基准比率	根据该比率与货物基准计算单位进行换算

(9) 品名规格相近定义。

通过对系统中每个货物进行品名规格相近定义，在入库向导功能和智能分仓功能中判断使用，包括以下信息。

货物品名规格相近定义表	
客户名称	
客户简称	
货物编码	
货物品名规格	
货物分类	
相近货物编码	
相近货物品名规格	
相近货物分类	
相近描述	

(10) 仓库档案管理。

对系统中各个仓库的基本信息进行添加和修改，包括以下信息。

1. 仓库档案信息

仓库编码	自动生成
仓库名称	
仓库简称	
所属地区	弹出区域树状列表选择
仓库类型	弹出仓库类型列表选择
仓库英文名称	
营业执照号码	
经营范围	
法人代表	
税务许可证号码	
经济性质	弹出经济性质列表选择
主管经理	
注册资金/万元	
注册时间	
注册地址	
开户银行	
银行账号	
银行地址	
联系电话	
传真号码	
电子邮箱	
邮政编码	
通信地址	
公司网址	
仓库面积	
仓库容积	
备注	

2. 联系人信息

联系人	
部门名称	
职位	弹出职位分类列表选择
办公电话	

续表

手机	
电子邮件	
备注	

(11) 收货单位管理。

管理客户收货单位的信息和联系人信息，可为一个客户设定多个收货单位，具体信息见以下表格。

1. 收货单位信息

客户编码	
客户名称	
收货单位编码	自动生成
收货单位名称	
收货单位简称	
所属地区	弹出区域树状列表选择
收货单位类型	弹出收货方类型列表选择
收货单位英文名称	
营业执照号码	
经营范围	
法人代表	
税务许可证号码	
经济性质	弹出经济性质列表选择
主管经理	
注册资金/万元	
注册时间	
注册地址	
开户银行	
银行账号	
银行地址	
联系电话	
传真号码	
电子邮箱	
邮政编码	
通信地址	
公司网址	
备注	

续表

2. 联系人信息

联系人	
部门名称	
职位	弹出职位分类列表选择
办公电话	
手机	
电子邮件	
备注	

(12) 运输单位管理。

管理货物运输单位的信息，无论将运输委托给第三方或者通过自有车队运输，均需要考虑运输队伍的分类和扩大。提供运输单位管理，更便于进行运输成本的核算和控制。运输单位包括以下具体信息。

1. 运输单位信息

运输单位编码	自动生成
运输单位名称	
运输单位简称	
所属地区	弹出区域树状列表选择
运输单位类型	弹出承运商类型列表选择
运输单位英文名称	
营业执照号码	
经营范围	
法人代表	
税务许可证号码	
经济性质	弹出经济性质列表选择
主管经理	
注册资金/万元	
注册时间	
注册地址	
开户银行	
银行账号	
银行地址	
联系电话	
传真号码	
电子邮箱	
邮政编码	

续表

通信地址	
公司网址	
委托代理人	
运输方式	弹出运输方式列表选择
营运吨位	
司机数量	
车辆数量	
备注	

2. 联系人信息

联系人	
部门名称	
职位	弹出职位分类列表选择
办公电话	
手机	
电子邮件	
备注	

(13) 搬运信息管理。

记录搬运工的姓名、年龄、职位(搬运组长)等基本信息。

(14) 区域资料管理。

区域资料按多级树状方式进行管理，可进行任意多级分类和管理，如地区、省、城市等，具体包括以下信息。

区域资料信息	
区域编码	自动编号生成
区域名称	
区域描述	
所属区域	保存所属区域的编码

(15) 质量状态管理。

管理货物的质量状态，包括：A——完好；Q——质量问题；D——残损；C——索赔；D——受潮等。

(16) 计量单位管理。

管理货物的计量单位，包括：吨、公斤、克、公里、米、厘米、毫米、箱、件、包、瓶、片、打、台、平方米、份、本、盒、听、筒、个、块、袋、桶等。

(17) 运输方式管理。

管理货物的运输方式，根据物流企业配送方式的增加，可自行进行添加和修改，例如：汽车、空运等。

(18) 运输线路管理。

管理车辆运输的线路信息，设定常用线路的名称、出发地、目的地和预计里程等数据。

(19) 紧急程度管理。

描述货物运输的紧急程度，包括：普通、急件、加急、紧急等。

(20) 经济性质管理。

描述客户单位的经济性质，包括：全民所有制、集体所有制、三资企业、合资企业、外资企业、个体、私营等。

(21) 职位分类管理。

描述联系人在单位的职位类型，包括：董事长、总经理、副总经理、财务总监、营销总监、人事部长、负责人、收货人、联系人、经理、主任、主管等。

(22) 费用类别管理。

包括：代垫款项、内部结算等。

(23) 付款方式管理。

包括：银行转账、电子汇兑等。

(24) 计费单位管理。

管理计算费项目的单位。

11) 物流对外服务网站

(1) 网站客户管理。

用于管理网站的客户，可与系统内部客户进行同步更新。包括：网站客户注册申请、客户审核和账号绑定、客户账号删除、客户账号冻结以及账号密码修改等功能。

(2) 网上订单管理。

提供网站客户提交网上订单，并允许相关负责人员进行初步审核，包括：新建订单、编辑订单、提交订单、审核订单等功能。

(3) 客户费用查询/统计。

提供客户费用查询和统计，包括搬运费用、配送费用、租仓费用、预付费用、应付费用、已付费用的查询/统计功能。

(4) 客户网上对账。

提供每个月的对账单，客户可以在网上根据自己的账目清单来进行对账，并能够对有出入的账目进行备注。公司相关人员可以查询和处理相关的对账数据和信息。

(5) 客户出入库流水账查询。

为客户提供天、月、年以及任意时段出入库货物的流水账查询功能。

(6) 客户租仓信息查询。

提供客户的租仓合同、面积和相关信息查询。

(7) 客户仓位信息查询。

提供客户仓位占用信息以及各仓位的货物清单。

(8) 客户库存信息查询。

提供客户库存货物的信息查询，可根据客户设置的条件进行过滤；并提供货物的库存预警和货物到期的查询。

(9) 监管仓信息查询。

提供监管仓相关的银行信息、协议和仓单的查询。

(10) 返程车信息查询。

提供对外返程车辆和线路的对外信息查询。

(11) 返程车配送信息查询。

提供返程车辆和具体返程货物的详细信息查询。

(12) 客户投诉管理。

用于管理客户对物流作业的投诉。

(13) 数据同步管理。

用于网站和内部系统进行数据和信息同步。提供客户数据同步、货物信息同步、库存信息同步、订单信息同步、作业信息同步等功能。

12) 条形码应用扩展

目前，大部分的货物在出厂时就贴有条形码，提供了货物的品名规格、生产地点、生产时间以及生产流水号等信息，用于对货物的准确识别。同时，有部分客户也提出要求需要对入库/出库的每件货物进行条形码扫描，作为入库/出库的相关依据。因此，在物流系统中，条形码主要应用在货物的入库/出库的检验上，可将货物出入库的出错概率降到最低，降低物流公司的风险，减少仓管员手工登记、汇总的工作量。

(1) 货物条形码初始。

将每一个货物的条形码数据进行扫描录入，用于入库/出库时候的验证依据。在每个新货物登记的时候，可以使用该功能完成货物的条形码初始化工作。

(2) 条形码入库检查。

在仓管员入库检验时，可对每一件货物的条形码扫描。完成货物扫描后，可根据扫描的结果与入库单进行对比，并显示入库货物的差错情况。

(3) 条形码出库检查。

在仓管员出库检验时，可对每一件货物的条形码扫描。完成货物扫描后，可根据扫描的结果与出库单进行对比，并显示出库货物的差错情况。

(4) 条形码数据交换接口。

将入库/出库扫描的条形码数据，转换为具体客户要求的格式，并通过相关软件传送给客户。

13) 系统扩展接口

系统接口模块包括数据交换接口和扩展功能接口。细分为以下 4 个部分。

(1) 外部数据自动交互接口。

对某些外部系统需要数据的自动交换，允许在业务处理时自动接收或者传递数据到外部系统，目前可实现与科成商贸信息系统的自动订单、对账等交互接口。

(2) 系统功能扩充的接口。

根据业务的特殊需要或者用户的特殊习惯，增加功能，或者在原有功能上扩充功能，实现与公司内部财务系统的接口。

(3) 利用外部数据的接口。

将外部数据直接导入到本系统，比如 Excel 等电子文档的导入，以省略再次录入过程。

(4) 提供数据服务的接口。

考虑其他系统的需要，对外提供 Web Service 方式的数据服务，公布服务接口的详细信息；第三方系统可以通过 Web 浏览器或者适当编程直接得到相应信息。

思考：

1. 在进行物流系统方案设计中，最重要的是什么？
2. 如果要将这套系统顺利运作，还需要什么样的管理手段相配合？

参 考 文 献

[1] [美]阿林·杨格. 报酬递增与经济进步[J]. 贾根良，译. 经济社会体制比较，1996(2)：52-57.

[2] [美]菲利普·科特勒. 市场营销管理(亚洲版·2版)[M]. 梅清豪，译. 北京：中国人民大学出版社，2002.

[3] [美]罗纳德·科斯. 企业、市场与法律[M]. 盛洪，译. 上海：上海三联书店，1990.

[4] [美]迈克尔·波特. 竞争优势[M]. 陈小悦，译. 北京：华夏出版社，1997.

[5] [美]小艾尔弗雷德·D. 钱德勒. 看得见的手：美国企业的管理革命[M]. 重武，译. 北京：商务印书馆，1987.

[6] [英]亚当·斯密. 国民财富的性质和原因的研究(上卷)[M]. 郭大力，王亚南，译. 北京：商务印书馆，1997.

[7] [美]詹姆士·R. 斯托克，道格拉斯·M. 兰伯特. 战略物流管理[M]. 邵晓峰，译. 北京：中国财政经济出版社，2003.

[8] AA Alchian, H Demesets. *Production,Information Costs and Economic Organization* [J]. *Ameircan Economic Review*, 1972, 62(5):777-795.

[9] DS Mason, T Slack. *Understanding Principal-agent Relationships: Evidence from Professional Hockey*[J]. *Journal of Sport Management*, 2003, 17(1):37-61.

[10] Eisenhardt K M. *Agency Theory: An Assessment and A Review*[J]. *Academy of Management*, 1989, 14(1): 57-74.

[11] KM Eisenhardt. *Agency and Institutional Theory Explanations: the Case of Retail Sales Corn pensatiou* [J]. *Acaderw of Management*, 1988, 31(3): 488-511.

[12] Graham Sharman. *The Rediscovery of Logistics*[J]. Harvard Business Review, 1984, 62(5): 71-79.

[13] MC Jensen, WH Meckling. *Theory of the Firm: Managerial Behavior, Agency Costs and Ownership Strictuer*[J]. *Jounral of Financial Economics*, 1976, 3(4): 305-360.

[14] Nimalya Kumar. *The Power of Trust in Manufactuer-retailer Relationship*[J]. Harvard Business Review, 1996, 74(6): 15-19.

[15] BJ Lalonde, PH Zinszer. *Customer Service:Meaning and Measurement*[M]. Chicago: National Council of Physical Distribution Management, 1976.

[16] DS Mason, T Slack. *Evaluating Monitoring Mechanisms as A Solution to Opportunism by Professional Hockey Agents*[J]. *Journal of sport management*, 2001, 15(2):107-134.

[17] RCO Matthews. *The Economics of Institution and the Sources of Growth*[J]. *Economic Journal*, 1986, 96(384): 903-918.

[18] Coase Ronald H.. *The Nature of the Firm*[J]. *Economica*, 1937, 11(4): 386-405.

[19] 常东亮. 物流成本核算实证研究[M]. 北京：经济科学出版社，2008.

[20] 陈文若. 第三方物流[M]. 北京：对外经济贸易大学出版社，2004.

[21] 陈雅萍，朱国俊，刘娜. 第三方物流[M]. 北京：清华大学出版社，2008.

[22] 陈郁. 企业制度与市场组织[M]. 上海：上海三联出版，1996.

[23] 丁立言，张铎. 仓储规划与技术[M]. 北京：清华大学出版社，2002.

[24] 郭茜，庄菁. 我国物流业布局现状、问题与对策[J]. 中国物流与采购，2013(12)：66-67.

[25] 郝聚民. 第三方物流[M]. 成都：四川人民出版社，2002.

[26] 李松庆. 第三方物流论理论、比较与实证分析[M]. 北京：中国物资出版社，2004.

[27] 李元旭. 资产专用性与纵向一体化[J]. 经济科学，2000(5)：64-69

[28] 刘明，邵军义. 第三方物流[M]. 北京：中国铁道出版社，经济科学出版社，2007.

[29] 刘胜春，李严峰. 第三方物流[M]. 大连：东北财经大学出版社，2006.

[30] 刘彦平，王述英. 西方第三方物流理论评述[[J]. 中国流通经济，2003，17(8)：8-11.

[31] 刘彦平. 仓储和配送管理[M]. 北京：电子工业出版社，2006.

[32] 卢现祥. 西方新制度经济学[M]. 北京：中国发展出版社，2003.

[33] 罗娟娟. 新型物流金融模式：海陆仓模式探析[J]. 中国集体经济，2008(15)：24-25.

[34] 骆温平. 第三方物流与供应链管理互动研究[M]. 北京：中国发展出版社，2007.

[35] 马广奇. 中国经济市场化进程的分析与度量[J]. 贵州财经学院学报(社科版)，2000(5)：2-7.

[36] 马克思. 资本论(第一卷上册)[M]. 北京：人民出版社，1975.

[37] 莫智力，邵丹萍. 物流金融发展模式探析[J]. 物流科技，2008，31(8)：56-58.

[38] 牛鱼龙. 第三方物流模式与运作[M]. 深圳：海天出版社，2003.

[39] 齐二石. 物流工程[M]. 北京：高等教育出版社，2006.

[40] 邱菀华. 现代项目管理学[M]. 2 版. 北京：科学出版社，2007.

[41] 田江. 供应链管理基础与实践[M]. 成都：电子科技大学出版社，2006.

[42] 田宇. 第三方物流项目管理[M]. 广州：中山大学出版社，2006.

[43] 田源. 仓储管理[M]. 北京：机械工业出版社，2006.

[44] 汪义荣，凌江怀. 分工、组织与经济的发展[J]. 华南师范大学学报(社会科学版)，1999(2)：21-26.

[45] 王淑云. 基于物流一体化的外包理论基础与应用研究[D]. 北京：北京航空航天大学，2004.

[46] 王子龙，谭清美. 物流经济与社会分工[J]. 科技与管理，2003，5(1)：43-46.

[47] 徐天亮. 运输与配送[M]. 北京：中国物资出版社，2002.

[48] 徐章一. 顾客服务供应链一体化的营销管理[M]. 北京：中国物资出版社，2002.

[49] 杨小凯. 经济学原理[M]. 北京：中国社会科学出版社，1998.

[50] 杨小凯. 企业理论的新发展[J]. 经济研究，1994(7)：60-65.

[51] 余艳琴，冯华. 物流成本管理[M]. 武汉：武汉大学出版社，2008.

[52] 张树山. 物流企业管理学[M]. 北京：中国铁道出版社，经济科学出版社，2007.

[53] 张臻竹. 物流金融的发展分析[J]. 中国物流与采购，2008(6)：89-91.

[54] 赵礼强. 物流外包相关问题研究[D]. 沈阳：东北大学，2003.

[55] 周昌林. 第三方物流组织理论与应用[M]. 北京：经济管理出版社，2005.

[56] 周建亚. 物流基础[M]. 北京：中国物资出版社，2007.

[57] 周明. 物流金融价值及风险分析[J]. 商品储运与养护，2008，30(7)：1-4.

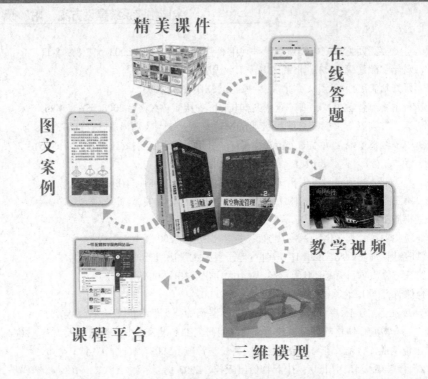